深入浅出
ICT热点系列

深入浅出
云网融合

胡建英　姚　娟　肖凯文
闻琛阳　郑　巍　熊　飞　◎编著

人民邮电出版社
北　京

图书在版编目（CIP）数据

深入浅出云网融合 / 胡建英等编著. -- 北京：人
民邮电出版社，2024.1
（深入浅出. ICT热点系列）
ISBN 978-7-115-62486-4

Ⅰ. ①深… Ⅱ. ①胡… Ⅲ. ①信息经济－基础设施建
设－研究－中国 Ⅳ. ①F492.3

中国国家版本馆CIP数据核字(2023)第153014号

内 容 提 要

　　云网融合是当前信息网络发展的趋势，本书首先对云、网发展历程及数字经济和新基建进行了
介绍，提出了云网融合的概念；然后分析了运营商、互联网企业、ICT厂商当前的云网发展策略，重
点从云、网和5G 3个方面分别介绍行业现状、发展趋势，以及融合业务诉求和建设建议，并就云网
融合对安全、基础设施和运营系统等保障要求进行了分析；最后对算力网络的发展趋势进行了展望。

　　本书可作为运营商、互联网企业、通信设备厂商等信息通信产业链相关企业人员入职培训、日
常工作的参考书，也可作为高校通信、计算机等相关专业学生的辅助用书。

◆ 编　　著　胡建英　姚　娟　肖凯文　闻琛阳
　　　　　　　郑　巍　熊　飞
　责任编辑　王海月
　责任印制　马振武

◆ 人民邮电出版社出版发行　　北京市丰台区成寿寺路 11 号
　邮编　100164　　电子邮件　315@ptpress.com.cn
　网址　https://www.ptpress.com.cn
　固安县铭成印刷有限公司印刷

◆ 开本：720×960　1/16
　印张：18.75　　　　　　　　　2024 年 1 月第 1 版
　字数：273 千字　　　　　　　2024 年 1 月河北第 1 次印刷

定价：99.80 元

读者服务热线：(010)81055493　印装质量热线：(010)81055316
反盗版热线：(010)81055315
广告经营许可证：京东市监广登字 20170147 号

本书编写组

（排名不分先后）

胡建英　姚　娟　肖凯文　闻琛阳

郑　巍　熊　飞　汪　敏　朱诗峣

董　昕　毕非凡　王　婷　袁舒莲

前言

从国家政策层面看，数字经济已成为"十四五"新发展阶段的重要引擎。2021年，国家把"网络强国、数字中国"作为"十四五"新发展阶段的重要战略进行了系列部署。《中华人民共和国国民经济和社会发展第十四个五年规划和2035年远景目标纲要》（以下简称"十四五"规划）提出，数字经济正推动生产方式、生活方式和治理方式的深刻变革。

从行业发展层面看，近年来，数字化转型也成为全球运营领域的一个盛极一时的概念，国内主要的运营商也将数字化转型提上日程，开启了数字化转型之旅。2020年，中国电信率先提出"云改数转"战略，提出要像"光改"一样推进"云改"；中国移动提出了"5G+云网融合"的发展策略；中国联通也积极部署云网融合战略，利用云网融合优势参与全社会数字化转型。除运营商外，互联网企业、IT企业、CT企业，甚至传统基建企业也纷纷参与到数字化转型的浪潮中。

从技术演进层面看，自人工智能、光纤通信、蜂窝移动通信技术等出现以来，以计算机、集成电路、光纤通信、移动通信为代表的信息技术引发的第三次科技革命浪潮推动了人类社会政治、经济和文化领域的变革。如果说过去的60年是IT+CT的时代，那么现在要迎接的便是IT+CT+DT的时代。IT+CT+DT的融合为网络技术发展带来了新动能，为提升网络容量、个性化服务水平和用户体验开拓了空间，也为未来颠覆性技术的出现打下了基础。IT+CT+DT相互融合的DICT时代正是云网融合时代的显著特征。

云网融合的时代已经到来，本书将带读者了解云网融合的发展态势、把握云的发展趋势和网络的演进趋势；帮助企业把握数字经济发展机遇、参与到云网融合新基建中，提升企业数字化能力。

作者

目录
CONTENTS

第 1 章

云网融合横空出世

1.1　云计算的发展历程

从广义角度理解，云计算是与信息技术、软件、互联网相关的一种服务，这种计算资源共享池叫作"云资源池"，云计算把许多资源集合起来，通过软件实现自动化管理，只需要很少的人参与运行、维护和开发，这些资源就能被快速提供。也就是说，计算能力作为一种商品，可以在互联网上流通，就像水、电、煤气一样，可以方便地被取用，且价格较为低廉。

1.1.1　云计算的诞生

云计算的诞生主要与以下几个因素有关。

（1）计算机的诞生。1951 年，世界上第一台商用计算机系统 UNIVAC-1 诞生，它是第一代真空管计算机的代表，它的诞生标志着计算机进入了商业应用时代，之后经历了第二代晶体管计算机，采用中小规模集成电路的第三代电子计算机，以及采用大规模集成电路作为逻辑元件和存储器的第四代计算机的发展演进。计算机的诞生是云计算的前提条件。

（2）虚拟化概念的提出。1959 年，牛津大学的计算机教授 Christopher Strachey 发表了一篇名为《大型高速计算机中的时间共享》（"Time Sharing in Large Fast Computer"）的学术报告，他在文中首次提出了"虚拟化"的基本概念，还论述了什么是虚拟化技术。这篇文章被认为是最早对虚拟化技术进行论述的文章，从此拉开了虚拟化发展的帷幕，其虚拟化理论是如今云计算基础架构的基础理论之一。虚拟化概念的提出为云计算奠定了重要的技术基础。

（3）分布式计算的提出。1984 年，Sun 公司的联合创始人 John Gage 提出"网络就是计算机"的猜想，用于描述分布式计算技术带来的新世界，云计算发展也证实了这一猜想，并逐步将这一理念变成现实。分布式计算为云计算技术基础之一。1996 年，Globus 开源网格计算平台起步，网格计算也被普遍认为是云计算技术的前身技术之一。网格计算是分布式计算的一种，是一门计算机科学。它研究如何把一个需要非常巨大的计算能力才能解决的问题分成许多小的部分，然后把这些部分分配给多台计算机进行处理，最后把这些计算结果综合起来得到最终结果。如果说虚拟化技术是将资源虚拟化，从而提高资源的利用率，那么分布式计算则是利用许多小型资源协同工作来处理大型事务，它们是计算能力虚拟化的两个方向。

（4）虚拟化技术的商用。1998 年，VMware（威睿）成立并首次引入 x86 的虚拟化技术。1999 年，Marc Andreessen 创建 LoudCloud，这是世界上第一个商业化的 IaaS（基础设施即服务）平台。从此虚拟化技术和云计算走上了商业道路。2006 年，"云计算"这一术语正式出现在商业领域，Google（谷歌）CEO（首席执行官）在搜索引擎大会上首次提出"云计算"概念，同年，Amazon（亚马逊）推出弹性计算云（EC2）服务。从此云计算技术在商业道路上迅速发展起来。

2009 年，NIST（美国国家标准及技术协会）提出了被业界广泛接受的云计算定义——"云计算是一种按使用量付费的模式，这种模式提供可用的、便捷的、按需的网络访问，进入可配置的计算资源共享池，这些资源能够被快速提供，只需投入很少的管理工作，或与服务提供商进行很少的交互"。

1.1.2　云计算与企业 IT 基础设施发展

在国家数字经济大发展的背景下，云计算的发展与企业 IT 的发展密切相关。云计算成为 IT 领域引人瞩目的热点之一，也是当前企业 IT 建设正在投入的重要领域。所以云计算的发展和企业 IT 建设也是相辅相成的。

早期，企业的普通做法是购买一两台服务器，将自身的数据存储在计算机/服务器中，这个时期企业的需求主要是数据存储，对联网的需求不大。随着企业数据规模的增加，企业联网的需求逐步增加，因此企业 IT 建设进入规模化发展期，企业 IT 建设过程相继经历了集群化、网格计算、传统虚拟化和云计算 4 个阶段。

第一时期：集群化时期

这个时期是企业 IT 建设的初步阶段。在这一阶段中，企业将自己的 IT 硬件资源进行物理集中，将分散的资源组合成规模化的数据中心，为企业统一提供集中式的基础设施服务。在这一过程中，企业不断地对业务与数据进行整合，大多数企业的数据中心开始完成自身标准化，使得已有业务能够兼容，新业务能够不断拓展。同时，集群化也产生了一些问题，譬如数据传输中断、数据中心业务崩塌，所以企业在建设的后期也开始注重数据中心容灾建设，特别是一些以数据为中心的热点行业，如金融、通信等行业，且大多数企业的容灾建设级别非常高，基本处于面向应用级容灾（零丢失、零中断）级别，以保证业务不间断运行。集群化时期的特征就是零散的 IT 硬件资源逐步集中部署，并通过网络实现业务容灾。

第二时期：网格计算时期

随着企业数据及联网需求的增加，企业 IT 建设发展到了网格计算时期。网格计算为计算资源提供了一个平台，使其能组织成一个或多个逻辑池。这些逻辑池统一协调为一个高性能分布式系统，所以也被称为超级虚拟计算机。网格计算与集群化的区别在于，网格系统更加松耦合，也更加分散，因此网格系统可以包含异构、异地的不同技术资源。从 20 世纪 90 年代开始，网格技术就被作为计算科学的一部分，它的一些通用特点，譬如可恢复性、可扩展性、网络接入和资源池等属性影响着云计算的方方面面。网格计算以中间件层为基础，且中间件层部署在计算资源上。这些 IT 资源构成一个网格池，实现统一的分配和协调，所以现在也普遍认为网格计算时期是云计算发展的雏形时期。网络计算时期的特点是将大的集群通过网络实现分布式资源的统一管理，实现了对分散资源、异构资源的统一管理，从而满足了更大规模的需求。

第三时期：传统虚拟化时期

IT 建设发展到一定阶段时，企业开始关注资源的利用率。这一阶段 IT 设施规模飞速扩张，但随之而来的是系统建设成本高、开发建设周期长等问题，企业 IT 发展速度严重滞后。虽然企业内部实现了业务模板标准化，但在这样的情形下，哪怕是复制型的业务建设都无法降低软硬件采购成本和调试运行成本，也无法缩短业务开发周期。因为标准化只是小范围的规划，集中型的大规模 IT 设施带来了大量系统利用率不足的问题，不同的系统独占了各类硬件资源，造成极大的资源浪费。所以这一时期，最需要解决的问题就是成本过高、IT 运行灵活性较低、资源利用率低的问题。虚拟化技术在这一时期被广泛采用，用于创建 IT 资源的虚拟实例。虚拟化软件层允许物理 IT 资源提供自身的多个虚拟映像，这样一来，多个用户就可以共享底层处理能力。

虚拟化将多种服务器资源整合，通过虚拟化层屏蔽底层设备的差异，对外提供统一处理能力，从而提升物理服务器的资源利用率。在虚拟化技术出现之前，软件只能被绑定在静态硬件环境中，而虚拟化则破坏了这种软硬件之间的依赖性，因为虚拟化环境可以模拟对硬件的需求，从而使得企业数据中心服务器可以大幅度提升计算效能，解决 IT 设施的能耗与空间问题。传统虚拟化时期的特点是在独立硬件资源上实现了资源共享，从而大幅提高了服务器的资源利用率。

第四时期：云计算时期

我们目前所处的阶段是一个数据量暴增的阶段，生产生活效率日益提升，人们希望随时、随地、随愿地获取信息资源和数据，因此云计算得以规模应用。对企业来说，建设数据中心，且后续还需更新迭代，这是一笔不小的开支。硬件设备在数据中心建立 5 年后将面临老化、陈旧等问题，软件技术也面临着不断升级的压力。另外，IT 的投入与业务发展十分相关，即使在虚拟化后，也难以满足不断增加的业务需求。此时企业希望 IT 资源能够弹性扩展、按需服务，将服务作为 IT 的核心，其主要的商业驱动力是容量规划、成本需求和组织灵活性。云计算架构可以由企业自己构建，也可以采用第三方云设施，基本趋势就是企业采用租用 IT 资源的方式来实现业务需求，无须知道如何建设云计算架构，也不需要培养一批维护人员。云计算时期的特点是数据中心资源服务化，通过网络实现资源的随需随配置和扩容。

1.1.3　国外云计算服务发展情况

国外云计算的发展较早，1961 年，在麻省理工学院一百周年纪念典礼上，约翰·麦卡锡第一次提出了"Utility Computing"（效用计算）的概念，意思是计算机将可能变成一种公共资源，会像生活中的水、电、煤气一样，被每一个人寻常化使用。这是早期提出的云计算概念。

20 世纪 90 年代，企业纷纷将数据、产品、人员、财务的管理交由计算机完成。随着规模扩大，应用场景增多，为了满足数据运算需求，公司需要购置运算能力更强的服务器，甚至是建设拥有多台服务器的数据中心，这导致初期建设、运营成本增加。此时美国 Salesforce 公司通过租赁式网页提供 CRM（客户关系管理）软件服务，开启了 SaaS（软件即服务）模式的时代。初创企业只要按月支付租赁费用，就无须购买任何软件、硬件，也不用在软件运营上花费人力成本。Salesforce 公司提出"将所有软件带入云中"的愿景，这开创了云计算领域的新的里程碑。

2002 年出版商奥莱利向亚马逊创始人贝索斯展示了一款名为"Amarank"的爬虫程序，它可以每隔几小时就访问一次亚马逊网站，抓取奥莱利所出版书籍的数据及其竞争对手的排名数据。奥莱利建议亚马逊开发一个 API（应用程序接口），第三方公司可以通过这个接口获取其产品的价格和销售排名等信息。巧合的是，亚马逊内部已经在进行这项研究，并设计了一些 API。在贝索斯的推动下，更丰富的接口被陆续推出。贝索斯发现，这些服务器的运作能力可以作为虚拟货品卖给开发者和初创企业，并且可以带来巨大利润。同年，亚马逊启用了 Amazon Web Services（AWS）平台。当时该免费服务可以让企业将亚马逊网站的功能整合到自家网站上。2006 年，当亚马逊第一次将其弹性计算能力作为服务售卖，这标志着云计算这种新的商业模式诞生。在亚马逊不断拓展云服务业务的同时，谷歌也在 2004 年赶上了云计算大潮，通过 HDFS（分布式文件系统）、MapReduce（映射简化）计算引擎和 Hbase（分布式数据库）三大产品奠定了云计算的发展方向。谷歌拥有全球最大的搜索引擎，以及 Gmail 等面向个人的云服务产品。由于广告收入丰厚，企业云服务并不是谷歌的核心业务。直到 2008 年 4 月，谷歌才将自己的云业务 Google App Engine（GAE）对外发布，通过专有 Web 框架，允许开发者开发 Web 应用并部署在谷歌的基础设施之上。微软在 2008 年发布云计算战略和 Windows Azure 平台，尝试将技术和服务托管化、线上化。

微软 CEO 史蒂夫·鲍尔默曾经在 2010 年的大会上强调云计算技术对于微软的重要性，他表示未来将有 90% 左右的员工从事云计算的开发工作。2016 年，微软耗费 260 多亿美元收购 LinkedIn（"领英"，一个面向职场的社交平台），用于拓展企业用户。2018 年 6 月，微软又以 75 亿美元收购 GitHub（一个面向开源及私有软件项目的托管平台），进一步提升企业服务能力。

1.1.4　国内云计算服务发展情况

中国赶上了云市场发展的末班车，并迅速发展起来。2008 年，网购的蓬勃发展让淘宝用户激增，同时也让阿里巴巴深陷数据处理瓶颈。每天早上 8 时到 9 时 30 分，服务器的使用率就会飙升到 98%，采用传统 IOE（IBM、Oacle、EMC）架构的淘宝支撑系统已经不够用了，当时担任首席架构师的王坚开始主导阿里云的建设。阿里云创立于 2009 年，集资本、规模、技术实力、品牌知名度和生态系统等多种优势于一体，是目前国内"公有云"市场公认的行业巨头。2008 年 9 月，阿里巴巴确定"云计算"和"大数据"战略，决定自主研发大规模分布式计算操作系统"飞天"。历时不到 3 年，2011 年 7 月，阿里云官网上线，开始大规模对外提供云计算服务。2014 年 5 月，阿里云在中国香港开始提供服务，同年开始发展云生态。2015 年 6 月，历经一年半时间，阿里巴巴和蚂蚁金服完成"登月计划"，将所有数据存储、计算任务全部迁移至飞天平台，进一步用行动证明了阿里云的实力。2016 年 1 月，阿里云发布一站式大数据平台"数加"，开放阿里巴巴 10 年的大数据处理能力，开始进军大数据处理领域。2016 年 4 月，阿里云发布专有云（Apsara Stack），支持企业客户在自己的数据中心部署飞天操作系统，从而开始了飞天的企业应用道路。2018 年 11 月 26 日，阿里巴巴集团宣布阿里云升级为阿里云智能，加强技术、智能互联网的投入和建设，进军智慧城市等领域。阿里云还不断地扩张领域，先后收购九州云、长亭科技等企业。2019 年 10 月，国际数据公司公布阿里云在中国金融云市场份额排名第一。2021 年，国际数据公司发布《中国公有云服务市场（2020 第四季度）跟踪》报告，显示 2020 年第四季度中国 IaaS 市场规模为 34.9 亿美元，阿里云仍然占据最大市场份额。目前，阿里云提供的产品和服务涉及云计算基础服务、域名与建站、企业应用、安全防护、网络与存储、大数据、人工智能、物联网和开发运维等诸多方面，产品线丰富，涉及领域较广。在国内互联网企业梯队中，阿里云的先发优势明显，落地能力很强，已经在诸多应用场景中实现落地。

2009 年，腾讯以"偷菜"游戏业务迷住了几乎全年龄段的 QQ 用户，为了支持起 QQ 农场的正常运行，腾讯在短短一个月内额外上架了几千台服务器。这么强大的计算能力正好赶上了云服务的浪潮，腾讯云平台对客户开放了腾讯的计算能力和流量，也就是将腾讯云的资源租用给企业，让企业将"机房"和"数据库"设在腾讯云上。2013 年 9 月，腾讯云正式全面开放，相对于国内外其他的云计算企业来说，腾讯起步较晚，但发展较快。截至 2022 年 2 月，腾讯在全球的服务器总量已超过 100 万台，数据存储规模达 EB 级别，全球加速节点数已超过 2800。腾讯云基于"OpenStack"搭建，业务主要包括云计算基础服务、存储与网络、安全、数据库服务、人工智能、行业解决方案等。腾讯在社交、游戏两大领域的庞大客户群和生态系统构建是腾讯云的发展基础。根据权威科技行业市场研究机构 Canalys 发布的最新报告，阿里云在国内占据了45% 的市场份额，而腾讯云则以 18.6% 的市场份额位居国内第二。

2012 年，中国电信成立云计算分公司；2013 年，天翼云内蒙古资源池投入使用，用于提高天翼云基础服务能力；2015 年，天翼云贵州信息园落成，从而形成了蒙贵两大园区。之后经过两年时间，中国电信完成了"一省一池"的布局建设；2016 年，中国电信发布"天翼云 3.0"，凭借其"云网融合""安全可信"和"专享定制"等优势为政企云提供一站式解决方案；2018 年，中国电信将自身的 IT 系统迁移至天翼云，推动自身数字化转型，也进一步证明了天翼云的可信和其服务可用性；2019 年，天翼云占据了中国混合云市场最大份额，并在医疗云、行业云方面成绩突出；2020 年，天翼云在我国政务云（公有云）市场中占据了最大份额；2021 年 7 月 1 日，天翼云科技有限公司成立，整合了中国电信云计算分公司、上海信息化研发中心、广州信息化研发中心及中国电信云计算内蒙古分公司和云计算贵州分公司，成为一家集建设、研发、运营、生态合作和销售服务一体化的专业云公司，2021 年 12 月，在"2021 国际数字科技展暨天翼智能生态博览会天翼云论坛"上，中国电信发布了全新升级的天翼云 4.0 分布式云，天翼云 4.0 直面客户业务场景多元化的需求，采用分布式技术架构，推进天翼云"2+4+31+X+O"的层次化布局演进，让用户可以将业务按需部署在客户现场、边缘云、中心云等节点上，从用户视角来看，仅用"一朵云"就能充分满足自身不断变化的用云需求。

国内风起云涌的年代还涌现了大量的云服务商，包括华为云、京东云、UCloud、青云、金山云、七牛云……我国目前云计算市场也步入了规模发展期，根据中国信息通信研究院统计，2021 年我国云计算整体市场规模达 3229 亿元，较 2020 年增长 54.4%。其中公有云市场规模 2181 亿元，相比 2020 年增长 70.8%；私有云市场规模达到 1048 亿元，较 2020 年增长 28.7%。我国公有云和私有云市场规模及增速如图 1.1、图 1.2 所示。

我国 IaaS 和 PaaS 市场保持高速增长，SaaS 稳步发展。2021 年，我国公有云 IaaS 市场规模达 1614.7 亿元，较 2020 年增长了 80.4%，占总体规模比例接近 3/4；PaaS 依然保持着各细分市场中最高的增长速度，同比增长 90.7%；SaaS 市场继续稳步发展，规模达到 370.4 亿元，增速略微滑落至

32.9%，预计在企业上云等相关政策推动下，有望在未来数年内随着数字化转型重启增长态势。我国细分云市场规模和增速如图 1.3～图 1.5 所示。

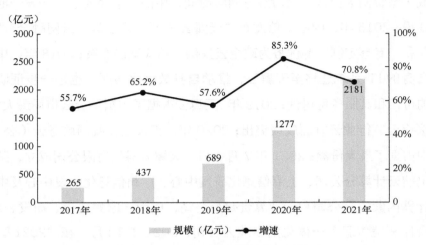

图 1.1　我国公有云市场规模及增速

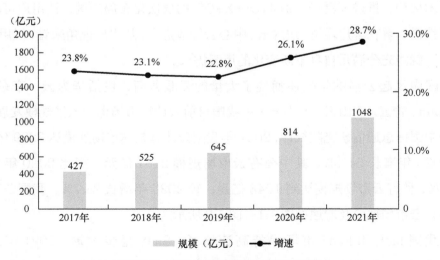

图 1.2　我国私有云市场规模及增速

（数据来源：中国信息通信研究院，2022 年 7 月）

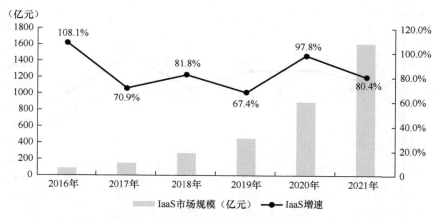

图 1.3 我国细分云市场 IaaS 规模和增速

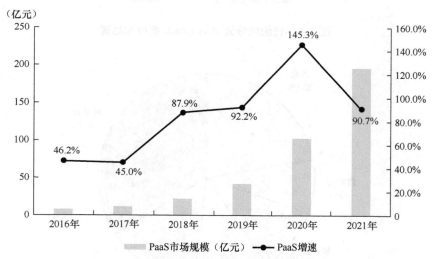

图 1.4 我国细分云市场 PaaS 规模和增速

根据中国信息通信研究院统计，截至 2021 年年底，阿里云、天翼云、腾讯云、华为云、移动云占据公有云 IaaS 市场份额前五名（不含 CDN）；公有云 PaaS 方面，阿里云、华为云、腾讯云、百度云处于领先地位。从排名可以看出，互联网企业在云市场占据了主导地位，运营商充分利用自有的数据中心和网络优势，在公有云 IaaS 市场占一席之地，并有逐渐壮大的趋势。2021 年中国公有云 IaaS 市场份额占比如图 1.6 所示。

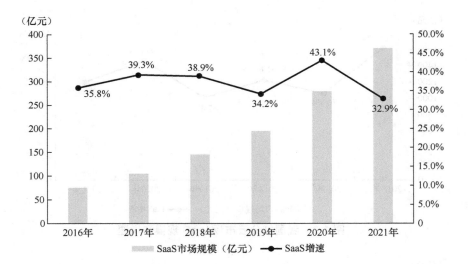

图 1.5 我国细分云市场 SaaS 规模和增速

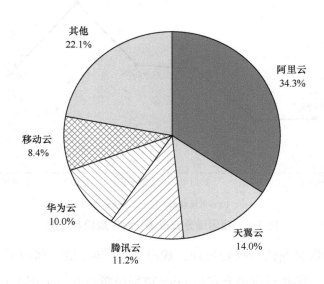

图 1.6 2021 年我国公有云 IaaS 市场份额占比

1.1.5 我国云计算的发展和相关政策

从 2009 年开始，我国云计算发展经历了开放式发展、规范建设、政府指导发展 3 个阶段。

1. 开放式发展

2009—2013 年，我国云计算发展处于开放式发展阶段，政府政策主要以鼓励发展为主。在此期间阿里云带动了各云服务商，我国云计算产业得到快速发展，云计算成为推动经济增长、加速产业转型的重要力量。

2. 规范建设

（1）2014 年中国参与国际标准的制定

2014 年，由中国等国家成员体推动立项并重点参与的两项云计算国际标准——ISO/IEC 17788:2014《信息技术　云计算　概述和词汇》和 ISO/IEC 17789:2014《信息技术　云计算　参考架构》正式发布，这标志着云计算国际标准化工作进入了一个新阶段。这是国际标准化组织（ISO）、国际电工委员会（IEC）与国际电信联盟（ITU）三大国际标准化组织首次在云计算领域联合制定的标准，由 ISO/IEC JTC1 与 ITU-T 组成的联合项目组共同研究制定。中国作为这两项国际标准立项的推动国之一，提交贡献物 20 多项，对加快标准研制做出了重要贡献。

这两项云计算国际标准规范了云计算的基本概念和常用词汇，从使用者角度和功能角度阐述了云计算参考架构，不仅为云服务提供者和开发者搭建了基本的功能参考模型，还为云服务的评估和审计人员提供了相关指南。

（2）2015 年《云计算综合标准化体系建设指南》发布

为加快推进云计算标准化工作，提升标准对构建云计算生态系统和云计算产业发展的整体支撑作用，工业和信息化部于 2015 年 10 月 16 日印发《云计算综合标准化体系建设指南》（以下简称《指南》）。该文件对推进云计算健康快速发展、加速产业转型升级、促进信息消费、建设创新型国家具有重要意义，对指导云计算产品与服务提供商加快推进云计算标准化工作，提升标准对构建云计算生态系统的整体支撑有着积极的指导作用。

基于国内外云计算发展情况，《指南》明确了云计算综合标准化工作的指导思想，即按照《国务院关于促进云计算创新发展培育信息产业新业态的意见》（国发〔2015〕5号）提出建设云计算标准规范体系的要求，广泛借鉴国际云计算技术和标准研究成果，紧扣云计算服务和应用发展需求，充分发挥企业主体作用，加强标准战略研究和标准体系构建，明确云计算标准化研究方向，加快推进重要领域标准制定与贯彻实施，夯实云计算发展的技术基础，为促进我国云计算持续、快速、健康发展做好支撑。

《指南》系统梳理了云计算生态的概念，指出云计算生态系统主要涉及硬件、软件、服务、网络和安全5个方面。《指南》提出了由"云基础""云资源""云服务"和"云安全"4个部分组成的云计算综合标准化体系框架。在此基础上，通过研究分析信息技术和通信领域已有标准，《指南》还明确提出了包括有效解决应用和数据迁移、服务质量保证、供应商绑定、信息安全和隐私保护等问题在内的29个标准研制方向。

3. 政府指导发展

（1）《国家信息化发展战略纲要》和《信息产业发展指南》

《国家信息化发展战略纲要》和《信息产业发展指南》是指导信息化发展的重要文件，两个文件都先后对云计算技术的使用和推动进行了论述。

《国家信息化发展战略纲要》提出，积极争取并巩固新一代移动通信、下一代互联网等领域的全球领先地位，着力构筑移动互联网、云计算、大数据、物联网等领域的比较优势。巩固和发展区域标准化合作机制，积极争取国际标准化组织重要职位。在新一代移动通信、下一代互联网、下一代广播电视网、云计算、大数据、物联网、智能制造、智慧城市、网络安全等关键技术和重要领域积极参与国际标准制定。夯实发展新基础，推进物联网设施建设，优化数据中心布局，加强大数据、云计算、宽带网络协同发展，增强应用基础设施服务能力。创新电子政务运行管理体制。建立强有力的国家电子政务统筹协调机制，制定电子政务管理办法，建立涵盖规划、建设、应用、管理、评价的全流程闭环管理机制。大力推进政府采购服务，试点推广政府和社会资本合作模式，鼓励社会力量参与电子政务建设。鼓励应用云计算技术，整合改造已建应用系统。

《信息产业发展指南》指出，积极发展 IaaS（基础设施即服务）、PaaS（平台即服务）、SaaS（软件即服务）等云服务，提升公有云服务能力，扩展专有云应用范畴，围绕工业、金融、电信、就业、社保、交通、教育、环保、安监等重点领域应用需求，支持建设全国或区域混合云服务平台。大力发展云服务应用软件，促进各类信息系统向云计算服务平台迁移。积极发展基于云计算的个人信息存储、在线工具、学习娱乐等服务。鼓励大企业开放平台资源，加强行业云服务平台建设。建立为中小企业提供办公、生产、财务、营销、人力资源等基本管理服务的云计算平台。大力发展面向云计算的信息系统规划咨询、方案设计、系统集成和测试评估等服务。支持第三方机构开展云计算服务质量、可信度和网络安全等评估评测。优化云计算基础设施布局，建设完善云计算综合标准体系。完善云计算环境下网络信息安全管理体系，加强技术管理系统建设，强化新技术、新业务评估，防范网络信息安全风险。

（2）《云计算发展三年行动计划（2017—2019 年）》

为贯彻落实《国务院关于促进云计算创新发展培育信息产业新业态的意见》，促进云计算健康快速发展，2016 年工业和信息化部编制并印发了《云计算发展三年行动计划（2017—2019 年）》（以下简称《行动计划》）。

《行动计划》提出的发展目标是到 2019 年我国云计算产业规模达到 4300 亿元，突破一批核心关键技术，云计算服务能力达到国际先进水平，对新一代信息产业发展的带动效应显著增强。云计算在制造、政务等领域的应用水平显著提升。云计算数据中心布局得到优化，使用率和集约化水平显著提升，绿色节能水平不断提高，新建数据中心 PUE（电源使用效率）值普遍高于 1.4。发布的云计算相关标准超过 20 项，形成较为完整的云计算标准体系和第三方测评服务体系。云计算企业的国际影响力显著增强，涌现 2～3 家在全球云计算市场中具有较大份额的领军企业。云计算网络安全保障能力明显提高，网络安全监管体系和法规体系逐步健全。云计算成为信息化建设主要形态和建设网络强国、制造强国的重要支撑，推动经济社会各领域信息化水平大幅提高。

《行动计划》指出了5项重点任务：一是技术增强行动，持续提升关键核心技术能力，加快完善云计算标准体系，深入开展云服务能力测评；二是产业发展行动，支持软件企业向云计算转型，加快培育骨干龙头企业，推动产业生态体系建设；三是应用促进行动，积极发展工业云服务，协同推进政务云应用，支持基于云计算的创新创业；四是安全保障行动，完善云计算网络安全保障制度，推动云计算网络安全技术发展，推动云计算安全服务产业发展；五是环境优化行动，推进网络基础设施升级，完善云计算市场监管措施，落实《关于数据中心建设布局的指导意见》。

《行动计划》要求从优化投资融资环境、创新人才培养模式、加强产业品牌打造、推进国际交流合作等方面提供保障措施。

（3）《推动企业上云实施指南（2018—2020年）》

企业上云是企业基于自身业务发展和信息技术应用需求，使用计算、存储、网络、平台、软件等云服务，优化生产经营管理，提高业务能力和发展水平的重要途径。

2018年工业和信息化部印发了《推动企业上云实施指南（2018—2020年）》（以下简称《实施指南》），指导和促进企业运用云计算加快数字化、网络化、智能化转型升级。

《实施指南》指出，云计算是推动信息技术能力实现按需供给、提高信息化建设利用水平的新技术、新模式、新业态，并能够为互联网、大数据、人工智能等领域发展提供重要的基础支撑。企业上云，是企业顺应数字经济发展潮流，加快数字化、网络化、智能化转型，提高创新能力、业务实力和发展水平的重要路径。

《实施指南》从总体要求、科学制定部署模式、按需合理选择云服务、稳妥有序实施上云、提升支撑服务能力、强化政策保障等方面提出了推动企业上云的工作要求和实施建议。

（4）从支撑行业应用到统筹布局全国算力基础设施

加快全国一体化算力布局建设。2020年12月，国家发展和改革委员会、中央网信办、工业和信息化部、国家能源局联合发布《关于加快构建全国一体化大数据中心协同创新体系的指导意见》，要求优化数据中心基础设施建设布局，加快实现数据中心集约化、规模化、绿色化发展，形成"数网"体系；加快建立完善云资源接入和一体化调度机制，降低算力使用成本和门槛，形成"数纽"体系；加强跨部门、跨区域、跨层级的数据流通与治理，打造数字供应链，形成"数链"体系；深化大数据在社会治理与公共服务、金融、能源、交通、商贸、工业制造、教育、医疗、文化旅游、农业、科研、空间、生物等领域协同创新，繁荣各行业数据智能应用，形成"数脑"体系；加快提升大数据安全水平，强化对算力和数据资源的安全防护，形成"数盾"体系。2021 年 5 月，《全国一体化大数据中心协同创新体系算力枢纽实施方案》印发，同意在京津冀、长三角、粤港澳大湾区、成渝、内蒙古、贵州、甘肃、宁夏启动建设国家算力枢纽节点，并规划了张家口集群等 10 个国家数据中心集群。至此，全国一体化大数据中心体系完成总体布局设计，"东数西算"工程正式全面启动，东数西算工程是云网融合在全国的布局，国家从全国资源禀赋及算力需求两个角度进行统筹规划，与"南水北调""西电东送"一样，充分发挥我国体制机制优势，从全国角度一体化布局，优化资源配置，提升资源使用效率。

政策上计划深化企业上云指导。云计算为大数据、区块链、人工智能等新一代信息技术的发展提供了基础支撑，是数字信息基础设施的关键技术底座，正加速融入经济社会各领域，上云用云也成为顺应数字经济发展潮流，加快产业数字化、网络化、智能化转型的重要切入点。为此，2022 年 4 月，工业和信息化部信息技术发展司以线上、线下相结合的方式在京召开《上云用云实施指南（2022）》（以下简称《指南》）编制工作启动会。《指南》编制的目的是希望分阶段、分行业、分规模明确上云路径，有利于新时期高质量推进上云用云工作，加速新一代信息技术与实体经济深度融合，助力各行业融通发展。

1.2　网的发展历程

网指通信网络，通信网络将各个孤立的设备进行物理连接，建立人与人、人与计算机、计算机与计算机之间进行信息交换的链路，从而达到资源共享和通信的目的。根据接入方式的不同，通信网络分为移动通信网络和固定通信网络，固定通信网络分为固定电话通信网络和固定宽带通信网络。这里我们重点介绍移动通信网络和互联网的发展。

1.2.1　移动通信网络的发展

移动通信技术保持着 10 年一代的快速发展，从全球范围来看，世界上第一代无线通信系统诞生于 20 世纪 80 年代，至今已经经历了五代发展演进。

1. 第一代移动通信（1G）

在 20 世纪 90 年代的中国香港电影中，我们经常看到有人拿着一个"大砖头"，那就是第一代无线通信话机，也可以叫它第一代"手机"。在 20 世纪 90 年代，拥有一部"砖头"是很多人的梦想。这个"砖头"有个别名——"大哥大"，它是由摩托罗拉公司的工程师发明的。

AT&T 的贝尔实验室开发了第一代蜂窝服务技术。那时，美国有朗讯和摩托罗拉，加拿大有北电网络，这 3 家通信设备制造商共同奠定了北美在世界通信领域的重要地位。

第一代无线通信系统和当时的有线通信系统一样，都是基于模拟信号实现通信的。

第一代移动通信系统主要采用频分多址（FDMA）技术。FDMA 技术把系统带宽分成若干个子带，给不同的用户分配不同的频率子带，并利用带通滤波器来进一步减少不同用户之间的干扰。第一代移动通信系统有的还采用频率复用技术，频谱利用率低，设备复杂，容量有限，主要业务是模拟语音业务，并且信号质量非常差。

2. 第二代移动通信（2G和2.5G）

自 20 世纪 90 年代以来，以数字技术为主体的第二代移动通信系统得到了极大的发展，短短的 10 年，其用户数就超过了 10 亿。

第二代移动通信系统的典型代表是 GSM（全球移动通信系统），它由 ETSI（欧洲电信标准组织）提出。欧洲的通信企业利用这个契机崛起——爱立信、诺基亚、西门子等不但推出了自己的手机终端，还推出了自己的无线通信系统，成为新的通信设备供应商。它们的出现，打破了北美独霸市场局面。

GSM 有一个通俗的名字"蜂窝移动通信"。之所以用"蜂窝"这个词，是因为 GSM 是把所有需要覆盖的区域分割为很多小块，每个小块近似为正六边形，所有的小块一个挨着一个，它们组合在一起就像蜂窝，蜂窝移动通信是仿生学的典型应用，如图 1.7 所示。

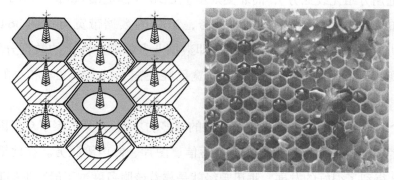

图 1.7 应用仿生学产生的蜂窝移动通信

GSM 是基于时分多址（TDMA）的。时分多址简单理解就是把时间片段划分为很多更小的片段，每个用户拥有一个小片段，只供给某个用户使用。举个例子，在某个时间片段，如 1s，如果将这 1s 分为 8ms 的小片段，那么可以分为 125 个小片段：1 ～ 8ms 给 A 用户，9 ～ 16ms 给 B 用户，17 ～ 24ms 给 C 用户，这样下来，在每个 8ms 的片段内，拥有该片段所有权的用户是独占的，其他用户不能占用该片段。这样划分，相当于用户经常进入等待状态，但因为人的耳朵的识别能力有限，所以只要这个时间片段足够小，耳朵是感觉不到这种延迟的。

采用 TDMA 技术的一个基站能够支持的用户数量有限，如在 900MHz 频率，最多只能支持 992 个人使用。和欧洲企业不同，美国企业则选择了码分多址（CDMA），这样一个基站最多支持 1600 个用户，接近采用 TDMA 技术用户数的两倍。码分多址的特点是用户虽然处于同一个频段，但是每个用户的特征标识码不一样，用户通过自己独特的码（一个标识）来发送和接收信息。

虽然从技术上来讲北美的 CDMA 看起来更强大，但欧洲的 GSM 占领了更大的市场，如在中国，市场份额最大的中国移动就采用了 GSM。

2G 和 1G 相比，最大的突破在于从模拟传输进化到数字传输，这也是通信界的一次数字化革命。但随着计算机互联网的发展，人们对于手机上网的渴求越来越迫切，有需求就会产生供给，于是 2.5G 出现。欧洲基于 GSM 演进出来 GPRS（通用分组无线业务），而北美则基于 CDMA 演进出 cdma2000 1X。

2G 的主要业务还是电话语音业务，2.5G 的数据带宽可达到 384kbit/s，使得移动通信进入了一个新的领域，即数据业务领域。网上的数据分为文本、图片和视频三大类型。2.5G 时代的带宽已经使在手机上看文本和小的图片成为可能，还能下载音乐。

这个时期典型的服务就是中国移动的"移动梦网"，其汇聚了众多因特网服务提供者（ISP），为用户提供语音、短信、图片、铃声等服务。在此期间，国内的 ISP 得到了很好的发展，腾讯曾经就是靠着该服务度过了最困难的时光。

3. 第三代移动通信（3G）

人们不断增长的信息需求推动了移动通信技术的进一步发展。移动通信 2.5G 时代受带宽所限，人们在查看信息时，占内存大一点的图片就加载不出来，更不用说视频了。此时，3G 应运而生。

3G 时代，除了欧洲和北美，又出现了新的参与者，那就是中国。欧洲开发出了 WCDMA（宽带码分多址），北美采用 cdma2000 标准。中国在此时决定开发自己的标准——TD-SCDMA（时分同步码分多址）。

中国的加入使得无线通信的格局再次发生变化。1G 时代"一家独大"，2G 时代"两强对峙"，3G 时代"三足鼎立"。

3G 时代，苹果公司发挥了重要作用。2008 年 6 月，史蒂夫·乔布斯在苹果全球开发者大会上正式发布 iPhone 3G，开启了移动互联网时代。智能手机和 3G 网络成为两个巨大的引擎，推动移动互联网掀起一波又一波的新浪潮。智能手机在世界范围以燎原之势迅速普及。

相比 2.5G，3G 网络的速率有了大幅的提升，达到了 14.4Mbit/s（WCDMA 理论下行速率），已经可以满足基本的多媒体业务需求。但人们对于网速的追求是无止境的。人们总是希望移动网络能有 Wi-Fi 一般的速度，于是就有了 4G。

4. 第四代移动通信（4G）

如果说 3G 时代是中国无线通信技术的起飞阶段，那么进入 4G 时代，中国无线通信技术就进入了全面发展阶段。

4G 在规范上实现了前所未有的统一，全球均采用 3GPP（第三代合作伙伴计划）组织推出的 LTE/LTE-Advanced 标准，新标准空中接口采用正交频分复用（OFDM），这是一种全新的技术，能有效对抗频率选择性衰落，克服信号符号间干扰，可以与 MIMO 进行高效结合，实现高速数据传输。MIMO 即多进多出技术，通过多天线进行同步收发，可以有效提高系统容量、覆盖范围和信噪比。4G 还引入了载波聚合技术，聚合频率资源提升数据传输速率。这些技术不仅提高了速率，使得速率从 3G 时代的 10Mbit/s 数量级提高到了 100Mbit/s 数量级，还为向 5G 演进奠定了技术基础。

4G 实现了更高的上网速率，人们可以随意地使用网络，包括用手机在线办公、在线游戏、看视频、看直播、刷短视频，实现了和 Wi-Fi 接入相似的体验效果。

从 1G 到 4G，我们可以看到 4 个方面的变化。

一是技术的变化，从模拟到数字，从语音到数据，从窄带到宽带，再到超宽带。

二是手机终端的变化，从"大哥大"到智能手机。

三是生活方式的变化，从打电话到发短信，到上网看新闻、聊天，再到看视频。

四是中国在通信领域的地位变化，从最初的北美独大，到欧洲和北美两强的局面，再到中国加入形成"三足鼎立"，中国在通信领域具有越来越多的话语权。

5. 第五代移动通信（5G）

5G 是 4G 的延伸，是第五代移动通信标准，也称第五代移动通信技术。5G 具有高速率、更低时延、更大容量等特征。5G 的性能目标是提高数据速率、降低时延、节省能源、降低成本、提高系统容量和大规模设备连接。这意味着 5G 可以实现随时、随地的万物互联，对物联网、医疗、工业制造、无人驾驶、智慧零售等行业将产生巨大的推进作用。

"4G 改变生活，5G 改变社会"，这句话深刻地反映了 5G 对人们生活的影响。5G 的应用可以划分为三大场景，场景一是增强型移动宽带（eMBB），体现的是 5G 更高的速率特性，用户峰值速率可达到 10Gbit/s，相比 4G 提升 10 ～ 100 倍，这使得像 VR/AR（虚拟现实 / 增强现实）这类高带宽需求场景应用更优；场景二是大连接物联网（mMTC），体现的是 5G 更大容量特性，5G 连接数密度可以达到每平方千米数百万个，相比 4G 提升 10 ～ 100 倍，这使得智慧城市万物互联成为可能；场景三是低时延高可靠通信（URLLC），体现的是 5G 更低时延特性，可达到毫秒量级，相比 4G 降低 5 ～ 10 倍，这使得自动驾驶等应用成为可能。5G 和 4G 性能对比及应用场景如表 1.1 所示。

表 1.1　5G 和 4G 性能对比及应用场景

指标名称	定义	4G性能	5G性能	eMBB	mMTC	URLLC
用户体验速率	真实网络环境下用户可获得的最低传输速率	10～100Mbit/s	100Mbit/s～1Gbit/s	√		
连接数密度/（个/平方千米）	单位面积上支持的在线设备之和	10^5	10^6		√	

续表

指标名称	定义	4G性能	5G性能	eMBB	mMTC	URLLC
端到端时延/ms	数据包从源节点传输到目的节点被正确接收的时间	10～100	1			√
移动性/（km/h）	满足一定性能要求时，收发双方时间的最大相对移动速度	350	500以上	√		
流量密度/（Mbit·s^{-1}·m^{-2}）	单位面积区域内的总流量	0.1	10		√	
用户峰值速率/（Gbit/s）	用户可获得的最高传输速率	1	10～20	√		
频谱效率/（bit·s^{-1}·Hz^{-1}）	净比特率，峰值传输速率下所占信道的宽度	1	3～5	√		

根据工业和信息化部《2021 年通信业统计公报》，截至 2021 年年底，我国累计建成并开通 5G 基站 142.5 万个，建成全球最大 5G 网，实现覆盖全国所有地级市城区、超过 98% 的县城城区和 80% 的乡镇镇区，并逐步向有条件、有需求的农村地区推进。我国 5G 基站总量占全球 60% 以上；每万人拥有 5G 基站达到 10.1 个。我国将 5G 建设纳入国家信息基础设施建设，建设速度之快令人惊叹。

在推进网络建设的同时，各方也在积极探索 5G 的应用，5G 的重点应用方向是加速赋能传统行业。据工业和信息化部统计数据，截至 2022 年初，5G 行业应用创新案例超 10000 个，覆盖工业、医疗等 20 多个国民经济行业，应用环节从生产辅助环节向核心环节渗透，"5G+ 工业互联网"的典型应用场景逐步向规模化复制演进。目前推进较快的是"5G+ 智慧工厂""5G+ 智慧医疗"等项目。

从 1G 到 5G，我们看到了人类对于科技孜孜不倦的追求，也看到了科技给人们生活带来的巨变；我们见证了朗讯和摩托罗拉的衰落，也见证了苹果和华为的崛起；我们经历了通信技术领军者从北美到欧洲再到亚洲的变迁；我们也感慨于科技发展之迅猛。

1.2.2　移动互联网的发展

移动互联网是互联网和移动通信各自独立发展后互相融合形成的新兴市场，移动互联网是指用户使用手机、笔记本计算机或其他无线终端设备，在移动状态下（如在地铁、公交车等）随时、随地访问互联网以获取信息，享受商务、娱乐等各种网络所提供的服务。

1. 2000—2007年，2G网络时代，移动互联网进入萌芽期

第一代移动通信采用模拟通信技术，只提供语音通信业务。移动通信发展到 2.5G 时代出现了数据通信业务，最大上网速度为 50kbit/s。在这个时期，WAP（无线应用协议）是移动互联网应用的主要模式，受限于移动网速和手机智能化程度影响，这一时期中国移动互联网发展还处于简单的 WAP 应用期。WAP 应用就是把 Internet 上的 HTML（超文本标记语言）信息转换成用 WML（无线标记语言）描述的信息，并在移动电话显示屏上显示出来。由于 WAP 只要求移动电话和 WAP 代理服务器转换，而不要求人们对移动通信网络协议进行任何改动，因而被广泛地应用于 GSM、CDMA、TDMA 等多种网络中。在移动互联网萌芽期，利用手机自带的支持 WAP 的浏览器访问企业WAP 网站是当时移动互联网发展的一大特点。这个时期中国移动推出的移动梦网催生了一大批 SP（业务提供商）。移动梦网就像一个大超市，囊括了短信、彩信、手机上网（基于 WAP）、百宝箱（手机游戏）等各种信息服务。在移动梦网的技术支撑下，当时涌现了雷霆万钧、空中网等一大批基于梦网的 SP，人们通过短信、彩信、手机上网等模式享受移动互联网服务。

2. 2008—2013年，3G时代，移动互联网进入成长期

2008 年，运营商重组，中国电信收购中国联通 CDMA 网，中国卫通的基础电信业务并入中国电信，中国联通和中国网通联合成立新中国联通，中国铁通并入中国移动，至此形成的三家电信运营商为 3G 网络牌照的发放做好了准

备。2009 年 1 月 7 日，工业和信息化部宣布，批准中国移动、中国电信、中国联通三大电信运营商分别增加 TD-SCDMA、cdma2000、WCMDA 技术制式的第三代移动通信（3G）业务经营许可，中国 3G 网络大规模建设正式铺开，中国移动互联网全面进入了 3G 时代。3G 网络的室外标称网速是 384kbit/s，相当于 2G 的 7 倍。

　　这个时期的一大创新就是智能手机革命，它为移动互联网快速发展带来了强劲的动力。2007 年乔布斯发布第一代苹果手机，第一代苹果手机给手机界带来了触控革命，突破了电容屏的难关，支持多点触控，将体验提高到了一个新的高度。2005 年谷歌收购 Android（安卓）公司，研发 Android 智能手机操作系统，2008 年谷歌第一代 Android 系统问世，开启了安卓元年。安卓智能手机操作系统诞生，并普遍被预安装在手机中，使得移动互联网规模快速扩大。进入 2012 年，由于移动上网需求大增，受到苹果手机的影响，再加上触摸屏手机的大规模商用，这个阶段，安卓智能操作系统被迅速推广。

　　智能手机的大规模普及商用，激发了手机 OTT（Over The Top）业务。3G 初期以抢占移动互联网入口为主，百度、腾讯、奇虎 360 等一些大型互联网企业推出手机浏览器来抢占移动互联网入口。到了 3G 后期阶段，以即时通信 + 支付为主的 App 迎来了移动互联网规模发展，截至 2012 年，腾讯微信的用户数量已经超过了 6 亿。除腾讯之外，小米推出"米聊"，阿里推出"来往"，网易推出"易信"等即时通信业务，力图把控移动互联网入口，采用手机号码绑定社交应用等技术，实现了在移动端社交应用的快速拓展。在此期间整个行业都在向移动互联网转型，腾讯也加大了支付宝推广力度，阿里巴巴加大了手机淘宝和手机支付宝业务的推广力度；百度加快了搜索等业务向移动端迁移，推出了手机搜索、手机地图等各类手机应用。除此之外，新浪、网易等传统门户网站也加大了移动端的布局，纷纷加大手机端新闻 App 的推广力度。小米、乐视等互联网公司更是创新了智能手机的营销模式，推出了靠手机服务赢利的"智能手机 + 互联网服务"新商业模式，以高性价比的智能手机作为载体，加大公司互联网服务应用的推广力度。例如，小米手机上绝大多数预安装的服务都是小米公司自己的服务，小米手机上既有小米应用程序商店，也有小米即时通信应用，如"米聊"和"小米视频"等。小米这种"智能手机＋互联网服务"的商业模式在当时获得了巨大成功，小米公司迅速成为互联网中的新秀。另外，滴滴打车、今日头条等一大批基于移动互联网应用服务创新和商业模式创新的应用在此期间大量涌现。

3. 2014—2019年，4G时代，移动互联网进入全面发展期

2013年12月4日，工业和信息化部正式向中国移动、中国电信和中国联通三大电信运营商发放了 TD-LTE 4G 牌照，中国 4G 网络正式大规模铺开。2015年2月27日，工业和信息化部又向中国电信和中国联通发放"LTE/ 第四代数字蜂窝移动通信业务（LTE—FDD）"经营许可。4G 网络建设让中国移动互联网发展走上了快速发展的轨道。4G 网络能提供 100Mbit/s 以上的室外下载速度，已经能与宽带网络相媲美，能满足视频、下载等高速业务需求。同时在这个时期智能手机市场也繁荣起来，手机的性能越来越高、品种越来越丰富，已经可与小型计算机相媲美。

由于网速大大提高，许多互联网公司开始大力推广移动视频应用，涌现出了"秒拍""快手""抖音""映客"等一大批基于移动互联网的手机视频和直播应用。

在此期间，阿里巴巴、腾讯等互联网公司的移动支付、打车应用、移动电子商务的业务不断发展完善，不断扩充产业链，如腾讯为了补齐自身电子商务发展的短板，2014年3月战略入股京东，并将微信作为京东移动电子商务入口。阿里巴巴更是加大了手机淘宝、手机天猫、手机支付宝的推广力度。京东、苏宁等为了推广钱包服务，采取了支付补贴的方式来吸引客户安装。滴滴打车和快的打车更是为了争夺用户开展了旷日持久的打车补贴"大战"。

根据工业和信息化部无线电管理局（国家无线电办公室）发布的《中国无线电管理年度报告（2019年）》，截至2019年年底，我国移动电话用户总数已超16亿，其中4G用户总数达到12.8亿，居世界第一。移动互联网接入流

量消费保持较快增长。2019 年，移动互联网接入流量消费达 1220 亿 GB，比 2018 年增长 71.6%。

4. 2019年末至今，5G时代开启，移动互联网进入新的发展阶段

2019 年 6 月 6 日上午，工业和信息化部正式发放 5G 商用牌照，标志着中国正式进入 5G 时代。为满足 5G 多样化的应用场景需求，5G 的关键性能指标更加多元化。ITU 定义了 5G 八大关键性能指标，其中高速率、低时延、大连接成为 5G 最突出的特征，用户体验速率达 1Gbit/s，时延低至 1ms，用户连接能力达每平方千米 100 万连接。

5G 具有高速率、低时延、高可靠等特点，是新一代信息技术的发展方向，同时也是数字经济的重要基础。5G 与 AI、大数据、云计算、物联网等技术充分融合后，能够有效满足垂直行业的多样化场景需求，将带来一场影响深远的全方位变革，推动万物互联时代到来，因此世界各国都在推动 5G 网络的发展和建设。

近年来线上服务普及率大幅提高，用户对短视频、网上购物、在线办公等移动互联网应用的依赖度加深。根据工业和信息化部统计数据，2020 年、2021 年我国移动互联网用户占移动电话用户的比重分别为 84.8% 和 86.2%，渗透率分别较上年提高了 2.3% 和 1.4%，此前 2016—2019 年渗透率基本稳定在 80% ～ 82%。由于手机终端功能提升、网络持续提速，短视频、网络直播等大流量应用场景更丰富，移动流量消费潜力进一步得到释放。

1.2.3　互联网的发展

互联网一般指计算机互联网。移动互联网出现后，计算机互联网有时又被区分为固定互联网和宽带互联网，这里的互联网特指计算机互联网。互联网的出现使全球信息传输的时间大大缩短，使民众的日常生活和工作更加便捷。随着国家对信息基础设施建设的重视，我国网民数量也快速增长，互联网普及率不断提高。根据中国互联网络信息中心统计数据，截至 2021 年 12 月，我国网

民规模为 10.32 亿，互联网普及率达 73.0%。

1. 互联网的发展

（1）源于 ARPANET

互联网起源于 20 世纪 60 年代，比较公认的是互联网源于 ARPANET 的诞生。1968 年，美国国防部高级研究计划署组建了一个计算机网，名为 ARPANET（阿帕网）。新生的阿帕网获得了国会批准的 520 万美元的筹备金及两亿美元的项目总预算，这笔费用是当年中国国家外汇储备的 3 倍。

1969 年，阿帕网第一期投入使用，有 4 个节点，分别是加利福尼亚大学洛杉矶分校、加利福尼亚大学圣芭芭拉分校、斯坦福大学及位于盐湖城的犹他大学。位于各个节点的大型计算机采用分组交换技术，通过专门的 IMP（接口信息处理器）和专门的通信线路相互连接。一年后阿帕网的节点扩大到 15 个。1973 年，阿帕网跨越大西洋利用卫星技术与英国、挪威实现连接，范围扩展到了全世界。

（2）互联网出现

1975 年，阿帕网由美国国防部通信处接管。在全球，大量新的网络出现，如计算机科学研究网络（CSNET）、加拿大网络（CDnet）、因时网（BITNET）等。1982 年阿帕网被停用过一段时间，直到 1983 年阿帕网被分成两部分——用于军事和国防部门的军事网（MILNET）及用于民间的阿帕网。用于民间的阿帕网改名为互联网。互联网真正的规模应用依赖以下几项技术的发展。

一是 TCP/IP（传输控制协议／互联网协议）。1983 年阿帕网的 TCP/IP 在众多网络通信协议中最终胜出，成为我们至今共同遵循的网络通信协议。TCP/IP 又称为网络通信协议，是互联网最基本的协议、国际互联网络的基础，由网络层的 IP 和传输层的 TCP 组成。TCP/IP 定义了电子设备如何连入互联网，以及数据如何在它们之间传输，至今全球的通信设施都采用这种协议。

二是万维网。万维网就是我们熟知的 WWW，有时我们也称之为"Web""W3"。WWW 可以让 Web 客户端（常用浏览器）访问 Web 服务器上的页面。

三是超文本传输协议（HTTP）。超文本传输协议定义了 Web 客户端怎样向万维网服务器请求万维网文档，以及服务器怎样把文档传送给浏览器。HTTP 提供了访问超文本信息的功能，是 Web 浏览器和 Web 服务器之间的应用层通信协议。与 HTTP 一同构成计算机间交换信息所使用的语言的还包括 HTML（超文本标记语言）。"超文本"是指页面内可以包含图片、链接，甚至音乐、程序等非文字元素。

1993 年 4 月 30 日，欧洲核子研究组织宣布万维网对所有人免费开放，并不收取任何费用。万维网的发明者蒂姆·伯纳斯 - 李放弃了专利申请，将自己的创造无偿地贡献给人类。互联网能迅速发展也离不开这些无私的奉献者。

2. 中国的互联网发展

（1）应用层面

从应用层面来看，我国的互联网起步相对较晚，主要经历了接入互联网、互联网服务走向民众、互联网大规模普及、互联网应用蓬勃发展 4 个阶段。

① 20 世纪 80—90 年代，中国接入互联网

1987 年 9 月 20 日 20 时 55 分，中国兵器工业计算机应用技术研究所成功发送了中国第一封电子邮件，这封邮件以英德两种语言文字书写，内容是"Across the GreatWall we can reach every corner in the world"（越过长城，走向世界），标志着中国与国际互联网成功连接。

此后，中国用了近 7 年的时间真正接入互联网。1988 年，中国科学院高能物理研究所采用 X.25 协议，将本单位的 DECnet 与西欧中心的 DECnet 进行连接，实现了计算机国际远程联网及与欧洲和北美地区的电子邮件通信。1989 年 11 月，北京中关村地区教育与科研示范网络（NCFC）正式启动，由中国科学院主持，联合北京大学、清华大学共同实施。1990 年 11 月 28 日，中国注册了国际顶级域名 CN，在国际互联网上有了自己的唯一标识。最初，该域名对应的服务器架设在卡尔斯鲁厄大学的计算机中心，直到 1994 年才移

交给中国互联网络信息中心。1992年12月，清华大学校园网（TUNET）建成并投入使用，这是中国第一个采用TCP/IP体系结构的校园网。1993年3月2日，中国科学院高能物理研究所接入美国斯坦福线性加速器中心（SLAC）的64k专线，正式开通中国接入互联网的第一根专线。1994年4月20日，中国实现与互联网的全功能连接，成为接入国际互联网的第77个国家。

② 20世纪90年代，互联网服务走向民众，门户网站盛行

1993年，美国开始建设"信息高速公路"的时候，绝大部分国人还不知互联网为何物。即使到了1995年，邮电部开始向社会提供"互联网接入服务"时，"互联网"也仅限于清华大学、北京大学及中国社会科学院，普通大众对互联网的了解极少。

1995年，中国互联网基本上处于空白状态，互联网市场空间可谓巨大。正是在这一年，张树新与丈夫去美国硅谷考察，本想直销美国戴尔和Gateway计算机，但她发现国内很多人从没听过"email""BBS"。她和丈夫一起把房子抵押给银行，创建了"瀛海威"，成为国内最早提出在国际互联网络上提供中文信息、最先提供ISP业务的网络商。瀛海威成为第一个吃螃蟹的人。要进入互联网商业市场，需要完成网络接入、互联网的普及和市场培育、互联网内容制作三大服务。瀛海威的商业模式是借助中国电信的电话线，将计算机连入网络，收取服务费，再向电信部门缴纳通信费。在1997年，瀛海威租用一条卫星线路（VIST）和一条国家数据专线（DDN，数字数据网），连接北京、上海、广州、福州、深圳、西安、沈阳、哈尔滨8个城市，构建起首个全国性时空主干网，实现网内用户自动漫游，成为中国最早也是最大的民营ISP、ICP，同时张树新积极宣传"互联网"，并提出"发展信息产业是中华民族崛起于世界的一个重要机会"。瀛海威复制了美国在线（AOL）的一站式商业模式，通过"裕兴瀛海威时空"提供"论坛""邮局""咖啡屋""游戏城""电子购物""虚拟货币"等互联网服务。截至1998年，瀛海威注册人数超过6万，访问量超过50万人次。这在当时是一个了解不起的数字，官方统计1997年全国拨号上网人次只有25万。

1995年5月，邮电部开始筹建中国公用计算机互联网（CHINANET）全

国骨干网；1996 年中国电信开始筹建中国公众多媒体通信网（169），1998 年
3 月，第九届全国人民代表大会第一次会议批准成立信息产业部，并同意建设
中国长城互联网。其后，各大门户网站如雨后春笋般发展起来。

1998 年 2 月，张朝阳正式成立搜狐。

1998 年 6 月，丁磊的网易门户上线。

1998 年 6 月，鲍岳桥创办联众游戏。

1998 年 10 月，周鸿祎创办 3721 公司。

1998 年 11 月，腾讯在深圳成立。

1998 年 12 月，四通利方信息技术有限公司和华渊资讯股份有限公司合并，
成立新浪网。

1998 年可以说是中国互联网商业化真正开启的一年。1999 年由中国电信
和国家经济贸易委员会经济信息中心牵头，联合 40 多个部委（办局）信息主
管部门在京举办政府上网工程启动大会，政府和运营商联手介入，互联网发展
更加迅猛。

③ 21 世纪初，互联网大规模普及

有了政府的引导，加上中国电信网络的普及，21 世纪的前 10 年，互联网
得到长足的发展，用户规模迅速扩大。

2000 年，新浪、搜狐、网易在纳斯达克上市。2000 年，BBS 和论坛
开始盛行，水木清华 BBS、猫扑网、天涯论坛成为无数人发帖聊天的地方。
2000—2008 年，联众游戏迅速发展起来，成为互联网吸引用户的又一大应用。
到 2011 年，中国互联网用户数突破 5 亿，互联网普及率达到了 38%。

④ 2010—2020 年，互联网应用蓬勃发展

2010—2020 年，中国互联网蓬勃发展，期间以阿里、腾讯、百度为代表
的互联网企业创造了诸多超级产品和应用，这几年间诞生与消亡了无数赛道、
公司和产品，包括但不限于微博、微信、滴滴、快的打车、美团外卖、饿了
么、百度外卖、移动游戏、58 同城、赶集网、携程、去哪儿网、爱奇艺、优酷、
腾讯视频等。

在国家的大力推动下，"互联网 + 各个行业"迅速发展起来，如"互联网 + 金融""互联网 + 商业""互联网 + 教育""互联网 + 工业"等。

（2）技术发展层面

从技术发展层面来看，互联网主要经历了以下 3 个阶段。

① 1999—2006 年，ADSL（非对称数字用户线）拨号上网

1999 年，ADSL 宽带开始在国内商用，电话线连接外置 ADSL 猫能够同时实现上网和有线通话，并且互不影响。

ADSL 可以提供最高 1Mbit/s 的上行速度和 8Mbit/s 的下行速度，因为上行和下行速度不对称，因此也称为非对称数字用户线。ADSL 的引入是中国光网的第一次大提速。

在 ADSL 之后，出现了 ADSL2+，其下行速度扩展至 24Mbit/s，带宽由 1Mbit/s 升至 2Mbit/s，有的地区还有过短暂的 VDSL 发展期，网速提升至 10Mbit/s，最大速率可以达 100Mbit/s，网速大幅提升的同时，价格也下降了很多。

这个时期网络开始走进平常百姓家，网民数量也呈爆发式增长，网络公司和游戏公司实现井喷式发展。

② 2006—2017 年，光改提速

2006 年，中国电信开始启动实施"光进铜退"工程，主动停止铜缆建设，加快光纤铺设，提高上网速率。

2011 年开始，光纤宽带席卷而来，光纤化改造势头迅猛，电信运营商抓住了机遇，不仅推动了全社会的"光改"步伐，也驱动了自身光纤化进程，服务能力、运营效率大幅提升。2011 年 2 月 16 日，中国电信召开新闻发布会，正式启动"宽带中国·光网城市"战略，计划用 3 年左右的时间打造无处不在、触手可及，覆盖中国每一个有人居住区域的天地一体化宽带网络，实现县以上的所有城市光纤化，为城市用户提供 20Mbit/s 传输速率的高速互联网体验。中国电信启动第二次大提速，速率普遍提升至 20Mbit/s。

2013 年 8 月 13 日，中国电信宣布启动第三次全国宽带大提速，引入 PON（无

源光网络), 实现了 FTTH(光纤到户)，提升了家庭宽带的上网速度，全面推广 100Mbit/s 宽带，使中国消费者的宽带接入速率尽快与世界发达国家水平接轨。

③ 2018—2021 年，千兆提速

2018 年，我国开始进行 5G 网络试用，同时宽带网络开始升级 GPON(千兆无源光网络)，实现千兆接入。在 5G 网络和千兆光网的发展过程中，国家也出台了《"双千兆"网络协同发展行动计划（2021—2023 年)》，进一步推进了网络提速发展。

1.2.4　主要网络运营商及网络情况

1. 互联网骨干网络

中国四大骨干网分别为中国科技网（CSTNET）、中国教育和科研计算机网（CERNET）、中国公用计算机互联网（CHINANET）和中国金桥信息网（CHINAGBN）。中国电信运营中国公用计算机互联网，中国教育和科研计算机网由教育部管理，中国金桥信息网由信息产业部管理，中国科技网由中国科学院管理。

（1）中国科技网（CSTNET）

中国科技网是在中关村地区教育与科研示范网（NCFC）和中国科学院网（CASNET）的基础上建设和发展起来的，覆盖全国范围的大型计算机网络，是我国最早建设并获得国家正式承认的、具有国际出口的中国四大互联网络之一。中国科技网的服务主要包括网络通信服务、信息资源服务、超级计算服务和域名注册服务。中国科技网拥有科学数据库、科技成果、科技管理、技术资料和文献情报等特有的科技信息资源，向国内外用户提供各种科技信息服务。中国科技网中心还受国务院的委托，管理中国互联网络信息中心（CNNIC），负责提供中国顶级域名"CN"的注册服务。

（2）中国教育和科研计算机网（CERNET）

CERNET 是中国第一个覆盖全国的、由国内科技人员自行设计和建设的国家级大型计算机网络。该网络由教育部主管，由清华大学、北京大学、上海交通大学、西安交通大学、东南大学、华中理工大学、华南理工大学、北京邮电大学、东北大学和电子科技大学 10 所高校承担建设，于 1995 年 11 月建成。全国网络中心设在清华大学，8 个地区网点分别设立在北京、上海、南京、西安、广州、武汉、成都和沈阳。CERNET 是为教育、科研和国际学术交流服务的非营利性网络。

（3）中国公用计算机互联网（CHINANET）

中国公用计算机互联网（简称"中国互联网"）是 1995 年 11 月邮电部委托美国信亚公司和中讯亚信公司承建的国家级网络，并于 1996 年 6 月在全国正式开通。在当时，中国邮电部数据通信局是 CHINANET 直接的经营管理者。CHINANET 是基于 Internet 网络技术的中国公用互联网，是中国具有经营权的互联网国际信息出口的互联单位，也是 CNNIC 重要的成员之一。CHINANET 不同于 CSTNET 和 CERNET，它是面向社会开放、服务于社会公众的大规模的网络基础设施和信息资源的集合，它的基本建设目标就是要保证可靠的内联外通，即保证大范围的国内用户之间的高质量的互通，进而保证国内用户与国际互联网的高质量互通。

（4）中国金桥信息网（CHINAGBN）

中国金桥信息网也被称作"国家公用经济信息通信网"。它是中国国民经济信息化的基础设施，是建立金桥工程的业务网，支持金关、金税、金卡等"金"字头工程的应用。金桥信息网以光纤、卫星、微波、无线移动等多种传播方式，形成天地一体的网络结构，它和传统的数据网、话音网和图像网相结合，并与互联网相连。

2. 三大电信运营商网络

（1）中国电信的网络

中国电信作为国内最大的基础网络运营商之一，目前提供的互联网业务主要包括光宽带、数据中心和 4G/5G 移动网。中国电信主要经营着 CHINANET

和 CN2 两个并行的、各自拥有独立 AS（应用服务器）的 IP 网络和 4G/5G 网络，并基于 4G/5G 网络开展物联网业务。

CHINANET 定位于公共信息交换平台，主要承载互联网业务，包括家庭及政企客户宽带接入、4G 及物联网接入、互联网数据中心、IPTV 等增值业务。

CN2 是中国电信建设的一张高品质的 IP 网络，业务承载方面更倾向于保证网络的可控和可管理。目前承载的主要业务包括 QoS（服务质量）要求的业务，如为商业客户提供的 VPN 类专网业务，以及为商业客户提供的专线接入业务；入云专线、云间高速、混合云等云网业务；移动、软交换、IMS、DCN、CDN、物联网等电信自营业务；中国电信提供的视频会议、可视电话等视频类业务等。

中国电信在 2008 年从中国联通获得 CDMA 网络，开始运营移动业务，有 4G 和 5G 两张移动网络。目前，中国电信的 4G 网络已经覆盖到农村，5G 网络已经覆盖到县域和重点乡镇。

（2）中国移动的网络

中国移动的互联网是 CMNET。CMNET 除承担移动宽带接入业务外，还承担了移动业务及数据中心互联业务。

中国移动最大的网络是 4G/5G 移动网络，中国移动深入推进与中国广电的 5G 网络共建共享、合作共赢，科学统筹 700MHz、2.6GHz、4.9GHz 频率资源，着力打造 700MHz 频段打底网，精准建设 2.6GHz 与 4.9GHz 频段，有序推进室内覆盖建设，实现全国城区、县城、乡镇连续覆盖，建成全球最大的 5G SA 网络，5G 领先优势进一步扩大。截至 2022 年，中国移动累计开通 5G 基站达 128.5 万个，其中 700MHz 5G 基站 48 万个，服务 5G 网络客户达到 3.3 亿户。

（3）中国联通的网络

最初，CHINA169 骨干网在 2002 年中国电信业"南北分家"时从 163 骨干网里被拆分出来给了中国网通。2008 年中国电信业重组后，原中国联通旗下的 UNINET 骨干网（中国联通互联网）作为下级网络并入原中国网通

CHINA169 骨干网，自此 CHINA169 骨干网改由中国联通控制。

最早中国网通有一张自建的骨干网叫"中国网通公用互联网（CNCNET）"，随着 2008 年电信业重组，中国网通最初的骨干网 CNCNET 也交给中国联通运营。

1.2.5　我国网络发展相关政策

1."宽带中国"战略

"宽带中国"战略由工业和信息化部原部长苗圩在 2011 年全国工业和信息化工作会议上提出，目的是加快我国宽带网络建设。2012 年经国务院批示，由国家发展和改革委员会等八部委联合研究起草的"宽带中国"战略实施方案于 2012 年 9 月对外公布。2013 年 8 月 17 日，中国国务院发布了"宽带中国"战略实施方案，部署未来 8 年宽带发展目标及路径，意味着"宽带中国"战略从部门行动上升为国家战略，宽带网络首次成为国家战略性公共基础设施。

2."网络强国"战略

"网络强国"战略包括网络基础设施建设、信息通信业新的发展和网络信息安全 3 个方面。

中国共产党第十八届中央委员会第五次全体会议通过的《中共中央关于制定国民经济和社会发展第十三个五年规划的建议》，明确提出实施"网络强国"战略。

3."互联网+"行动

2015 年 7 月 4 日，国务院印发《关于积极推进"互联网＋"行动的指导意见》，这是推动互联网由消费领域向生产领域拓展，加速提升产业发展水平，增强各行业创新能力，构筑经济社会发展新优势和新动能的重要举措。

2017 年，国务院印发了《关于深化"互联网 + 先进制造业"发展工业互联网的指导意见》，阐明了我国工业互联网发展的指导思想、基本原则和发展目标，完成了顶层设计，制定了七大任务、七大工程和六大保障措施，着力解决我国工业互联网存在的突出问题和明显短板。

2018 年，工业和信息化部发布了《工业互联网发展行动计划（2018—2020 年）》，计划指出到 2020 年年底，初步建成工业互联网基础设施和产业体系，并初步构建工业互联网标识解析体系和安全保障体系。2021 年 1 月 13 日，工业和信息化部再度印发《工业互联网创新发展行动计划（2021—2023 年）》，旨在推动工业互联网新型基础设施建设量质并进，新模式、新业态大范围推广，产业链、价值链纵向延伸，我国产业综合竞争力持续提升。

"互联网 +"政策的推进，加速了各行业的数字化进程。

4. 5G 网络相关政策

2020 年 9 月，国家发展和改革委员会、科学技术部、工业和信息化部、财政部四部门联合印发了《关于扩大战略性新兴产业投资培育壮大新增长点增长极的指导意见》，该意见要求加大 5G 网络建设投资，加快 5G 网络商用步伐，将各级政府机关、企事业单位、公共机构优先向基站建设开放，研究推动将 5G 基站纳入商业楼宇、居民住宅建设规范。

2021 年，工业和信息化部等十部门联合印发《5G 应用"扬帆"行动计划（2021—2023 年）》，该行动计划的目标是到 2023 年，我国 5G 应用发展水平显著提升，综合实力持续增强。打造 IT（信息技术）、CT（通信技术）、OT（运营技术）深度融合新生态，实现重点领域 5G 应用深度和广度双突破，构建技术产业和标准体系双支柱，网络、平台、安全等基础能力进一步提升，5G 应用"扬帆远航"的局面逐步形成，力图实现 5G 应用关键指标大幅提升、重点领域 5G 应用成效凸显、5G 应用生态环境持续改善，关键基础支撑能力显著增强。

2021 年，工业和信息化部印发《"双千兆"网络协同发展行动计划（2021—2023 年）》，该行动计划结合网络发展和产业现状制定了 2021 年阶段目标和

2023 年目标，提出了 6 个专项行动 19 个具体任务，分别从网络建设、承载增强、行业赋能、产业筑基、体验提升、安全保障 6 个方面着力推动"双千兆"网络协同发展。

5. "十四五"相关政策

《中华人民共和国国民经济和社会发展第十四个五年规划和 2035 年远景目标纲要》（以下简称《"十四五"规划》）是开启全面建设社会主义现代化国家的开局规划，是中国经济社会发展的行动指南。《"十四五"规划》对数字化发展提出了更高的要求和展望，提出迎接数字时代，激活数据要素潜能，推进网络强国建设，加快建设数字经济、数字社会、数字政府，以数字化转型整体驱动生产方式、生活方式和治理方式变革。从数字经济、数字社会、数字政府、数字生态 4 个方面描述数字中国的五年发展规划，并提出了"智能交通""智慧能源""智能制造""智慧农业及水利""智慧教育""智慧医疗""智慧文旅""智慧社区""智慧家居""智慧政务"十大应用场景。

《"十四五"数字经济发展规划》（以下简称《规划》）是我国在数字经济领域的首部国家级专项规划，在对我国数字经济发展环境深入剖析的基础上，清晰设定了未来数字经济发展的基本原则和目标。《规划》提出到 2025 年，数字经济迈向全面扩展期，数字经济核心产业增加值占 GDP 比重达到 10%。《规划》重点举措的第一条就是"建设高速泛在、天地一体、云网融合、智能敏捷、绿色低碳、安全可控的智能化综合性数字信息基础设施"，这句话描绘出了未来云网发展的蓝图，点明了基础设施的关键特征。

《"十四五"信息通信行业发展规划》（以下简称《发展规划》）全面部署新型数字基础设施，包括 5G、千兆光纤网络等新一代通信网络基础设施。《发展规划》指出，"十四五"时期力争建成全球规模最大的 5G 独立组网网络，力争每万人拥有 5G 基站达到 26 个，实现城市和乡镇全面覆盖、行政村基本覆盖、重点应用场景深度覆盖，其中，行政村 5G 通达率预计达到 80%。

"十四五"期间，我国将加快数字经济的发展，新一代通信网络和云基础设施将是新型数字基础设施的重要底座，是实现数字要素存储、计算和流转的关键基础设施。

1.3　数字经济与云网融合

1.3.1　数字经济概念的提出

数字经济概念的提出与云网融合密切相关。20 世纪 80 年代以来，互联网技术日趋成熟，随着互联网的广泛接入，IT 与 CT 相融合，经济特征发生了新的变化，全球范围的网络连接生成了海量数据，之前分散终端的数据处理能力已经无法满足现实需要，云计算、大数据等数字技术快速发展起来。20 世纪 90 年代数字技术快速从信息产业外溢，加快了传统部门信息化，同时不断产生新的生产要素，形成新的商业模式，电子商务成为最为典型的应用。电子商务等新业态新模式甚至超越了马克·波拉特提出的"第一信息部门"和"第二信息部门"，生产力要素的数字化渗透、生产关系的数字化重构、经济活动走向全面数字化，使社会的物质生产方式被打上了浓重的数字化烙印。这时需要一个新的概念来描绘数字经济发展模式的新变化。正是在这样的技术背景和应用背景下，1996 年美国学者尼葛洛庞帝出版了《数字化生存》一书，该书一路畅销，数字化概念也随之兴起。1996 年美国学者泰普斯科特在《数字经济时代》中正式提出了数字经济的概念。

数字经济是继农业经济、工业经济之后的更高级经济阶段。数字经济是以数字化的知识和信息为关键生产要素，以数字技术创新为核心驱动力，以现代信息网络为重要载体，通过数字技术与实体经济深度融合，不断提高传统产业数字化、智能化水平，加速重构经济发展与政府治理模式的新型经济形态。

数字经济的构成包括两大部分：一是数字产业化，也称为数字经济基础部分，即信息产业，具体包括电子信息制造业、信息通信业、软件服务业等，这是数字经济发展的先导产业；二是产业数字化，也称为数字经济融合部分，即传统产业由于应用数字技术所带来的生产数量和生产效率提升，其新增产出构成数字经济的重要组成部分。简而言之就是以信息通信业、软件服务业的蓬勃发展形成数字产业化，另外，利用这些数字技术推动传统产业实现数字化，从而实现产业的数字化，数字经济构成如图 1.8 所示。

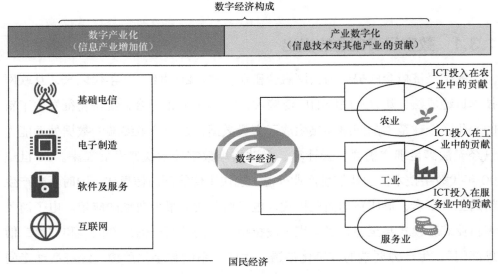

图 1.8　数字经济构成

　　数字经济是信息经济、信息化发展的高级阶段。信息经济包括以数字化的知识和信息驱动的经济，以及非数字化的知识和信息驱动的经济两大类，未来非实物生产要素的数字化是不可逆转的历史趋势，数字经济既是信息经济的子集，又是未来发展的方向。信息化是经济发展的一种重要手段，数字经济除包括信息化外，还包括在信息化基础上所产生的经济和社会形态的变革，是信息化发展的结果。

1.3.2　数字经济时代特征

1. 数据成为新的关键生产要素

　　如今人类 95% 以上的信息都以数字格式存储、传输和使用，数据开始渗透到人类社会生产生活的方方面面。由计算机、物联网、摄像头等终端所产生的源数据，由网络所承载的数据，由数据加工所萃取的信息，由信息所升华的知识，正在成为企业经营决策的新驱动、社会全面治理的新手段。相比其他生产要素，数据资源具有可复制、可共享、无限供给的特征，打破了传统要素有限供给对增长的制约，为持续增长和永续发展提供了基础与可能，成为数字经济发展新的关键生产要素。

数字经济时代，数据成为新的关键生产要素。数字经济与经济社会的交汇融合，特别是互联网和物联网的发展，引发数据爆发式增长。迅猛增长的数据已成为社会基础性战略资源，蕴藏着巨大潜力和能量。云计算的计算能力及数据存储能力飞速提升，高速的网络连接为数据和信息的高效流转提供了可能，大数据及 AI 技术的发展，使得数据的价值创造潜能大幅提升。

2. 云网成为新的基础设施

基础设施是指为社会生产和居民生活提供公共服务的物质工程设施，是用于保证国家或地区社会经济活动正常进行的公共服务系统。它是社会赖以生存发展的一般物质条件。交通运输、管道运输、水利设施和电网是工业社会 4 种最主要的基础设施，数字经济时代，各行各业加速数字化转型，企业生产、采购、管理等全部数字化，数字化的信息需要通过网络进行传输，通过数据中心和云资源承载，因此，5G、光纤网络、云、数据中心等成为新的基础设施。

3. 信息产业先导性作用突出

每一次科技变革和产业革命总有一些产业是基础性、先导性产业，它们率先兴起、发展迅速，引领带动其他产业创新发展。以互联网、大数据、云计算、人工智能等为代表的新一代信息技术创新加速迭代，并驱动传统产业加速向数字化、网络化、智能化转型升级。信息产业是数字经济时代驱动发展的基础性、先导性产业。

信息产业领域创新活跃，引领带动作用强。以信息流带动技术流、资金流、人才流，引发生产组织模式、商业运行逻辑、价值创造机制深刻变革，不断催生新技术、新产品、新业态、新模式，拓展新发展空间，为发展壮大数字经济持续注入新动能。数字技术是技术密集型产业，动态创新是其基本特点，强大的创新能力是竞争力的根本保证。

4. 传统行业数字化转型脚步加快

数字经济时代，传统行业加快数字化转型。一方面，互联网巨头积极开拓线下新领地。面对科技革命和产业变革大趋势，全球信息网络巨头正在加快战略布局，大规模向实体经济扩展。2016年以来，阿里巴巴入股三江购物，与百联集团、日日顺物流公司合作，成为联华超市的第二大股东，与现代物流和实体零售企业结合，共同打造线上、线下一体化新零售模式。另一方面，传统行业加快从线下向线上延伸，获得新的发展生机。制造业领域的巨头企业正在基于"互联网+""5G+"、物联网和工业互联网等再造公司，通过建立平台生态，加快数字化转型，提升生产效率，拥抱新的发展空间。以国内家电企业为例，如海尔、格力和美的，纷纷提升了生产线的自动化水平和柔性服务质量，产品周期缩短20%～40%，生产成本最多下降80%。

1.3.3 我国数字经济的发展状况

2017年12月，中共中央政治局第二次集体学习提出"加快建设数字中国、构建以数据为关键要素的数字经济"之后，2018年各种会议场合频繁提及数字经济发展要求。2018年4月，全国网络安全和信息化工作会议提出"加快推动数字产业化，要推动产业数字化"；2018年5月，中国科学院和工程院院士大会提出"推进互联网、大数据、人工智能同实体经济深度融合，做大做强数字经济"；2018年11月，第五届世界互联网大会提出"为世界经济发展增添新动能，迫切需要我们加快数字经济发展"。

近年来，国家也相继出台促进数字经济发展的相关文件，如2018年国家发展和改革委员会等19部门发布的《关于发展数字经济稳定并扩大就业的指导意见》、2020 年出台的《中小企业数字化赋能专项行动方案》等；各省市也相继出台相关政策，如北京 2020 年发布的《北京市促进数字经济创新发展行动纲要（2020—2022 年）》、上海 2021 年发布的《上海市促进城市数字化转型的若干政策措施》、广东 2021 年发布的《广东省人民政府关于加快数字化发展的意见》、重庆 2021 年发布的《重庆市数字经济"十四五"发展规划（2021—2025 年）》、浙江 2018 年发布的《浙江省数字经济五年倍增计划》《浙江省数字经济发展"十四五"规划》等，一时间，全国掀起数字经济发展大浪潮。

经过多年发展，我国数字经济取得了不小成就。"2021 全球数字经济大会"上，中国信息通信研究院发布的《全球数字经济白皮书》显示，中国数字经济规模为 5.4 万亿美元，位居世界第二；同比增长 9.6%，位居世界第一。

1.3.4　云网融合对数字经济的推动作用

随着数字经济的发展，云和数据中心、大数据和 AI、5G 和光网络、物联网和视频监控等已经成为重要的基础设施，物联网和视频监控等前置设备实现了海量数据的采集，云资源池、数据中心、大数据和 AI 技术的发展实现了信息的高效处理和存储；高速网络缩短了距离，加速了数字要素的流转，实现了信息资源的共享，提高了生产效率。

云网融合属于信息技术革命，是数字经济的先导产业的革命性变革，这个变革推动了数字产业化，同时又加速了产业数字化进程，使得生产生活成本大大降低，生产效率倍增，推动数字经济整体发展。

一是消除"现场服务"约束。云的共享属性、网的高速连接能力使得消费主体可实现零距离消费，一个消费平台可以连接的用户数以亿计，商品和服务的内容以百万计，大大降低了服务供给成本，带来极为显著的规模经济和范围经济效应。

二是降低供需服务成本。以往生产者和消费者之间的信息渠道十分有限。现在消费端的搜索技术使消费者能够从网络海量服务产品中选择他们各自感兴趣的内容。生产端和销售端的智能算法能够了解消费者的消费意愿和潜在倾向，为消费者提供更合意、更有个性的产品和服务。两种因素相结合，使得一项要素可以为更多消费者提供服务，也使得满足个性化服务需求的成本大大降低。

三是大幅降低生产成本。数字经济时代，5G、光网络渗透到车间，物联网和视频监控网络的发展为各类信息采集提供了数据基础，海量的云平台为信息计算和决策提供了"大脑"，以前忙忙碌碌的人工生产场景被大量信息化、机械化手段取代，生产成本持续下降。

四是提升企业间生产协同水平。实体经济通过云网融合便捷的信息通道将分散生产的实体组织在一起，使其相互配合、协调一致地工作，以完成单一实体不能完成的任务，实现总体效益优于单独效益之和，整个产业链的协作更加紧密。

五是加速企业创新发展。云、网等信息基础设施对企业各生产环节的加载，加速了企业整个生产过程和产业链的重组，带来企业甚至产业链的创新发展，如平台经济、共享经济模式，可以将过去企业耗费大量投资和需要大量人工处理的工作交由合作伙伴或平台完成。云、网等基础设施的加载，让企业生产创新应用不断涌现，如5G+MEC智慧工厂、智慧园区、智慧矿山等应用。

2021年3月，中国信息通信研究院发布的《云网融合产业发展研究报告》指出，云计算和网络的高效协同不仅可以提高业务敏捷性、降低成本，更可以与自身行业深度结合，突破传统的行业业务模式。云网融合是推动企业数字化转型的重要引擎。

1.4 新基建与云网融合

1. 新基建的提出

新基建这一概念最早源于2018年年底的中央经济工作会议，会议明确提出"加快5G商用步伐，做强人工智能、工业互联网、物联网等新型基础设施建设（新基建）"。2019年《政府工作报告》提出"打造工业互联网平台""深化大数据、人工智能等研发应用""加强新一代信息基础设施建设"。
2020 年 3 月，中共中央政治局常务委员会召开会议，提出"加快 5G、数据中心等新型基础设施建设进度"。2020 年 4 月 20 日，国家发展和改革委员会首次明确了新型基础设施的内涵和范围，提出新基建主要包括信息基础设施（5G、物联网、人工智能、数据中心等）、融合基础设施（智能交通基础设施、智慧能源基础设施等）和创新基础设施（重大科技基础设施、科教基础设施、产业技术创新基础设施等）。

2. 新基建的内涵

新型基础设施建设（简称新基建）主要涉及 5G 基站建设、特高压、城际高速铁路和城市轨道交通、新能源汽车充电桩、大数据中心、人工智能、工业互联网七大领域，涉及诸多产业链，以新发展为理念，以技术创新为驱动，以信息网络为基础，面向高质量发展需要，提供数字转型、智能升级、融合创新等服务的基础设施体系。

在传统基础设施建设年代，生产要素主要在"路"上流动，包括铁路、公路、航路、水路等，未来生产要素将主要在"网"上流动，包括互联网、物联网等，过去我们常说"要致富，先修路"，现在可以说，"要做强，先上网"。在新一代网络平台上，数据流引领技术流、物资流、资金流、人才流，数字化推动智能化。新基建的核心是连接、计算、交互、安全，主要涉及基础网络、基础数据、基础硬件、基础软件、基础平台、基础应用、基础标准、基础安全，这正是云网融合新型基础设施所包含的范畴。

3. 新基建与云网融合的关系

新基建作为国家的重要发展战略，把网络、云、算力等视为重要的基础设施，特别是对网络和云的结合提出了更高的要求，云网融合已成为通信基础设施、新技术基础设施和算力基础设施之间的黏合剂，是新基建中新型信息基础设施的底座。在这一趋势下，云网融合及架构成为未来技术发展的重要目标。

从行业层面来看，云网融合的价值是为数字经济发展提供坚实底座，云和网在技术层面融合的基础上进一步在业务形态、商业模式、服务模式等更多层面开展融合与创新，赋能千行百业，为行业和社会提供数字化应用和解决方案。

1.5 云网融合的提出

1. 云网融合的时代背景

2020 年以来，工业和信息化部密集发布《"双千兆"网络协同发展行动计划（2021—2023 年）》《工业互联网创新发展行动计划（2021—2023 年）》《5G 应用"扬帆"行动计划（2021—2023 年）》《新型数据中心发展三年行动计划（2021—2023 年）》等系列文件，系统推进新型基础设施建设、应用、安全一体化发展。2021 年 11 月，工业和信息化部印发《"十四五"信息通信行业发展规划》，明确到 2025 年，基本建成高速泛在、集成互联、智能绿色、安全可靠的新型数字基础设施，使之成为建设制造强国、网络强国、数字中国的坚强柱石。2022 年 3 月，国家发展和改革委员会、工业和信息化部等四部门联合发布包括"八大枢纽、十大集群"的全国一体化大数据中心体系总体布局，"东数西算"工程正式全面启动。

在这些政策的驱动下，国家数字经济高速发展，生产、生活线上化。在信息暴增、数据暴增、节奏不断加快的时代，云和网必须协同起来、融合起来，为人们提供高效的算力和连接，服务人们的生产生活，云网融合是时代孕育的结果。

2. 云网融合的发展

云网融合率先在互联网企业的云业务中开始实践，但最早是在中国电信的"云改数转"战略中明确的，接着各大运营商虽然对其叫法不一，但战略核心基本上可以归结到云和网融合服务上。

云网融合的发展历程围绕云网的基础资源层，从云内、云间和入云，到多云协同和云网边端协同，不断推进和深化。

云网融合最初发生在云内网络，为满足云业务带来的海量数据的高频、快速传输需求，引入了叶脊架构和大二层网络技术，实现云内网络能力和云能力的有机结合和一体化运行。随着云内网络间流量的激增，云网融合的重点转向云间网络，通过部署大容量、无阻塞和低时延的云间网络，实现了云内网络间东西向流量的快速转发和高效承载。

由于企业上云需求和 SaaS 流量激增，入云成为云网融合的新重点，以SD-WAN（软件定义广域网）为代表的新型组网技术通过软件定义的方式实现了简单、灵活、低成本的入云连接。

伴随着业务实时性和交互性需求的提升，传统中心化的云部署方式难以满足超低时延等业务的高性能要求和低功耗、低成本的终端要求，需要通过多云协同、云边协同乃至云网边端协同等方式不断提升云的实时性、可用性及终端的性价比。

3. 云网融合的需求

云网融合既是技术发展的必然趋势，又是客户需求变化的必然结果。

就企业客户而言，需要通过多云部署、高性能云边协同、一体化开通服务等帮助其提升竞争优势；就政府客户而言，数字城市、数字社区等对云的能力和安全性的要求越来越高；就个人客户而言，基于云的 XR（扩展现实）等应用成为新的娱乐、生活方式；就家庭客户而言，基于云的智慧家庭服务越来越不可或缺。这些场景都对云网融合提出了新的要求。

4. 云网融合技术本质

云网融合是通信技术和信息技术深度融合所带来的信息基础设施的深刻变革，在发展历程上要经过协同、融合和一体 3 个阶段，最终使得传统上相对独立的云计算资源和网络设施融合形成一体化供给、一体化运营、一体化服务的体系。

云网融合是一个新兴的、不断发展的新概念，从技术层面来看，云计算的特征在于 IT 资源的服务化提供，网络的特征在于提供更加智能、灵活的连接，而云网融合的关键在于"融"，其技术内涵是面向云和网的基础资源层，通过实施虚拟化 / 云化乃至一体化的技术架构，最终实现简洁、敏捷、开放、融合、安全、智能的新型信息基础设施的资源供给。

根据中国信息通信研究院发布的《云网融合发展研究报告（2021 年）》中的定义，云网融合是基于业务需求和技术创新并行驱动带来的网络架构深刻变革，使得云和网高度协同、互为支撑、互为借鉴的一种概念模式，同时要求承载网络可根据各类云服务需求按需开放网络能力，实现网络与云计算的敏捷打通、按需互联，并体现出智能化、自服务、高速、灵活等特性。云网融合从计算与连接两个方面满足企业数字化转型的需求。

第 2 章

云网融合态势感知

随着通信和信息技术的发展，新经济形态催生新的需求，信息通信行业服务商逐步延伸业务，逐步走向融合发展。近年来，全球电信运营商的发展策略不约而同从传统网络转向云网并重，如 AT&T 和 Verizon 等国际运营商与多家云公司在细分领域合作，提供各类云服务，国内电信运营商都进军云领域，提供自有云服务；互联网公司以云为主并提供云网连接服务，AWS、Azure 等国际云服务商纷纷布局 5G 核心网，结合 5G 网络与云优势，扩大服务范围；阿里云、腾讯云等则推出 SD-WAN 等网络服务，提供企业入云和广域分支互联服务；ICT 厂商则从提供云网设备转为直接进入云服务市场，如华为从云网制造业全面进入云网服务业领域，新华三、浪潮等均推出行业云服务，落地政务云等。

2.1 运营商的云网融合战略

运营商的一大优势是拥有遍布全国的网络基础设施、营业网点和机房基础设施。进入 2020 年，国内各大运营商不约而同强调云网融合。中国电信董事长柯瑞文表示，中国电信坚定实施"云改数转"战略，建设云网融合的新型信息基础设施，为用户提供丰富的基于云网融合的创新应用。中国电信是最先提出云网融合的运营商，中国电信认为云网融合是智能化、综合性数字信息基础设施的核心特征。中国移动董事长杨杰表示，中国移动正在全面部署云基础设施，构建起安全高效的全新信息基础设施，积极参与新型智慧城市建设，全面推进信息基础设施建设。中国联通原董事长王晓初指出，中国联通立足"数字产业化，产业数字化"的时代风口，借助全国 IT 集中的一体化战略，为数字化转型打造底座，着力打造数字化能力体系，形成云网融合及数据治理、数据服务优势。三大运营商均加大了云网融合产品的研究和部署，以云网融合、智能、云化、数字化等为关键要素，推进信息基础设施建设。

2.1.1 中国电信的云网融合战略

中国电信是老牌通信企业，从中国电信云网融合战略及其发布的相关文件可以看出中国电信在云网融合技术研究方面已经做了大量的工作，并积极推进云网融合基础设施的部署。

1. 战略的提出

中国电信在 2016 年发布《中国电信 CTNet2025 网络架构白皮书》，计划对网络架构进行整体规划调整。2018 年，中国电信就率先在全球提出了"像光改一样做云改"的口号，拉开了"云改"大幕。2020 年 11 月 7 日，在 2020 天翼智能生态博览会上，中国电信发布《云网融合 2030 技术白皮书》，旨在深化"云改数转"战略，夯实新型信息基础设施的底座。

中国电信已经将云网融合作为企业发展的战略方向、"云改数转"战略的重要组成部分。一方面通过云网融合为全社会的数字化转型提供坚实基础和发展平台，另一方面实施云网融合还可带动中国电信自身的数字化转型。从战略层面来看，云网融合是新型信息基础设施的深刻变革，其内涵在于通过云网技术和生产组织方式的全面深入的融合与创新，运营商在业务形态、商业模式、运维体系、服务模式、人员队伍等多方面进行调整，从传统的通信服务提供商转型为智能化数字服务提供商，为数字化转型奠定坚实的基石。

中国电信云网融合战略坚持"网是基础、云为核心、网随云动、云网一体"十六字方针，要求深入推进"云改数转"，加快 5G、物联网等通信网络基础设施和数据中心等算力基础设施的建设，加强人工智能等新技术基础设施的建设，通过云和网的协同共同实现基础能力的提供，支撑数据存储、计算、交换、处理更加高效便捷，加速数字技术融合应用深度扩散，提升经济社会创新速度。

中国电信认为云网融合的基本特征包括以下几个方面。

（1）一体化供给。网络资源和云资源统一定义、封装和编排，形成统一、敏捷、弹性的资源供给体系。

（2）一体化运营。从云和网各自独立的运营体系，转向全域资源感知、一致的质量保障、一体化的规划和运维管理。

（3）一体化服务。面向客户实现云网业务的统一受理、统一交付、统一呈现，实现云业务和网络业务的深度融合。

中国电信云网融合战略计划基于生态模式，在自主掌控云网核心能力的基础上，联合多个云服务提供商和应用能力开发者，构建多形态的云网融合生态。该模式聚焦于基础能力的快速整合、应用能力的快速开发和个性化提供，旨在实现对千行百业的赋能。

2. 中国电信云网融合的发展愿景

中国电信云网融合的愿景目标是通过实施虚拟化、云化和服务化，形成一体化的融合技术架构，最终实现简洁、敏捷、开放、融合、安全、智能的新型信息基础设施的资源供给。中国电信云网融合愿景架构如图 2.1 所示。

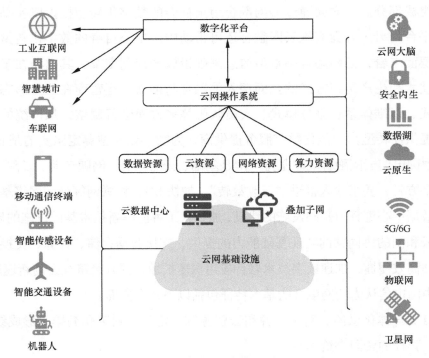

图 2.1　中国电信云网融合愿景架构

中国电信云网融合发展愿景架构主要分为 3 个部分。

（1）统一的云网基础设施部分，一方面连接了空、天、地、海各种网络，如移动通信网络（5G/6G）、物联网、卫星网；另一方面接入各种泛在的终端，包括移动通信终端（如手机等）、各种智能传感设备、各种智能交通设备、机器人等。

（2）资源部分，除包括云资源（计算、存储和数据中心内网）和网络资源（主要指广域网）外，还纳入了数据资源和算力资源（主要指面向 AI 的计算资源，如 GPU），形成多源异构的资源体系。

（3）统一的云网操作系统部分，该系统对各种资源进行统一抽象、统一管理和统一编排，并支持云原生的开发环境和面向业务的云网切片能力。在云网操作系统中，还引入了云网大脑和安全内生能力。其中，云网大脑主要利用大数据和人工智能技术对复杂的云网资源进行智能化的规划、仿真、预测、调度、优化等，实现云网管理的自运行、自适应、自优化。安全内生主要引入主动防御和自动免疫等技术，对云网资源实现端到端的安全保障，并面向业务提供安全服务。云网操作系统可以全面支撑数字化平台。数字化平台的内涵是面向数字经济打造一个生态化、数据化、开放化的能力平台，主要提供云网能力开放、数字化开发运行环境、数据多方共享和生态化价值共享机制等，服务于各种行业的数字化解决方案，如工业互联网、智慧城市、车联网。

该愿景架构的实现主要需要 6 个方面的技术创新。

（1）云网边端智能协同。随着计算、存储和网络技术的持续演进，面向客户和业务的个性化需求，需要灵活、高效地支持在不同终端形态、不同组网模式下云网边端的高效智能协同。

（2）数据和算力等新型资源融合。在传统的计算、存储和云资源基础上增加数据资源维度，实现云网和全局统一数据视图；增加算力资源维度，特别是面向 AI 的超算资源，实现云网的全局算力共享和智能调度。通过各种资源的融合和调度，最终可为用户提供智能的云网切片。

（3）云网资源一体化管控的云网操作系统。通过云网操作系统可实现各种云网资源的统一抽象、统一管理、统一编排、统一优化，支持云网融合应用的云原生开发。云网操作系统可为数字化平台提供云网基础设施的底座，是数字化平台为行业提供数字化解决方案的基础。在该系统中，云网大脑是实现云网智能的核心组件。

（4）一体化智能内生机制。在云网统一的数据视图基础上，构建云网运营的数字孪生体系，通过深度学习、强化学习等人工智能算法，实现云网融合端到端系统的自适应、自学习、自纠错、自优化。

（5）端到端安全内生机制。基于自适应的安全框架和安全原子能力，构建内生安全体系，通过智能安全防御、检测、响应、预测，实现具有自免疫性、自主性、自成长性的云网端到端安全。

（6）空天地海一体化的泛在连接。借助移动通信网络（5G/6G）、物联网和卫星网，与光纤固定网络结合，实现空天地海一体化覆盖，多种连接方式可端到端协同。空天地海一体化的泛在连接构成了高可信度、高灵活性、高安全性、高确定性的云网基础设施。

3. 中国电信云网融合目标技术架构

中国电信云网融合目标技术架构如图 2.2 所示，由三层组成。

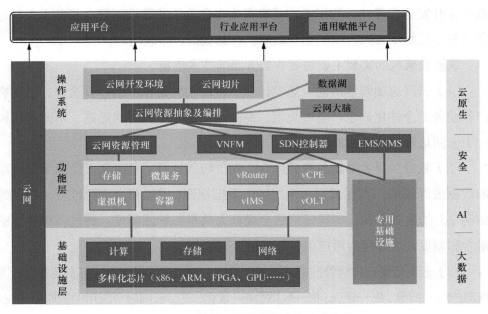

图 2.2 中国电信云网融合目标技术架构

（1）基础设施层。在基础设施的资源形态方面，除少量超大容量和具有超高性能要求的设施单元采取专用设备形态外，尽量采用通用化、标准化的硬件形态，特别是具有良好扩展性的多样化硬件芯片。

（2）功能层。功能层负责对传统的云功能和网络功能进行虚拟化、抽象化处理和软件定制，并通过相应的管理平台和系统实现相关的功能纳管和原子化封装。

（3）操作系统。操作系统负责在云网资源统一抽象的基础上进行统一编排，结合数据湖提供的大数据能力，借助云网大脑提供的各种自动化、智能化能力，创建良好的云网开发环境，提供云网切片的服务化能力，使得云网融合资源和服务可对应用平台全面赋能。

在上述各层，需要内生引入及部署云原生、安全、AI 和大数据等技术要素，以形成端到端的全面支撑。

4. 云网融合发展阶段

中国电信认为云网融合有 3 个发展阶段。

（1）协同阶段（2021—2022 年）

云和网在资源形态、技术手段、承载方式等方面彼此独立，但可以通过两者在云网基础设施层的"对接"实现业务的自动化开通和加载，向用户提供一站式云网订购服务。这个阶段各要素要求如表 2.1 所示。

表 2.1　协同阶段各要素要求

序号	要素	各要素要求
1	资源和数据	● 云和网的资源布局无缝对接，固定、移动网络全面对接所有云资源池，区域内云资源池间时延在20ms以下 ● 云和网形成统一的资源视图，网络的拓扑、带宽、流量和云的计算、存储能力等可实时呈现
2	运营管理	云和网可在管理平台上无缝对接，能对异构网元和设备进行统一纳管，初步实现自动化的开通、故障定位和排除能力
3	业务服务	● 网络提供与云业务相匹配的确定性质量保障，面向高等级业务提供高质量保障 ● 云和网业务可以统一进行订购、集成和交付
4	能力开放	云和网能够通过统一 API 实现能力的初步封装

（2）融合阶段（2023—2027 年）

云和网在逻辑架构和通用组件方面逐步趋同，在物理层打通的基础上实现资源管理和服务调度的深度嵌入，云和网在资源和能力方面产生"物理反应"，可在云网功能层、云网操作系统实现云网能力的统一发放和调度。融合阶段各要素要求如表 2.2 所示。

表 2.2　融合阶段各要素要求

序号	要素	各要素要求
1	资源和数据	• 新网元基本采用云原生方式构建，结合传统网络的升级改造，虚拟化网络功能的占比达到80%以上 • 云网资源形成标准化的数据格式，全部数据纳入数据湖，具有超过千类云网数据和资源统一汇聚分析能力 • IP骨干网和5G网络基本实现IPv6单栈化
2	运营管理	• 云和网可集中管理，具备统一的公共服务能力模块，实现对物理实体和虚拟实体的统一调度与可视化 • 故障时能够对云网资源进行快速定位，并实现云网负载的自动切换
3	业务服务	云和网业务可以统一进行微服务化封装，人工智能、安全、区块链等技术内生形成服务能力，赋能上百个应用平台
4	能力开放	云和网能够通过抽象层虚拟化底层资源并支持开放API向第三方平台实现输出，能够提供更多类型的原子服务能力

（3）一体阶段（2028—2030 年）

在基础设施、底层平台、应用架构、开发手段、运营维护工具等方面彻底打破云和网的技术边界，在物理和逻辑层面均发生"化学反应"。从用户和应用视角，不再出现计算、存储和网络三大资源的显著差异和彼此隔离，云网资源和服务成为数字化平台的标准件。这个阶段各要素要求如表 2.3 所示。

表 2.3　一体阶段各要素要求

序号	要素	各要素要求
1	资源和数据	• 云资源100%以云原生方式提供，网络资源全面支持以云化服务模式提供 • 云网资源及其相关数据可弹性扩展，可基于业务和应用所需全部自动化生成、动态调整、实时优化 • IPv6 流量占据主导，基本形成端到端全IPv6网络

序号	要素	各要素要求
2	运营管理	• 云网运营系统演进升级为云网操作系统，实现对所需资源的统一抽象封装、编排管理 • 云网操作系统内置AI能力，业务生命周期内的资源配置、调度等可全自动化进行，无人工干预
3	业务服务	• 全面提供统一的云网切片能力 • 安全、AI等能力在云网服务中全面内生，内嵌云网切片服务
4	能力开放	• 基于统一的云网资源，提供简化的接口，实现层次化、服务化的全面能力封装，实现云网可编程 • 面向开发者提供基于云原生的云网开发环境

5. 中国电信云网融合的相关举措

（1）优化云资源池技术架构与布局

一是要统一公有云、专属云、边缘云基础设施技术架构，依托大容量、低时延、自动调度的全光网 2.0，夯实云间互联的基础，实现统一纳管、快速部署和云边协同。

二是要优化公有云、专属云和边缘云的资源布局，构建"公有云 + 专属云 + 边缘云"的三层资源体系，承接多接入边缘计算（MEC）等新型业务的需求，支持按需拓展和高效运营。

三是要集成云、网、边缘资源的优势，推进多云 / 多线接入，助力混合云和多云业务的发展；提供多种入云专线 / 专网方案，满足用户差异化品质需求。

四是推动 IT 系统和业务平台全面上云，BSS/OSS/MSS（业务支撑系统 / 运营支撑系统 / 管理支撑系统）等实现云化承载，新业务和新应用采用云原生架构。

（2）创新组网方式

一是通过部署 POP（入网点），加速云资源池和基础网络的一体化建设，方便端到端快速入云。

二是按需开展 Underlay 网络和 Overlay 网络结合的组网，支持云业务所需的细颗粒度（如 VPC）连接能力。

三是以云骨干网为基础优化部署云计算专用平面，进一步优化网络架构，提供传输大带宽，支持区域性大二层网络，提供云资源池间的高速通道服务，结合多种接入网络条件，满足政企客户和公众客户差异化上云和组网需求，提供高质量、高可靠、差异化精品网络平面，特别是面向 To B 业务实现差异化、智能化、服务化能力。

四是进一步优化互联网架构和协议，一方面部署互联网内容分发网络，提高网络效率、提升用户感知；另一方面以 5G SA（独立组网）网络和物联网为抓手，推动 IPv6 单栈网络建设，并结合 SRv6 等协议的引入逐步形成端到端智能化的全 IPv6 网络。

（3）加速网络云化

一是顺应业务需求，统一规划部署云网基础设施，形成覆盖核心、区域、边缘的大规模分布式网络云，支持多专业网元集约承载，逐步推进网络云化进程。

二是加强技术的自主可控，推动网络云虚拟化、白盒、云原生化、多专业网络控制器、综合网管、编排调度、运营管理、自动化实施等核心能力落地，实现全网资源统一纳管、协同编排、智能运营。

（4）攻关云 PaaS 能力

一是聚焦关键 PaaS 组件能力（包括数据库、大数据分析、微服务框架、容器服务平台等云原生能力体系），开展技术攻关，缩小与国际领先水平的差距。

二是汇聚 AI、大数据、区块链、视频处理、CDN 等的能力，实现能力统一提供，统一构建数字化应用使能平台、应用开发平台及应用市场能力体系。

（5）打造云网操作系统

一是开发新一代云网运营系统，实现对 Underlay 网络和 Overlay 网络统一纳管与编排，支持业务协同快速提供。促进云和网的调度编排系统对接打通，云网之间以可编程方式互相调度，可基于统一门户集成云网服务产品，统一提供云网融合产品。

二是进一步升级新一代云网运营系统为云网操作系统，最终全面实现云网资源的内生安全和虚实统管，并支持一体化云网资源的新特性、新能力的敏捷开发和部署。

（6）构建端到端的云网内生安全体系

一是要构建云网安全的总体架构，从静态安全向主动防御演进，实现云网设施和平台具有天然安全性，具备"防御、检测、响应、预测"一体的自适应、自主、自生长的内生安全能力，打造主动免疫的云网。

二是要基于 SDS（软件定义安全）实现安全能力原子化、安全服务链编排，打造云网融合的安全产品与能力，提供多样化、可定制的云网安全服务。

三是要打造端到端的云网融合安全内生体系，通过安全资源池、安全采集器、安全控制器、安全分析器、安全大脑，构建完整的安全内生体系。其中，安全采集器进行各种安全相关数据的采集、预处理、初步分析；安全分析器进行威胁建模、攻击分析；安全控制器进行安全资源池的管理；安全大脑作为中枢，统一协调安全采集器、控制器、分析器，具备安全智能，实现具有安全免疫能力的主动防御体系。

（7）推进云原生改造

一是改造云管平台，增加对容器集群资源的管理能力，以及对虚拟机和安全容器实例的编排能力。

二是研发高性能的电信级虚拟化云平台，在安全可信的统一内核架构下，支持容器和虚拟机共存的云系统，实现虚拟机、安全容器和云函数等统一承载。

三是推动网络功能的云原生标准化工作，实现云管平台对容器云电信网络的统一管理。

（8）云网融合最佳实践——5G

中国电信以"三朵云"为 5G 网络目标架构，通过部署 5G 网络，实现云网融合落地应用。

一是 5G 核心网控制面和转发面分离，控制面采用 SBA（服务化架构），支持网络功能的云原生部署，支持网络的灵活部署、弹性伸缩和平滑演进；网络功能颗粒度进一步细化，对外提供 RESTful API；通过服务的注册和发现机制，实现网络的即插即用；支持网络切片和边缘计算，实现业务和网络的按需定制。

二是 5G 无线网设备虚拟化将从控制面开始，随着通用化平台转发能力的提升，力争通过基站硬件白盒化来打造更加开放的无线网产业链，5G 无线网设备白盒化初期主要聚焦于 5G 室内场景。

三是 5G 网络切片将构建端到端的逻辑子网，涉及核心网、无线接入网、IP 承载网等多领域的协同配合。其中，核心网控制面采用服务化架构部署，用户面根据业务对转发性能的要求，综合采用软件转发加速、硬件加速等技术实现部署灵活性和处理性能的平衡；无线接入网采用灵活的空口无线资源调度技术实现差异化的业务保障；承载网可通过 FlexE 接口及 VPN、QoS 等技术支持承载网络切片功能。

2.1.2　中国移动的云网融合战略

中国移动面向 To B 市场重构了云网架构，持续打造云网边行业专网，结合 $N+31+X$ 移动云布局提出了"一朵云、一张网、一体化服务"的云网一体化策略。

1. 战略的提出

中国移动高度重视云的发展，2007 年启动了云自主研发创新项目，2019 年继中国电信之后实施了"云改"战略，将"移动云"作为全公司最重要的战略性业务，以"三年进入云服务商第一阵营"为目标，举全集团之力，持续加大投入，强化全网布局，构建起一朵"云网一体、贴身服务、随心定制、安全可控"的智慧云。2020 年中国移动推出了"强基、铸魂、提质、筑梦"四大工程，从能力升级、四个融合、属地服务、行业深耕 4 个方面全向发力。四大工程分别指强基工程，强调聚焦关键技术，提升核心能力；铸魂工程，运营商做云，网络是优势，融合是灵魂；提质工程，即要强化中国移动遍布全国的属地服务优势，为客户提供优 + 上云体验；筑梦工程，即要让移动云生根落地千行百业，针对行业用户，依托移动云技术底座，为用户提供专属云定制解决方案。

2021 年 11 月，中国移动全球合作伙伴大会在广州隆重召开。中国移动云能力中心副总经理孙少陵发表了"移动云技术内核 2.0"主旨演讲，并在会上发布了《中国移动云网一体产品白皮书（2021）》。

2. 云网一体的特征及产品体系

中国移动认为云网一体是市场、用户需求及技术变革带来的新服务形态，这使多系统、多场景、多业务的上云需求促进云和多样化网络能力深度融合，对内对外提供云和网高度协同的一体化服务模式。云网一体的特征包括以下 4 个。

（1）一体化：云计算、网络、安全能力一体化供给，提供一致性体验服务和统一账号、统一订购、统一交付、统一运维等一体化服务。

（2）数字化：涵盖订单数字化、业务数字化和能力数字化，支持电商式订购，订单和业务 SLA（服务级别协议）可视化，以及云网服务能力组件化。

（3）智能化：支持智能云网路由、基于大数据的智能运维、网络质量智能检测、智能感知。

（4）生态化：云＋网＋应用的云网一体场景化产品，一站式组合订购，提供云网安全原子能力开放服务。

中国移动云网一体产品体系包含上云网络、云间网络、云内网络、云网增值、云网安全 5 类产品。中国移动云网一体产品体系框架如图 2.3 所示。

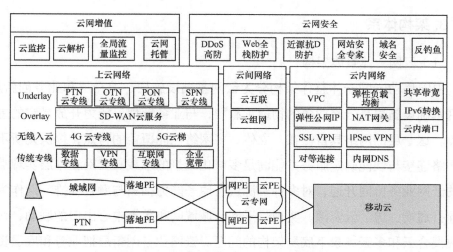

图 2.3　中国移动云网一体产品体系框架

（1）上云网络产品为用户提供不同类型的接入服务，其中云专线提供

PTN（分组传送网）、OTN（光传送网络）、PON（无源光网络）和 SPN（切片分组网）等多种 Underlay 接入方式；SD-WAN（软件定义广域网络）为用户提供基于公网的 Overlay 加密入云方式；5G 云梯、4G 云专线提供无线入云方式；数据专线基于中国移动丰富的传输资源提供各类专线接入服务。不同类型的接入产品可满足用户不同带宽 / 隔离性 / 移动性 / 成本的需求。

（2）云间网络产品基于中国移动建设的云专网网络，为用户提供跨资源池的云内 VPC（虚拟私有云）高速互访通道，可实现点到点的云互联及多点互联（云组网）的高质量、高隔离的互通方案。

（3）云内网络产品基于资源池网络能力提供丰富的网络服务，包含弹性公网 IP、IPSec VPN、共享带宽、NAT 网关等产品。

（4）云网增值产品是指移动云为企业用户上云提供业务可视化运维、DNS 解析、全局流量调度等增值服务。

（5）云网安全产品包括 DDoS 高防、Web 全栈防护等产品，DDoS 高防基于分布式抗 D 集群对流量进行 DDoS 攻击类型的检测及清洗防护，Web 全栈防护针对 Web 应用层攻击进行实时检测防御。

3. 架构体系

（1）云网一体整体架构

中国移动云网一体整体架构分为云网基础设施层、编排层和业务创新层。云网基础设施层是云网业务的物理承载层，与业务解耦，能力开放是它的主要特点。这一层的网络具备泛在、立体、多网络性能覆盖的特点，提供无所不在的网络连接与性能确定服务并能满足多样化场景的承载。云网编排层实现端到端的云网业务协同开通，对多种资源进行原子能力抽象与融合编排。网作为大动脉打通端、边、云资源，实现骨干网、城域网和数据中心出口的联动，切实解决混合云和多云场景下底层架构的问题。云网业务创新层把业务和底层资源解耦，一方面通过云网编排层屏蔽各种底层物理云网资源的复杂性，对外抽象出一套统一的云网服务；另一方面将云网服务能力与用户的需求精准实时匹配，实现应用级的按需分配资源、业务质量预测和保障。中国移动云网一体整体架构如图 2.4 所示。

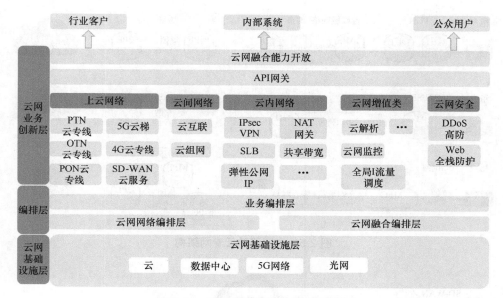

图 2.4　中国移动云网一体整体架构

（2）云专网架构

云专网骨干段覆盖全国所有省、直辖市，部署 SDN 控制器，实现 L3 VPN 业务自动开通、SR-TE 隧道路径自动部署及 IP 流量路径调优等，是一张高品质、业界领先的云骨干网，承载移动政企云间数据中心互联业务和入云、云间组网业务。云专网是云网一体的重要组成部分，是承载云网一体业务的底层网络。在本地数据中心与云端互联的场景中，云专网起到了连接本地接入点与云端资源的作用；在云资源池之间互联互通的场景，云专网起到打通不同地域云资源池的作用；在 SD-WAN 组网场景，依托云专网建设 SD-WAN POP 骨干网，实现多场景敏捷入云和云间加速。中国移动云专网架构如图 2.5 所示。

网随云动，通过新建专用云间高速传输、优化云专网骨干网络架构、建设 SD-WAN，实现高质量、高容量云间互联；依托云专网实现全网用户入云时延低于 30ms。一是打造高质量、端到端智能控制、城市覆盖率高、架构先进的云专网。

二是打造 *N*+31+*X* 高速 DCI（数据中心互联）网络，形成全程全网覆盖。三是打造多点接入、业务按需加速的 Underlay+Overlay 混合组网，如图 2.6 所示。

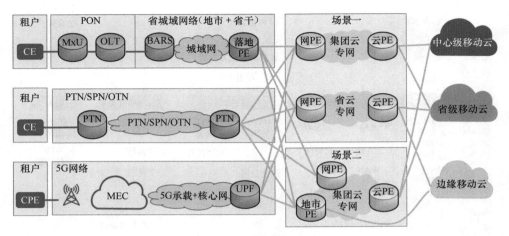

图 2.5　中国移动云专网架构

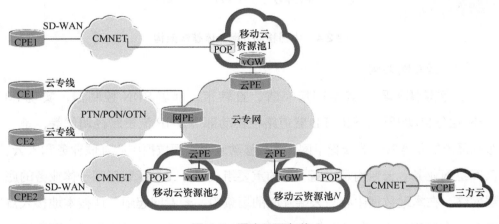

图 2.6　混合组网架构

（3）上云网络架构

中国移动充分利用自身强大的接入能力，引入 PTN、PON、SPN、OTN、5G 等高品质接入能力，同时引入 SD-WAN 低成本便捷入云能力，提供差异化竞争优势入云解决方案和面向用户不同 QoS 保障的接入方式，实现云网一体全场景承载；提高云专网覆盖率和容量，建设 SD-WAN，优化各接入方式的入云时延和质量。重点针对"最后一公里"拉通问题积极部署各网络 SDN 功能，构建云网一体端到端编排能力，提升云网业务自动化开通能力，缩短业务开通时间。

通过云专网下沉至地市业务热点区域、打通接入资源、形成全程全网覆盖，支持地市级边缘节点间互联，以及与省级资源池、中心资源池互联，加快端到端 SRv6 协议部署、支撑业务敏捷发放、智能连接、一跳直达。

中国移动已建成骨干云专网，根据移动云规划布局，面向大区节点、低成本节点、省级节点、边缘节点的业务定位及网络需求，按需推进省内云网业务承载能力建设，支持 PON/OTN/SD-WAN/5G/ 物联网卡等接入能力、灵活适配云网边端统一调度的业务需求，实现端到端业务开通及 Overlay+Underlay 互通组网，逐步实现一、二、三、四线城市全场景接入，实现弹性自助、随心定制、技术可控、一点接入、灵活组网的上云支撑能力。

（4）云内 SDN Overlay 网络架构

移动云大规模数据中心 SDN 的组网逻辑采用 OpenStack 架构，每个 Region（区域）内有一套 OpenStack 和一套 Neutron Server，对应多套 SDN 方案，由 Neutron 提供统一的网络功能编排给上层平台调用。每个 Region 由多个 AZ（可用域）组成，AZ 由多个 POD（分发点）组成，POD 定义模块化、标准化、一体化交付单元。云内 SDN 数据面架构如图 2.7 所示。

业务编排器抽象底层能力提供开放的 API 给运营门户，实现业务端到端检测及订单流程管理，同时对接云侧及网络侧编排层实现云网拉通，支撑实现业务开通流程的全程贯通，实现云网一体业务编排和协同调度、流程可视化。

4. 技术体系

中国移动主要在云内网络、云外网络、智能云网编排等方面建立了相关技术体系。

资源池网络部分，移动云基于智能网卡硬件 VDPA（数据通道网络加速）技术，将云主机包转发率提升至每秒 3000 万个分组数据包；基于用户态加速、

P4+FPGA 等前沿转发技术，实现精细化调度和全方位监控的网络功能虚拟化（NFV），集群达到亿级并发、TB 级吞吐，并形成网元持续快速交付、任意弹性伸缩的能力。

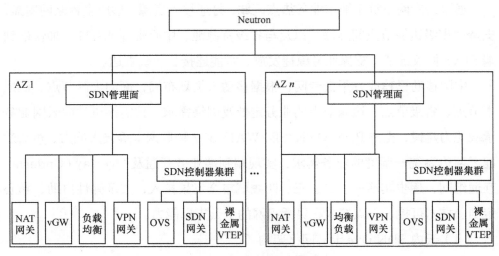

图 2.7　云内 SDN 数据面架构

移动基础网络部分，中国移动建成全球最大云专网，云专网基于 IPv6 技术增强基础能力，围绕以 G-SRv6 为核心的单播和以 BIER 技术为核心的多播承载技术实现 SDN 化业务统一承载，建立端到端低时延 SRv6 Policy 路径，提升基于时延的大客户选路、路径保护能力，同时基于 SRv6 技术开放网络能力，引入承载网切片、端到端跨域开通、业务链等能力。

智能云网编排部分，基于一套融合架构，中国移动实现云内、云外网络技术形成的原子控制能力统一编排，实现业务统一受理、开通自动化、端到端运维，从而提升运维效率。

5. 解决方案

中国移动云网一体解决方案充分发挥"云 + 网 + 应用"的一体化优势，一是构建跨越各行各业的通用解决方案，实现云和网的无缝结合；二是聚焦场景化，构建面向行业的细分场景解决方案。中国移动还提供了基于 5G 的云网一体解决方案，如 SD-WAN 分支机构快速入云解决方案、异云互通解决方案、专属入云解决方案、SD-WAN 国际加速解决方案。

6. 对未来网络的展望

从运营商业务发展的角度来看，云网一体一方面完成云和网的业务整合，另一方面以云的理念来推动网络架构升级变革，在运营商数字化运维和企业上云的双重需求驱动下，云网一体对内、对外提供云和网高度协同的一体化服务模式，网络开放，云网敏捷打通，云网一体呈现按需互联、智能化、自服务、高速、灵活等特性，最终帮助自身及各行各业实现数字化转型，以实现产业迭代。

（1）实现 4 个层面的愿景目标

产业层面。云网一体最终要实现的就是企业上云。企业上云的路径分为 3 步，即传统业务上云、数据能力上云、云上业务创新，逐步实现核心业务系统云端集成、云端业务协同和释放创新生态。在云网一体不断推进的过程中，用户需求的激发和用户体验的保障是重要考虑因素。

服务层面。云网一体的本质就是提供云和网服务的敏捷打通和高效协同。云网一体产品通过云专网提供云接入和基础连接能力，通过与云平台自动对接对外提供覆盖不同连接场景的云网产品（如云专线、SD-WAN），通过与其他类型的云服务（如计算、存储和安全类云服务）深度结合，最终延伸至具体的行业应用场景，形成复合型的云网解决方案。

支撑层面。业务支撑和云网运营逐步融合，具体表现在 3 个方面：服务融合，云服务与网络服务统一面向用户提供销售、开通、计费等能力，向用户提供一站式的服务；流程融合，融合产品在设计、签订协议、订购、开通施工等一系列流程都实现从 B 域到 O 域的贯通；体验融合，形成端到端的业务和网络监控体系，实时监控网络质量对用户体验的影响，不断优化网络策略，保障用户对云网一体业务的使用体验。

生态层面。云网一体将实现"云 + 网 + 业务"，分为向上和向下两个方向，向上与具体的企业应用相融合，使云网一体产品带有更明显的行业特点；向下与 ICT

服务融合，使云网一体产品与基础服务能力结合得更紧密，最终实现计算资源合理分配、服务资源动态调整，以及更加契合行业特性和用户需求的定制化云计算业务。

（2）加速三大方面的场景应用

数字化转型加速网络变革。如今，交互式流媒体对传输时延提出了更高要求，企业不同的应用场景对底层网络提出了基于切片提供不同 QoS 保障的需求，高清视频业务需对时延和丢包率性能进行高质量保障。

边缘计算加强云网边协同。随着低时延处理、数据就近安全存储、终端算力上移、中心算力卸载、边缘消化数据以及减少带宽成本等多方面的需求的出现，越来越多的应用被部署到边缘云。企业一方面需要实现云边安全互联及 VPC 向边缘延伸，另一方面需面向云网边端的统一云网进行控制和管理，以降低运营成本。

5G 发展推动云网深度融合。5G 发展为云网一体实践提供了更多的契机，在 5G 与云网一体的赋能下，以数字经济为代表的新产业、新业态、新模式不断催生。5G 将进一步激活车联网、智能工厂、远程医疗等大量智能社会的云应用场景，而云计算这颗"心脏"依托 5G 技术与产业深度融合，正在促使各行业发展方式发生巨变。

在业务和技术双重驱动下，云网一体发展上升到前所未有的高度。未来，动态、混合、分布式的云环境和智能、稳定、随时随地接入的网络连接需求将成为常态。云网一体服务作为云一体化服务的一部分将渗入企业上云的每一个环节，助力企业实现自助、多元、敏捷，质量稳定和成本可控的网络服务平台，完成企业升级和数字化转型。

2.1.3 中国联通的云网融合战略

中国联通早在 2014 年就编制了自己的云计算技术体制，最先与阿里巴巴建立合作伙伴关系，在边缘计算方面也联合了很多生态合作伙伴。

1. 中国联通的云网融合战略

中国联通云网融合战略是利用其网络优势，结合自身的"沃云"服务，联合行业知名云企业，进行云网融合产品的推广。中国联通的"沃云"系列云计算产品采用统一业务平台、规范标准、规划设计、架构部署和统一的服务体系，涉及云基础设施、B2B 企业业务和 B2C 公众业务三大领域。中国联通的"沃云"定位于国家新一代基础信息设施承载者，是中国联通集团数字化转型的基座，是面向各级政企客户数字化转型的基座，更是 5G 时代万物互联的创新基座。中国联通的"沃云"经历了几次升级，从"沃云"到"新沃云"，再到"联通云"，不断优化和演进自身云服务。中国联通是最早与阿里云开展深度合作的运营商，双方实现了能力与资源互补，共同开拓了云网市场。

中国联通在云业务的推广上也坚持云网融合战略，推出云联网（CloudBond）服务，以中国联通的产业互联网为承载网络，使用 SDN 技术，为混合云场景（含公有云、私有云及数据中心托管）提供全国组网方案，解决不同地域、不同网络环境间的多云互联问题，实现异构混合云组网。

2. 中国联通云网融合优势

（1）资源丰富：覆盖全国 334 个地市，商务楼宇可按需接入；广泛覆盖中国联通 200+ 四星级 / 五星级数据中心；已经连接和即将连接的云服务商包括阿里云、腾讯云、百度云、亚马逊、微软、京东等，这是目前中国联通云网首批要接入的网络，后续的目标是要把国内国外的 TOP50 的云商汇集到这张网里。

（2）SDN 自动控制：智能控制、自动开通；弹性带宽、动态升速。

（3）安全可靠：中国联通集团承载 A 网，专网专用，与互联网隔离；骨干网的设备及线路冗余，支持故障自愈；统一的运营和运维，管理模式集中化；利用多协议标签交换（MPLS）技术构建独立路由表，确保不同用户的数据无法互访。

（4）弹性资费：资费透明、无须审批；接入云商侧免一次性接入费；弹性调整带宽、按需自主选择。

（5）网络扁平化：使用 MPLS 技术，支持多点组网，扩容便捷；相比传统专线组网，用户线路数量由 $N \times (N-1)/2$ 下降到 N；骨干网 Full-Mesh 组网，确保网络架构冗余。

3. 中国联通新战略

2021 年中国联通在合作伙伴大会上宣布自己的定位——数字信息基础设施运营服务的国家队，网络强国、数字中国、智慧社会建设的主力军，数字技术融合创新的排头兵。中国联通定调新战略——强基固本、守正创新、融合开放。从中国联通新的战略定位可以看出，其旨在通过云网融合来建设数字信息基础设施，推动数字经济的发展。

在新战略的引领下，中国联通未来将全面拓展数字经济主航道，重点发展"大联接、大计算、大数据、大应用、大安全"五大主业。"大联接"包含 5G精品网、千兆宽带精品网、政企精品网和物联网，中国联通将以优质的网络服务千行百业，实现从"基础联接"到"万物智联"的跃升，为数字经济的发展打下牢固的根基。"大计算"是指中国联通将着力构建云网一体、安全可信、专属定制、多云协同的"联通云"，为不同维度、不同层次的数字化需求提供卓越的算力网络布局。"大数据"中蕴含大价值，中国联通将提升大数据、AI、区块链技术融合能力，完善数据产品体系，为行业推进质量变革、效率变革赋能。"大应用"是指中国联通将充分整合内外资源，着力拓展工业互联网融合创新应用，助力千行百业的数字化、智能化升级。"大安全"事关国家和各行各业发展大局，中国联通未来将筑牢网络空间安全可信的第一道防线，当好新型数字信息基础设施的坚强守护者。五大主业相辅相成、相互融合，构成了中国联通服务国民经济数字化、智能化发展的整体蓝图。

作为承接"大计算"业务的统一算力基座，联通云将全面提升"联接 + 感知 + 计算 + 智能"算网服务水平，为数字经济打造"第一算力引擎"。联通云的技术升级主要包含 5 个方面。一是应用云原生技术，支撑中国联通的集约化业务系统、稳定承载 4 亿用户的核心业务运营，并开展超过 30 万个容器实时在线的超大规模云原生技术实践，为政企数字化转型提供可信赖的算力支撑；二是分布式云跨域一体，实现四级云网覆盖、秒级跨域调度、5G 应用一键下发，深化 5G 云网协同融合；三是推进核心技术的自主可控、安全可信，从操作系统到基础软硬件实现自主可控；四是推进 PaaS 产品数智融合，支持亿级物联网连接，提供丰富的人工智能原子能力、区块链通用服务组件和自研应用，实现集约化运营、一体化敏捷交付；五是云网一体，算力与网络深度融合，打造"一网联多云，一键网调云"的一体化服务。全面升级后的联通云将向市场提供 280 多款 IaaS 和 PaaS 产品，满足通用场景下的用户上云需求。基于联通云 3.0 操作系统的核心基座能力，中国联通将打造物联感知云、数海存储云、智能视频云、智链协同云、5G 边缘云、自主可控云、混合云七大场景云，为不同场景、不同需求的应用提供强有力的支撑。

2.2　互联网企业的云网融合战略

互联网企业的云网融合战略为以云融网，在发展互联网业务的过程中寻求云计算发展之路，在保证自身应用稳定的情况下将云基础设施开放出来形成云计算产品，同时丰富自身业务的发展。

以阿里巴巴为例，它首先将自己的淘宝等业务承载到云资源池上，不断打磨、完善云计算产品，目前阿里云已经形成了丰富的云计算产品，并应用到政府、企业等。在云网融合道路上，阿里巴巴先进行云布局，稳固云内部网络，租用或自建 DCI 网络，构建云间高速、骨干网络和城域网络，利用运营商的网络，通过 SDN-WAN 为企业用户提供丰富的云网融合产品。

阿里巴巴是互联网企业中云网融合道路上走得最快的企业之一，而百度将重心放到云 AI 领域，走"搜索、大数据、AI"之路，腾讯则将重心放在了云应用上。下面以阿里巴巴为例来介绍互联网企业的云网融合战略。

2.2.1　与运营商合作实现资源互补

阿里巴巴在自身探索云网发展之路的同时，也从各大运营商的战略中不断取长补短，实现云网资源的高度融合。2016—2017 年，阿里巴巴分别与中国联通、中国移动、中国电信签署全面战略合作协议，在云计算、基础设施、市场营销等多个领域开展深入合作，打造"互联网＋通信"的商业模式，创造新价值。尤其是阿里云与联通沃云的深度合作，实现了能力与资源互补，共同开拓了云市场。

向运营商提供云服务。2017年1月，阿里云与中国联通共同建设卡号管理系统"cBSS2.0集中号卡系统"。这是电信行业第一个核心业务系统云化改造的重点工程，也是云计算技术在电信行业的首次大规模应用。

探索云网融合解决方案。在2017年5月17日"世界电信日"这一天，阿里云与中国联通沃云共同推出混合云解决方案，双方通过高速专线互联，使云上的计算资源与企业原有IT资源无缝融合。据悉，双方资源融合为一体后，将具备统一开通、统一使用、统一运维的优势，真正地帮助企业实现1+1>2业务能力提升。2017年10月，中国联通与阿里巴巴联合宣布，双方将相互开放云计算资源，阿里云将向中国联通全面开放公共云服务能力，同时在政务云、行业客户市场等专有云领域开展深入合作。此次合作是中国联通混改方案获得监管机构核准后，与互联网企业在业务领域开展的首项重大业务合作。

参股运营商，深度合作。2017年11月，阿里巴巴成为中国联通的股东，双方关系更进一步。同月，阿里巴巴与中国联通开启关于公共云合作的首个项目—浙江联通"沃云Powered by Alibaba cloud"平台正式上线。该平台以沃云品牌为客户提供"阿里云＋联通"服务，同时结合阿里云技术及浙江联通服务优势，助力浙江企业上云。此外，基于在云计算领域合作的信任，双方还开拓了流量卡领域的合作。2017年11月，中国联通与阿里巴巴推出了支持手机淘宝、手机天猫及优酷视频App定向免流的套餐卡，为中国联通和阿里巴巴带来不少用户，提升了用户体验。从阿里巴巴与中国联通的合作来看，"云＋网"模式不仅互补了各自的优势，还推动了双方在业务层面的深度发展。

2.2.2　研发云上虚拟网络竞争云网融合

除了与运营商合作，阿里云在通信领域还研发虚拟通信。2017年10月，阿里云与阿里通信宣布联合打造阿里云通信PaaS（C-PaaS）平台，并通过整合阿里巴巴生态及大数据、AI等技术，提供场景化的产品和服务，让用户实现泛在、智能、按需、高效的连接与通信服务，助力企业数字化转型和商业场景创新，带领云通信走向 2.0 时代。

阿里云通信 PaaS 平台升级了语音、短信、流量、隐私保护、物联网卡连接、移动推送、消息、邮箱推送八大通信能力，以及连接管理、通信能力开放、资源调度等平台功能，并在业务与管控领域引入人工智能技术，以此支持企业用户通过多种方式集成到自有的业务流程中，实现通信能力与业务场景的无缝对接。作为互联网公司，阿里巴巴更加理解互联网的场景和应用，并能够通过技术创新为中小企业创造价值。凭借阿里巴巴在大数据和人工智能技术方面的研究，阿里云通信 PaaS 平台可帮助企业实现商业模式的创新与重构。

阿里云在 2020 年发布了《云网络白皮书》，该文件指出，云计算驱动了云网络的诞生，云网络并不是要重建一张新的网络来取代现有的网络基础设施，而是在现有网络基础上进行网络虚拟化等技术重构，云网络是 CT 与 IT 融合的产物，既是一种网络服务，也是一张面向企业、租户和应用的虚拟网络，它承载了数字经济的连接，连接计算、存储、数据库等云服务，实现企业 /IDC(互联网数据中心)/ 总部 / 分支 / 物联网终端 / 个人移动端互联。云网络和传统网络的最大区别是云网络具备共享、弹性、自助服务、按需等云的特征。从《云网络白皮书》中可以看出，互联网企业在充分利用自身的云优势，研究通过云实现网络的虚拟化服务。

云网络有四大特征：一是资源共享，为了实现资源共享，网络必须虚拟化、安全隔离；二是弹性伸缩，为了实现弹性伸缩，控制面与转发面须分离部署；三是自助服务，这是从用户视角看到的云网络与传统网络的最大区别；四是按需付费，云网络改变了网络购买方式，云网络借鉴了 CT 领域按量计费方式，支持采用预付费或后付费方式，根据实际使用量收费。可见阿里云的云网络思路借鉴了云服务的思想。

2.2.3　建设云上网络实现云网融合

阿里云网络经历了第一代"经典租用"、第二代"虚拟网络"，目前对云、网、应用和场景进行了深度融合，实现了第三代云网，即企业云网，其直接面向各类政企和企业应用提供云网服务。

阿里云在全球 19 个地域部署了 110 多个接入点和 1500 多个边缘节点，可向企业提供优质的全球网络服务。阿里云网络架构如图 2.8 所示。

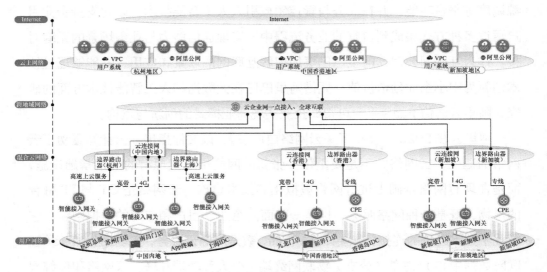

图 2.8 阿里云网络架构

经过多年的自主研发，阿里云构建了云上网络（洛神）、混合云网络（嫦娥）、跨地域网络（织女）一套完整的、可满足不同应用场景的网络解决方案。阿里云的网络产品和服务可单独使用，也可搭配使用。

1. 云上网络

阿里云洛神网络基于安全隔离的专有网络架构，为用户提供优质、功能齐全的云上网络服务，如网络地址转换、流量分发、公网访问等。同时，提供共享带宽和共享流量包服务，服务器可以共享流量和带宽，优化网络成本。洛神网络架构如图 2.9 所示，云上网络产品 / 服务如表 2.4 所示。

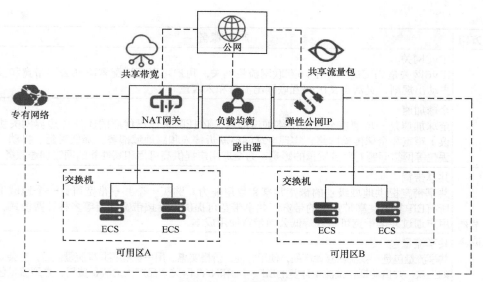

图 2.9　洛神网络架构

表 2.4　阿里云云上网络产品 / 服务

方向	产品/服务
建立专属云上网络	专有网络 专有网络是用户在云上创建的VPC。用户可以在自己的专有网络内部署、使用云资源；专有网络类似于客户在本地数据中心的传统网络，但附带了很多阿里云基础设施的其他优势，如可扩展、安全隔离、访问控制等
管理公网流量	负载均衡（LB） 负载均衡是将访问流量根据转发策略分发到后端多台云服务器的流量分发控制服务。LB支持TCP/UDP/HTTP/HTTPS的应用流量转发； 负载均衡可以通过流量分发扩展应用系统对外的服务能力，通过消除单点故障提升应用系统的可用性
	弹性公网 IP（EIP） 弹性公网IP是可以独立购买和持有的公网IP地址资源。 EIP可绑定到专有网络类型的ECS实例、辅助ENI（弹性网卡）、专有网络类型的私网LB实例和NAT网关上。此外，用户可以将EIP加入购买的共享带宽中，节省公网带宽使用成本
	NAT 网关 NAT 网关是一款企业级的VPC公网网关，提供NAT代理（SNAT、DNAT）、高达10Gbit/s级别的转发能力及跨可用区的容灾能力。NAT网关与共享带宽配合使用，可以组合成高性能、配置灵活的企业级网关
	IPv6转换服务 IPv6转换服务是一种有状态的IPv6和IPv4网络地址与协议转换服务。通过IPv6转换服务，具备公网IPv4地址的服务器可快速为IPv6网络侧用户提供访问服务

方向	产品/服务
	IPv6网关 IPv6网关是VPC的一个IPv6互联网流量网关。用户可以通过配置IPv6公网带宽和仅主动出规则，灵活定义IPv6互联网出流量和入流量
	全球加速 全球加速是一项覆盖全球的网络加速服务，依托阿里巴巴优质的BGP（边界网关协议）带宽和全球传输网络，实现全球网络就近接入和跨地域部署，降低时延、抖动、丢包等网络问题对服务质量的影响，为全球用户提供高可用和高性能的网络加速服务
节约成本	共享带宽 共享带宽提供地域级别的带宽共享和复用能力。购买一个共享带宽可让一个地域下所有EIP复用共享带宽中的带宽，共享带宽可提供包括按带宽计费等多种计费模式，用户通过共享带宽可有效降低公网带宽使用成本
	共享流量包 共享流量包是一款流量套餐产品，使用方便，价格实惠。用户在购买共享流量包后，它会立刻生效，并自动抵扣按流量计费的EIP、LB和NAT网关产品产生的流量费用，直到流量包用完为止

2. 混合云网络

阿里云嫦娥网络帮助企业打通云上、云下系统和数据，消除信息孤岛，为不同规模、不同地域、不同行业的企业机构提供云下网络（IDC/总部/分支/门店）与阿里云的安全、可靠、灵活的连接服务。嫦娥网络架构如图 2.10 所示，

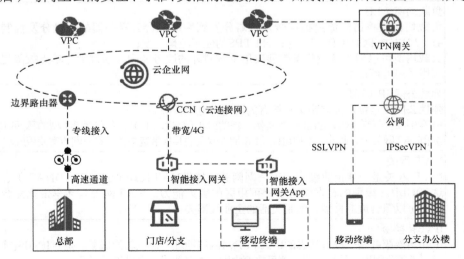

图 2.10　嫦娥网络架构

阿里云混合云网络产品 / 服务如表 2.5 所示。

表 2.5 阿里云混合云网络产品 / 服务

场景	产品/服务
IDC上云	高速通道 阿里云高速通道可在本地数据中心和云上专有网络间建立高速、稳定、安全的私网通信；高速通道的专线连接绕过用户网络路径中的Internet服务提供商，可避免网络质量不稳定问题，同时可消除数据在传输过程中被窃取的风险
分支/门店上云	智能接入网关 智能接入网关是阿里云提供的一站式快速上云解决方案。企业可通过智能接入网关实现Internet就近加密接入，获得更加智能、更加可靠、更加安全的上云体验；智能接入网关提供不同型号的网关设备供用户选择，不同的网关设备可满足不同的上云场景。SAG-100WM设备适用于小型分支和门店通过直挂组网的方式接入阿里云，SAG-1000设备适用于总部接入阿里云，满足大型网络组网需求
分支/门店上云	VPN网关 VPN网关是一款基于互联网的网络连接服务，通过加密通道的方式实现企业本地数据中心、企业办公网络或互联网终端与阿里云专用虚拟网络之间安全可靠的连接。用户也可以使用VPN网关在VPC之间建立加密内网连接
移动终端接入	智能接入网关App 智能接入网关App支持终端（PC、手机）直接拨号内网加密安全上云，适用于移动办公、远程运维场景

3. 跨地域网络

阿里云织女网络提供全球跨地域专有网络间互联服务，帮助客户快速构建合法合规的混合云和分布式业务系统网络。织女网络架构如图 2.11 所示。

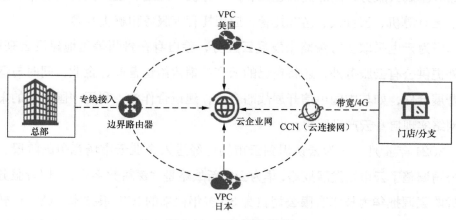

图 2.11 织女网络架构

云企业网（CEN）是用户在云上的一张全球网络，用户创建 CEN 后，只需把需要通信的 VPC 加入 CEN 即可。CEN 还支持将通过智能接入网关或高速通道接入的云下 IDC/ 门店 / 分支等和云上 VPC 构成全互联网络。

2.3 ICT 厂商的云网融合策略

ICT 厂商是指进行 IT、CT 设备生产及软件服务的厂商，代表性企业如华为、曙光、金山、浪潮等。这些设备厂商掌握着 IT、CT 设备研发技术及应用软件服务的相关技术，可以迅速转型为云服务商。

最有代表性的是华为技术有限公司。华为技术有限公司是集 IT、CT 和软件开发于一体的综合性企业，在云计算领域有云计算服务器、存储、云操作系统、虚拟化软件等云计算 IT 产品，还有路由器、交换机等 CT 产品，同时又是云终端及应用提供商和数字化集成厂商，除没有网络的运营权外，在做云产品和开发云市场方面具有先天优势。

华为云成立于 2005 年，隶属于华为技术有限公司，华为云最初专注于云计算中公有云领域的技术研究与生态拓展，致力于为用户提供一站式云计算基础设施服务。华为云最开始立足于互联网领域，提供包括云主机、云托管、云存储等基础云服务，同时提供超算、内容分发与加速、视频托管与发布、企业 IT、云计算机、云会议、游戏托管、应用托管等服务和解决方案。

华为云也采取多方策略来发展云业务，除自身在贵州等基地建设云基地，对外提供公有云服务外，还将自己的云产品销售给运营商、企业，同时与运营商开展合作，如与中国电信开展战略合作，建设合作池，利用中国电信的渠道和网络实现自身云产品销售。

2021 年 4 月，华为云认识到云市场已经进入企业云市场竞争的阶段。因此公司调整了云市场发展战略，华为云的新战略是"深耕数字化，一切皆服务"。该战略强调把华为技术有限公司自身 30 多年积累的 ICT 根技术、数字化转型的经验都变成服务展现在华为云上，让企业在数字化转型中不必重复造轮子，并避免走弯路。除了向企业云市场转型，华为技术有限公司还意识到 SaaS 的规模越来越大，于是提出了"云云协同"策略。"云云协同"策略是把提供基础设施的华为云和移动应用生态的华为终端云服务深度协同，为开发者和用户提供统一的服务与体验，同时，基于这种统一的服务与体验，再联合互联网伙伴，通过双方数字化原生技术协同共创产生的二次方能量，加速千行百业全面云化、数字化的进程。得益于此，华为云取得了喜人的销售业绩。

在云网融合之路上，ICT 厂商主要还是依托运营商网络，采用合作模式来打造生态体系，同时 ICT 厂商也积极为运营商提供云网融合解决方案和产品支持。

2.4　云网融合整体发展趋势

在国家大力推进数字经济发展大背景下，国内云网融合整体呈现以下态势。

一是数字经济推动云网融合发展。

近年来，随着互联网、大数据、云计算、人工智能、区块链等技术加速创新，数字经济正成为重组全球要素资源、重塑全球经济结构、改变全球竞争格局的关键力量。

在国家《"十四五"数字经济发展规划》的推动和相关政策指引下，我国数字经济得到了较好的发展，正加速推进各个行业数字化转型，同时产业数字化的发展也反过来推动了云网融合的进一步发展。产业数字化是当前数字经济发展的主流，数字化转型已经成为国内企业转型的主旋律。产业数字化是利用互联网新技术对传统产业进行全方位、全链条的改造，推动数字经济和实体经济融合发展，企业数字化转型需要云计算支撑企业的生产要素数字化，也需要网络支撑这些要素的连接，还需要云网的高效协同，实现生产的智能化。国内各行业加快了数字化转型步伐，越来越多的企业发现云计算和网络的高效协同不仅能够提高生产敏捷性，降低成本，还可以与自身行业深度融合，突破传统行业业务模式，实现业务增长。国内运营商、互联网企业和 ICT 企业正在运用云网融合的基础设施支撑产业数字化发展，同时产业数字化的发展又反过来对云网融合提出了诉求，可以说云网融合是推动产业数字化的重要引擎。

二是国家层面整体布局云网基础设施。

为进一步促进新型基础设施高质量发展，深化大数据协同创新。2020年12月，国家发展和改革委员会等四部委印发了《关于加快构建全国一体化大数据中心协同创新体系的指导意见》，要求优化数据中心基础设施建设布局，同时加快网络互联互通，实现全国数据中心的合理化布局和调度。这是顺应数字经济发展从国家层面进行的整体基础设施布局。"东数西算"是促进绿色节能的重要手段，它能有效缓解地区数字经济发展不均衡的问题，有利于解决东部地区能源供给短缺的问题。而从《关于加快构建全国一体化数据中心协同创新体系的指导意见》和《全国一体化大数据中心协同创新体系算力枢纽实施方案》可以看出，东数西算工程最需要解决三大问题，一是要解决算力供给问题，二是要解决算力输送网络问题，三是要解决算力的调度问题。这正是云网融合要解决的三大问题，东数西算正是从宏观层面满足了云资源灵活调度的需求，合理地进行数据中心布局，运用云网融合的优势，开展多云管理服务，加强多云之间、云和数据中心之间、云和网络之间的一体化资源调度，进一步打通跨行业、跨地区、跨层级的算力资源，构建算力服务资源池，提升全国的算力服务水平。

三是云网融合逐步由中心走向边缘

随着行业发展和数字化推进，中心算力区域化下沉，终端算力分布式上移。边缘算力泛在化部署、云的泛在化部署均要求算力的调度更加明确，不断加速云网融合进程。

（1）中心算力区域化下沉，终端算力分布式上移，算力出现多层级部署。在各行业数字化发展过程中，初期算力规模不大，大部分都采用集中部署、集中管理方式进行云基础设施建设，随着业务规模的增加、体验要求的进一步提升，集中部署的方式已经不能满足业务发展要求。比如视频监控类业务随着海量图像存储增加，存储必须边缘化，以减少对骨干网络带宽的占用；内容服务商的内容分发网络也逐步向边缘延伸，以降低时延；虚拟现实 / 增强现实等高带宽、低时延业务的发展要求内容存储边缘化；同时随着计算能力和网络性能的提升，终端算力逐步上移，如云网关、云桌面应用等。因此云计算呈现出层级化部署，国内政府或企业云资源池出现了从全国中心或省中心逐步向省 – 市 – 县多层级的布局结构部署。

（2）边缘算力泛在化部署。智慧城市的推进应要求构建万物互联的城市感知系统，并能实时计算和给出结果反馈，因此物联网应遍布城市每个角落，同时带来边缘计算泛在部署需求。

（3）边缘算网协同度要求高。随着产业发展，企业要求数据不出园区，5G+MEC 是算网在边缘的良好结合；同时车联网、柔性生产等应用发展对边缘计算、接入网络均提出了较高的要求。近年来针对时延要求高的场景，国内外研究机构开展了确定性网络技术的相关研究，同时它也是云网融合研究和发展的方向之一。

以往的网络建设模式是由接入到汇聚再到骨干的层层收敛型网络，这样层层汇聚的网络结构适应了中心云发展阶段的需求。随着中心云下沉，边缘云的兴起，东西向的流量会逐步增加，网络结构会发生深刻的变化。为适应流量流向从南北向"东西 + 南北"的变化，网络结构需要在不同层级实现横向的灵活扩展，需要构建不同层级内流量疏导网络，以满足东西向流量疏导需求。因此云网融合对网络也提出了架构调整的要求。

四是云网融合正逐步向算力网络演进。

云网融合的第一个阶段是云和网的高效连通，这个阶段通信运营商和云服务商之间开展合作提供业务，通信运营商提供连接，云服务商提供云服务，也正是在这个阶段云服务商从互联网企业中不断发展；云网融合的第二个阶段是通信运营商纷纷发展自身的云服务，利用自身的机房优势和网络优势，提供云网融合的解决方案，这个阶段云服务商也开始建设自己的骨干网络，或采用虚拟网络的方式提供云网融合服务，解决了一站式服务的问题。目前行业正在开展算力网络研究。对于算力网络没有通用的定义，从自身角度看，每个行业对算力网络有着不同的定义，但如何实现"算力 + 网络"一体化供给成为业界共识，即如何系统地考虑用户算力诉求，灵活调度算力和网络资源，更好地满足用户计算和连接需求是算力网络追求的目标。目前对算力网络相关概念、标准化、调度策略等的研究还处于探索阶段。

第 3 章

云网融合相关诉求

我国"十四五"规划明确提出建设"数字中国"的愿景目标，并提出加快建设数字经济、数字社会、数字政府，以数字化转型整体驱动生产方式、生活方式和治理方式变革，各种数字化场景对云网融合提出了新的要求。

为了获得整个社会的运行数据，城市将部署越来越多的传感终端，移动办公、移动执法、社区服务等业务也带来诸多新场景。在业务数字化、技术融合化、数据价值化的共同作用下，传统上相对独立的云计算资源和网络设施正从独立走向融合。伴随着业务实时性和交互性需求的提升，传统中心化的云部署方式难以满足新兴业务所提出的高性能和低功耗、低成本要求，因此业界先后提出了多云协同、云边协同、云网边端协同等多种方案来不断提升云服务的实时性和可用性，从而突破传统云和网的物理边界，实现 IT 与 CT 连接，构筑统一的云网资源和服务能力，形成一体化供给、一体化运营、一体化服务体系，为数字化转型奠定坚实、安全的基础。

随着数字技术由消费领域向生产领域、由虚拟经济向实体经济延伸，以云为基础、以网为核心的云网融合数字信息基础设施正成为人工智能、工业互联网、大数据、区块链、物联网、元宇宙等技术的承载基础。无处不在的通信网络已经打通了信息流动的要脉，在技术和行业的双重驱动下，未来的云网基础设施将变成社会公共服务资源。

3.1　政府机构的需求

近年来，各地政府采取一系列措施，旨在提升政务服务水平，包括设立以政务服务中心为代表的综合型管理服务机构，以及为打破服务空间限制建立"网上政务服务中心"。为解决业务内核以部门为单位彼此隔离的问题，拉通跨部门业务流程，实现整体服务的目标，政府部门以发展智慧政务、智慧城市、数字政府等为导向建设集约化政务云平台，通过整合、利用各类信息资源，融合大数据和人工智能技术，实现电子政务相关的创新型应用。

2022 年 6 月，国务院印发《关于加强数字政府建设的指导意见》，描绘了数字政府蓝图。"互联网＋政务"模式、数字政府的功能外延扩展、智能集约平台支撑系统的加快构建，都对云网基础设施提出了更高的要求。中共中央网络安全和信息化委员会办公室印发的《"十四五"国家信息化规划》提出，要将数字技术广泛应用于政府管理服务，推动政府治理流程再造和模式优化，不断提高决策科学性和服务效率。新一代数字政府对基础设施的关键诉求是数据融合、集约建设、精准监管等。

1. 数据融合

数字政府建设的基石是政务数据资源，数字政府是在政务数据资源综合开发利用的基础上形成的一种新型的政府管理和治理形态。要落实好数字政府建设，就必须充分利用政务数据资源，首要工作就是对现有政务数据资源进行整合共享，消除当前政府部门之间的"数据孤岛"和"数据鸿沟"，突破业务壁垒，重塑业务流程，依托数据资源整合、共享促进业务协同，形成政府多部门间的业务联动，实现"最多跑一次""数据多跑路，群众少跑腿""全程电子化"的目标，让政府切实感受到数据资源整合共享和综合利用对政府科学决策和有效监管发挥的促进作用。

政务数据资源整合共享作为数字政府建设的重要一环，是建设数字政府的基础性工作，但长期以来数据资源整合共享难以推进，各种阻力和因素一直存在。即使某些领域进行了数据资源整合共享，但也只是形式上的整合共享、部分整合共享和片面整合共享普遍存在数据质量差、整合共享范围小、成效不明显、干扰因素多，甚至存在整合共享后数据失真、失准、失效、失稳的严重问题，制约了我国数字政府建设的发展。影响数据资源整合共享的因素是多方面而并非单一的，涉及标准、网络、平台等，具体如下。

第一，数据标准不统一。长期以来，各部门的信息系统独立建设，缺乏统一的数据采集标准、数据接口标准、数据存储标准、数据共享标准等，并且各部门的业务数据编码方式都没有完全统一，不同部门间的数据难以进行有效识别、对接和关联，影响了政务数据的有效整合共享。

第二，网络环境不相同。各部门的信息系统按照所承载的业务职能和面向的服务对象，分散部署在电子政务内网、电子政务外网、互联网或业务专网上，甚至在单位内部局域网，不同单位对相关信息系统部署网络区域也不尽相同，相同类型的数据可能有一些单位是通过互联网传输的，有一些单位是通过电子政务外网传输的，而且部门内部数据由于归属于不同网络而相互分割、隔离，同时跨网数据的互联互通引起的安全性问题，都会阻碍数据资源的整合共享。

第三，基础平台有差异。由于各部门业务数据类型、数据格式及业务要求不同，因此，用于数据计算、处理和存储的基础平台也不一致，从物理设备类型来看，有的数据运行在小型机上，有的运行在 x86 服务器上。从操作系统来看，有的是 Windows 操作系统，有的是 Linux 操作系统。从数据库类型来看，有的采用 Oracle 数据库，有的采用国产数据库。从数据存储方式来看，有的采用 SAN 存储，有的采用 NAS 存储。基础平台的技术构成不同直接影响数据资源的整合共享。

以上三大问题主要是由过去各部门分散自主开展信息化建设造成的。数字政府要求必须首先突破政务数据仅局限于部门内部共享应用，应该在更大范围推进政务数据资源的整合共享，充分发挥政务数据资源的应用价值，实现跨层级、跨地域、跨系统、跨部门、跨业务的数据整合共享目标。因此，要推动政务数据资源整合共享建设模式由过去的自主建设向未来的共同建设转变。

2. 集约建设

按照数字政府的建设思路，统一平台是破除"数据孤岛"和"数据鸿沟"的有效手段，按照当前各单位实际情况，统一平台不能独立于各政府部门现有信息化基础设施，应由各部门共同建设。只有构建技术一体化、服务一体化和保障一体化的统一平台，才能真正实现部门间的数据有效共享和业务协同联动。

利用云计算平台通用性强、扩展灵活、统一管理、安全可靠的特点，构建集中统一的政务云平台，通过迁移部署政务应用系统，在云平台上实现对政务数据资源的集中共享和业务应用的协同联动。政务云平台成为各级政府大数据服务的"大脑"，要把"大脑"指令传输到每个神经末梢，就必须修建四通八达的"道路"。围绕网络大连通，需要整合升级连接政务云、各省直部门、各市县的政务外网，形成跨层级、跨地域、跨系统、跨部门、跨业务的统一网络体系，为电子政务应用提供稳定可靠的网络支撑。

网随云动提高电子政务外网移动接入能力，强化电子政务外网服务功能。纵向上，政务外网连通省、市、县、乡、村五级，实现电子政务外网全贯通；横向上，打通各政务部门的壁垒，实现资源融通。

集约化建设与管理政务云网基础设施可以实现云网资源的统一调度，既能规范部署、满足政务业务上云需求，又能降低运行成本。

3. 精准监管

强化数字技术在公共卫生、自然灾害、社会安全等突发公共事件应对中的运用，全面提升预警和应急处置能力。

（1）城市安全

城市安全管理离不开监控设备，当前大量的车牌、人脸、特征等识别数据已经无法单纯依靠人工进行分析，单个 1080P 的监控设备一天便能产生 80GB 左右的数据量，如果以传统的方式将这些数据回传到云服务器进行视频数据分析，将占用大量的传输及存储资源。同时，在这些海量的数据中真正有价值的数据不到 15%，为了降低成本、提升效率，从传统集中式大数据处理向 AI 边缘式大数据处理转变，云网边（中心云、网络、边缘云）大融合是大势所趋。

云网边融合不是云端、网络、边缘的简单相加，也不是将"大云"分解成一个个"小云"，而是采用梯次化的云布局，结合网络与云的深度融合，使之成为一个系统性服务场景：边缘侧重点存储和处理终端设备所提供的多维感知数据，并将处理后的结果上传至云端；云端侧重点进行数据融合及大数据多维分析应用。云边之间的网络要求提供高速、低时延的连接，以便高速访问中心云资源，也方便中心云资源及时向边缘节点下发，同时，接入网络应能与云高度协同，提升云网效率。未来云边协同会要求网络实现扁平化连接，"Spine-Leaf"（叶脊）网络结构是非常适合云网融合架构的。

安防监控行业的多个领域都有此类需求。例如，当出现突发灾害、信号干扰或技术故障时，云端处理显然不能满足及时响应的需求，只能依靠边缘处理预警，将危险降到最低。云端虽不必进行实时处理，但需要对各种事件进行收集、分析、预测，以提供优化解决方案，乃至为管理者提供决策参考。这其中云计算就相当于智能设备的大脑，处理相对复杂的进程，而边缘计算就相当于智能设备的神经末梢，通过云边协同解决更多城市安全问题。

（2）应急管理

突发事件发生的环境复杂，涉及对象较多，数据十分庞杂，需协调分析城市信息数据、环境监测数据、社交舆情数据等，要求政府部门具备强大的数据处理和分析能力。在应急管理的全程监测、事先预防、应急响应、恢复重建等各环节，云网基础设施都是大数据技术和决策系统发挥效能的基石。一方面，通过铺设城市信息传感器来收集多源流数据，掌握城市细微变化，为常态化应急管理提供重要的数据支撑；另一方面，依托政务云平台，为高效的数据处理、数据分析创造良好的硬件条件。

风险监测预警预报方面，需要充分利用物联网、工业互联网、遥感、视频识别、5G等提高灾害事故监测感知能力，优化自然灾害监测站网络布局，构建空、天、地、海一体化全域覆盖的灾害事故监测预警网络。广泛部署智能化、网络化、集成化、微型化感知终端，高危行业安全监测监控实行全国联网或省（自治区、直辖市）范围内区域联网。随着应急管理常态化，职能部门通过云网不间断地对城市高危险源、重点防护单位等进行监测，并通过数据挖掘、数据可视化等手段对城市风险进行评估。

当突发事件发生时，根据部门组织架构和治理需求，指挥者将通过跨部门的网络协同联动来响应，并实施预案，从而快速调度应急资源，减少负面影响的产生。

3.2　企业上云的需求

企业上云是企业顺应数字经济发展潮流，加快数字化、网络化、智能化转型，提高创新能力、业务实力和发展水平的重要路径。为更好地推进企业上云工作，国家也发布了一系列政策加速企业上云进程。《中华人民共和国国民经济和社会发展第十四个五年规划和 2035 年远景目标纲要》提出，实施"上云用数赋智"行动，推动数据赋能全产业链协同转型。工业和信息化部印发的《中小企业数字化赋能专项行动方案》提出，以数字化赋能中小企业。国家发展和改革委员会、中共中央网络安全和信息化委员会办公室联合印发《关于推进"上云用数赋智"行动　培育新经济发展实施方案》提出，以"筑基础""搭平台""促转型""建生态""兴业态""强服务"6 个方面为主要方向，推进"上云用数赋智"行动，加快数字产业化和产业数字化。地方政府也不断加大对企业上云、用云的政策支持，上海、北京、深圳等地均出台了相关地方性政策文件，引导数字技术与经济社会加快融合，推进产业迭代升级和经济高质量发展。

3.2.1　医疗行业

医疗行业业务涉及医保、急救、药品监管、远程医疗、电子档案等，需求聚焦于就医过程的数字化管理、数字化存储及监管数字化。

就医过程的数字化需求已经逐步实现，大部分医院已经实现了预约挂号、刷卡报道、电子病历等业务。随着 5G 的发展，远程医疗需求增加，传统问诊需要患者到医院现场排队挂号、缴费、等待叫号、就诊，流程复杂且等候时间长。远程诊断的出现改变了传统的问诊方式，病人无须前往现场，只需要通过无线网络将电子病历、影像资料上传到医疗云，就可以获取医生的专业意见。以远程会诊为例，基于 5G 技术，配合大屏、个人计算机及手机等各应用终端，支持专家在线开展一对一、一对多、多对多等形式的会诊，能够实现影像数据的高速同步传输与共享，提高医生和患者的交互体验感，提升诊断准确率和指导效率，促进优质医疗资源下沉。

随着国家医疗体系的逐步建立，医疗资源的统一管理和资源共享是医疗行业目前的迫切需求。云网资源的有效利用，可以构建医联体、医共体，实现各级分支机构多云之间稳定的连接，实现分级诊疗，优化资源配置。

智能化医疗器械及终端设备将催生更多样的应用场景，为行业发展带来更多机遇；基础医疗设施数字化促进医疗云快速发展，医院上云、医疗应用上云成为新趋势；人与人、人与物、物与物之间的交互将产生海量数据，采集、传输、存储、计算和分析需要强大计算力的支撑，云网基础设施将成为智慧医疗持续突破的重要动力。不同的系统对网络传输要求不同，如 PACS（影像存储与传输系统）需要大带宽、低时延的入云专线，HIS（医院信息系统）、LIS（实验室信息系统）等需要高安全、高可靠的入云专线。

3.2.2　教育行业

云计算、大数据、VR 等技术的应用推动了教育信息化进程，同时也对云能力和网络安全性要求越来越高。教育部等六部门发布的《关于推进教育新型基础设施建设构建高质量教育支撑体系的指导意见》提出，教育新型基础设施是以新发展理念为引领，以信息化为主导，面向教育高质量发展需要，聚焦信息网络、平台体系、数字资源、智慧校园、创新应用、可信安全等方面的新型基础设施体系。

1. 信息网络

充分利用国家公共通信资源，畅通连接全国各级各类学校和教育机构间的教育网络，提升学校网络质量，提供高速、便捷、绿色、安全的网络服务。

建设教育专网。按需扩大学校出口带宽，实现中小学固定宽带网络万兆到县、千兆到校、百兆到班，以及与教育部数据中心、省级数据中心、高校超算中心等设施高速互联。

推动校园局域网升级，保障校内资源与应用的高速访问。通过 5G、千兆无线局域网等方式，实现校园无线网络全覆盖；支持建设校园物联网，推动安防视频终端、环境感知装置等设备联网。

2. 平台体系

推动各级各类教育平台融合发展，构建互联互通、应用齐备、协同服务的"互联网＋教育"大平台。省级教育行政部门通过混合云模式建设教育云，为本地区教育机构提供便捷可靠的计算存储和灾备服务。

3. 数字资源

利用新一代信息技术开发数字教育资源。汇聚数字图书馆、数字博物馆、数字科技馆等社会资源，共享社会各方开发的个性化资源，建立教育大资源服务机制。

4. 智慧校园

利用信息技术升级教学设施、科研设施和公共设施，促进学校物理空间与网络空间一体化建设。利用先进的通信设施和云基础设施完善智慧教学设施，支持建设满足教学和管理需求的视频交互系统，支撑居家学习和家校互动。建设智慧科研设施，促进重大科研基础设施、高性能计算平台和大型仪器设备开放共享，提供虚拟集成实验环境、科研实验数据共享等服务，支撑跨学科、跨学校、跨地域的协同创新。部署智慧公共设施，升级校园公共安全视频网络，基于人工智能技术实现突发事件的智能预警，加强安防联动，支撑平安校园建设。

5. 创新应用

依托"互联网＋教育"大平台，创新教学、评价、教研培训和管理等应用，促进信息技术与教育教学深度融合。教学活动不再像以前一样被时间、空间所限制，可移动学习，通过无线移动通信网络技术与设备、个人数字助理等获知教育信息、资源与服务，为学习者提供便利，只要学习者想要学习，就能通过相应设备学习教师讲授的知识、在线浏览电子教案或进行视频教学，教师也能随时随地做好教学任务，仅需连接到互联网的终端设备，全部数据均存放于云端，使用者能够随时取用所需资源，并获取相应服务。

6. 可信安全

有效感知网络安全威胁，过滤网络不良信息，提升信息化供应链水平，强化在线教育监管，保障广大师生的切身利益。

"互联网＋教育"大平台通过"云—网—端"融合发展，建立学校与外部社会的协同机制，形成校内外相互打通、资源高度共享、流程无缝衔接的新生态，这样才能利用信息技术为教师、学生、课堂、学校等全面赋能，促进教育治理体系整体变革。

3.2.3 金融行业

当前，金融行业的上云需求快速增加，银行和保险机构对金融业务线上化或场景线上化的需求明显增加，营销直播、智能客服、远程展业、线上理赔等需求旺盛。另外，银行自身的远程办公、在线会议、远程协作等需求也在持续飙升。

1. 基础能力可靠性提升

国内科技实力领先的银行已经实现了传统单一核心银行系统向去核心化开放生态银行系统的代际演进。其他梯队的商业银行应稳妥推进信息系统向多节点并行运行、数据分布存储、动态负载均衡的分布式架构转型，实现敏态与稳态双模并存、分布式与集中式互相融合。

数据中心由原来的两地三中心向多地多中心扁平化演进，需要高可靠、高性能的数据中心互联网络。

2. 智能高效的数字化服务能力

银行网点的智能化、无人化改造需要大量引入 AI 客服、VTM(虚拟柜员机)、机器人自助服务，这对云网联接的品质提出了更高的要求。

3.其他金融机构互联互通

银行和金融机构需要高质量的网络，可与周边合作伙伴单位合作实现业务开通、网络对接和维护服务，最大限度地保障客户服务体验。

3.2.4　工业园区

以人工智能、大数据、云计算、物联网为代表的数字技术驱动生产方式变革，从而实现工厂之间、工厂与用户之间的智能化连接，使生产方式从标准化转向网络化、信息化、智能化。

1.智慧管理

园区管理者主要关注如何提升服务水平和提高工作效率，高效管理园区。利用智能、高效的管理工具将各种智慧化管理设备连接起来，实现无论身在何处，设备、人员、事务全貌随时提醒。

2.智能制造

智能制造是制造业价值链的信息化和创新，是工业技术和信息化的深度融合，包括产品开发、应用装备、生产线的智能化。围绕智能制造衍生出了智能工厂、智能管理、智能决策、智慧物流等新兴领域，而网络和算力的广泛应用是实现智能制造的关键。

3.安全生产

对于企业而言，安全生产是第一要务。基于云网基础设施实现对噪声、扬尘、温／湿度、震动、烟雾、辐射等生产环境因素监控，对设备关键零部件的位移、温度、震动、电流、电压等状态进行监测，以及监测系统与各类、各等级的报警装置联动，防患于未然，将安全事故风险降至最低。另外，工业企业上云也会进一步促进系统自动化改造，进一步减少一线的安全事故。

3.2.5 媒资企业

近年来，随着移动互联网技术的不断革新发展，用户迎来了全媒体时代所带来的新体验。一是媒体社交化，自媒体创作让每个人都成为媒体传播者；二是视听移动化，移动技术支持用户可以随时随地查看媒体信息；三是内容多屏化，电视、计算机、手机、PAD 等多种终端都是媒体播放平台；四是极致高清化，4K/8K 画面给用户带来身临其境、前所未有的感受。

媒体对存储、计算能力要求高。媒体行业是一个专业性很强的领域，从媒体数据的特征来看，媒体数据量大、不易搬动，但需要广泛共享；半结构化，海量媒体资产需长期保存，素材快速检索与回迁决定了制作效率。从 IT 架构来看，视频文件处理对时延、带宽、安全性与 RPO/RTP（恢复点目标 / 恢复时间目标）都有很高要求，且需要具备平滑向 4K、8K 演进的能力。

大容量视频异地传输。拍摄视频容量普遍在 100GB 以上，需要在短时间内由拍摄团队传到制作团队，最终完成播放，因此超大上下行带宽的媒资专网是首要业务选择。

媒资处理需要云平台。新闻记者能够借助移动终端、互联网和社交媒体力量，及时地进行拍摄、编辑、审片，并通过全媒体渠道第一时间发布，实现 5min 内新闻播报。媒资云平台具备视频编辑能力，让用户在任何地方都能够获得优质的流媒体编辑、渲染、合成体验。

3.2.6 中小企业

在国家万企上云活动的推动下，中小企业逐步走上云化道路。中小企业希望能够在一个平台上一站式购买所有信息化服务，包括云资源服务和网络服务，以及企业研发、生产、销售、供应链、内外部沟通等应用服务，以降低企业集成难度。云网融合能够一站式满足不同地域的业务需求，为企业带来极大的便利；能够快速调整资源或带宽，在满足业务需求的同时避免资源浪费。

3.3　百姓生活的需求

随着家庭的智能设备、物联网设备越来越多，其产生的数据也越来越多，再加上这些设备对联网控制等方面的要求，人们的家中越来越需要一个系统来合理地协调这些设备进行工作。未来每个家庭会需要搭建一个属于自己的专属云，每个人在云端都会有账号，创建云空间，家庭照片、个人视频、家庭监控、个人健康等数据可随时上传至云端。

1. 智慧家庭

随着"万物互联"态势的逐渐成形，人们对沉浸式、场景式体验有了更深入的追求，构建无所不能的计算资源、无处不在的无线网络上的物物互联、人机互联，甚至 AI 互联，是智慧家庭的新方向。例如，实时监测家庭环境，守护家人身心健康；App 远程监控，紧急情况一键 SOS 报警；红外报警监测，防止偷盗事件发生。

2. 个人云

无论是办公、游戏还是观影场景，无论使用何种终端设备（如手机、计算机等），"个人云"都将是标配的基础设施。

云终端为网民搭建软件资源、软件应用和软件服务平台，改善目前软件获取和使用的方式，带来简单流畅、方便快捷的全新体验。云终端作为一种精巧别致的网络计算机，既可以作为迷你计算机单独运行，供用户进行网页浏览，又可以构建共享计算网络，以较低的成本开展业务运营。

云账户从个人资料的存储和管理逐渐延伸至云端处理，文件解压、扫描，视频观看投屏等任务都可以利用"个人云"完成。随之而来，用户之间的协作也将逐渐向云端迁移，实现协同办公。"个人云"甚至将连同 AI、5G，一同成为变革城市生活的新基建。

3.4 总结

行业数字化转型，用户需要的不仅是单纯的云服务或网络通信，还有更适合自己应用场景的解决方案。云需要网络来连接的不仅仅是云端到用户端，很多时候还需要多个不同的云计算中心之间进行互联，或者是一个云计算中心内的多台服务器进行互联，这就需要云计算与网络间能够高效协同。承载网络可根据各类云服务需求开放网络能力，实现网络与云的敏捷打通，按需互联。数字化转型对云网提出了新的需求，具体如下。

一是高速连接需求。云网时代下大带宽 + 低时延是行业用户的重要需求，网络要能承载不同行业的不同业务，满足各行业企业的上云需求，网络切片实现独享的通道，网络随选实现个性化需求，云专网实现入云便捷等。

二是灵活调用需求。由于快速变化的市场环境，用户对网络敏捷性、计算资源弹性扩容提出了更高的要求，需要随时随地、快速连接到云端平台，支撑业务的快速上线。云网资源具备快速开通、弹性可调和快速修复的能力，云网调度平台或云网智能化运营系统必不可少。

三是安全需求。安全可靠的业务环境是行业用户选择的基础，未来的云网产品不仅要防御潜在威胁，还要能提供云网安全服务。

四是融合 + 定制服务需求。未来要能根据行业客户需求将网络、计算、大数据及不同增值业务相结合，打造一站式解决方案，实现行业赋能。

行业数字化转型分别从计算和连接两个方面对基础设施提出了新的需求，云网融合是基于业务需求和技术创新提出的网络架构新需求，需要云网具备高速、自服务、灵活、智能化、安全等特性。

第 4 章

云网融合之云的发展

4.1　云计算的来源

20世纪90年代初，微软的主营业务是客户端的软件，甲骨文的主营业务是服务器数据库。本来这两大软件公司的核心业务是"井水不犯河水"。但由于市场竞争的需要，微软推出了自己的数据库系统——SQL Server，并且占领了一些中小企业的市场。而甲骨文，对客户端的控制权非常有限。在微软的黄金时代里，世界上几乎没有一家公司能在客户端软件中打败微软，于是甲骨文干脆放弃在客户端与微软的竞争，提出一种新的商业模式——网络计算机（Network Computer），通过降低网络计算机价格试图将用户对客户端的需求降到最小。这种做法在战略上确实是一步好棋，但是甲骨文公司没有获得成功，主要原因有以下3点。一是摩尔定律的作用，一般的PC（个人计算机）降价很快，以至于很快买得起PC的人越来越多，而网络计算机的价格优势就越来越不明显。二是当时用户上网的费用较高，以DSL（数字用户线）宽带为例，最基本的费用为每月40美元，两年的费用相当于一台PC的价格。当时也没有Wi-Fi无线上网功能，大家离开了办公室和家庭网络，基本上很难上网，而上不了网，网络计算机就毫无用处。三是当时互联网还不成熟，没有相应的服务，无法通过上网获取应用。网络计算机是今天的"云桌面"的雏形，但受限于当时的技术和应用范围，没能发展起来。在甲骨文的网络计算机失败后，第一次联网泡沫破灭，大家对互联网的作用也产生了怀疑，一切基于客户端的想法又占了上风，因此在很长一段时间里这种基于Web应用的概念没有人再提。

2002年，在互联网泡沫破灭带来的经济衰退结束后，以谷歌为代表的互联网公司迅速崛起。和以前仅提供简单的服务不同，谷歌开始提供替代各种客户端应用的在线服务。通过收购Keyhole公司，谷歌将原来运行在客户端的3D地图服务搬到了互联网上，这种服务成为后来著名的Google Earth（谷歌地球）。通过收购 Picasa，谷歌将原来在客户端的图片处理服务搬到了互联网上。通过 Google Docs(谷歌文档)，谷歌将用户最常使用的 Office 功能搬到了互联网上。当然，它的 Google Account(谷歌账户) 关联的 Gmail 和 Calendar 完全可以取代微软的 Exchange 在客户端提供各种功能。于是，离开了微软的 Office 和 Adobe 的 Photoshop，用户完全可以依靠互联网提供的服务开展日常工作。2002 年以后，Wi-Fi 技术迅速普及，最早从办公室开始，然后到家庭，再到很多公共场所。随时随地访问、处理和共享信息的需求变得越来越重要，云计算和云服务的概念也应运而生。

2005 年，谷歌、IBM 和亚马逊均提出了云计算的概念，但当时这 3 家公司对于云计算的理解完全不同。IBM 是为了卖设备，谷歌是因为有大量用户，希望将用户的应用都搬到互联网上，而亚马逊则是希望向商家和网站出售计算能力。起初，外界对云计算还有许多质疑，认为它是甲骨文公司网络计算机的翻版，这种质疑声在微软和 Adobe 等软件公司中最为强烈。但是很快大家都体会到了这种通过互联网共享服务的好处，甚至微软和 Adobe 也加入其中。

2016 年，随着谷歌首次提出"云计算"概念及亚马逊正式推出弹性计算云，云计算时代正式到来，也意味着互联网的发展进入了一个新的阶段。云计算经历了质疑，也经历了狂热，逐渐被人们所接受，进入稳步发展的阶段。

4.2　云计算的定义

至今，对于云计算，我们仍然难以给出一个准确的、通俗易懂的定义。从字面理解，云计算就是"云"+"计算"，"计算"是一种行为；而"云"是一种模式、方法，或者说理念。

我们对计算非常熟悉。计算就是对信息、数据进行处理和运算，它是一个很宽泛的概念。例如，我们在玩游戏时，里面的人物建模、移动控制属于计算；在看视频时，里面的图像编码、解码属于计算；在网上购物时，计价付费也属于计算。

就像人思考需要大脑、劳动需要工具一样，计算也离不开资源。信息时代的计算资源既包括 CPU、内存、硬盘、显卡这样的硬件资源，又包括操作系统、数据库、运行库、中间件、应用程序这样的软件资源。

而"云"，就是获取这些资源的一种新型方式。

与云计算对应的是传统计算。从最早的大型机、中型机，再到 20 世纪 80 年代的个人计算机、20 世纪 90 年代的小机房，它们都属于传统计算设备。传统计算的一大特点是资源固化，也就是说，这些计算机所能够使用的软硬件计算资源是固定的。CPU、内存、硬盘，装了多少资源，用户就只能用多少资源。资源少了（性能不足），需要再花钱买；资源多了（性能过剩），就意味着投入浪费。正因为传统计算在资源分配上缺乏足够的灵活度，才有了"云计算"的概念。

与传统计算相比，云计算的资源获取方式从"买"变成了"租"。前面提到的软硬件计算资源，全部都能租。提供资源租用服务的一方叫作云服务提供商。

4.3　云计算的特征及服务模式

4.3.1　云计算的特征

云计算不是一种全新的网络技术，而是一种全新的网络应用概念，云计算的核心理念是以互联网为中心，在网上提供快速且安全的云计算服务与数据存储服务，甚至是各类应用服务，让每一个使用互联网的人都可以使用网络上的庞大计算资源、存储资源及服务资源。与传统的网络应用模式相比，云计算具有如下特点。

1. 虚拟化

虚拟化突破了时间、空间的界限，是云计算最为显著的特点。采用虚拟化技术一是可降低能耗，节约空间和成本；二是可提高使用灵活性，实现动态的资源部署和重配置，满足不断变化的业务需求；三是可以提高维护灵活性，可在不影响用户的情况下对资源和系统进行操作，如虚拟化系统升级等；四是有更高的可扩展性，虚拟化技术能根据不同的产品、资源分区，划分出比物理资源小得多或大得多的虚拟资源，这意味着用户可以在不改变物理资源配置的情况下进行规模调整；五是具有互操作性，虚拟资源可提供底层物理资源无法提供的与各种接口和协议的兼容性。

2. 动态可扩展

云计算具有高效的运算能力，在原服务器的基础上增加云计算功能能够使计算速度迅速提高，最终实现动态扩展虚拟化的层次，达到对应用进行扩展的目的。

3. 按需部署

计算机包含了许多应用程序，不同的应用对应的数据库资源不同，运行不同的应用需要较强的计算能力及对资源进行相应部署，而云计算平台能够根据用户的需求快速配备计算能力及资源。

4. 灵活性高

目前市场上大多数 IT 资源都支持虚拟化，如服务器、存储、网络、操作系统等。虚拟化要素被统一放在云计算系统的虚拟资源池当中进行管理，可见云计算的兼容性非常强，可以兼容低配置机器、不同厂商的硬件产品等。

5. 可靠性高

与物理机部署应用相比，采用云资源池部署应用的安全性有所提升，即使单台服务器出现故障，也不会影响计算与应用的正常运行，因为单台服务器出现故障可以通过虚拟化技术将分布在不同物理服务器上的应用进行恢复或利用动态扩展功能部署新的服务器进行计算。

6. 性价比高

将资源放在虚拟资源池中统一进行管理在一定程度上优化了物理资源，用户不再需要昂贵、存储空间大的主机，可以选择相对廉价的个人计算机组成云，这样一方面可减少费用支出，另一方面其计算性能不逊于大型主机。

7. 可扩展性

用户可以利用应用软件的快速部署来更为简单、快捷地将自身所需的已有业务及新业务进行扩展。例如，云计算系统出现设备故障，对于用户来说，无论是在计算机层面上，还是在具体运用上均不会受到阻碍，可以利用云计算系统具有的动态扩展功能来对其他服务器进行有效扩展，这样一来就能够确保任务有序完成。在对虚拟化资源进行动态扩展的情况下，同时能够高效扩展应用，提高云计算系统的操作水平。

4.3.2　云计算的服务模式

根据云计算提供的服务层次不同，云计算的服务类型分为 3 种，即 IaaS、PaaS 和 SaaS。这 3 种服务模式如图 4.1 所示。

1. IaaS

IaaS 属于堆栈的最底层，是所有云计算服务的基础，是主要的云服务类别之一，也是云计算初期最为常用的方式，它向个人或企业提供虚拟化计算资源，如虚拟机、存储、网络和操作系统。

2. PaaS

PaaS 是在 IaaS 之上叠加了数据库、中间件、操作系统等组件而形成的服务平台，是云计算的另一种服务类别，为开发人员提供通过全球互联网构建的应用程序和服务的平台，为应用开发商开发、测试和管理应用程序提供按需开发环境。

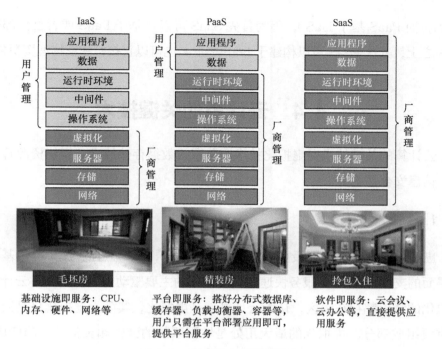

图 4.1　云计算 3 种服务模式

3. SaaS

SaaS 在 PaaS 基础上部署通用的服务软件，即直接将服务卖给用户。SaaS 也是云计算服务的类别之一，通过互联网提供按需付费服务，云计算提供商托管和管理应用程序，允许其用户连接到应用程序并通过互联网访问应用程序。

这 3 种类别的服务类似于住房，IaaS 相当于租用的毛坯房，要自己装修、买家具才能入住；PaaS 相当于租用的精装房，虽然不用装修，但还需要自己买家具；SaaS 相当于租拎包入住的住房，所需要的应用都具备，直接购买服务即可。

3 种服务模式之间的关系可以从以下两个角度进行分析。其一是用户体验角度，从这个角度而言，它们是相互独立的，因为它们面对不同类型的用户。其二是技术角度，从这个角度而言，它们并不是简单的堆叠关系（SaaS 基于

PaaS，而 PaaS 基于 IaaS），因为首先 SaaS 可以是基于 PaaS 或者直接部署于 IaaS 之上，其次 PaaS 可以构建于 IaaS 之上，也可以直接构建在物理资源之上。

4.4　云计算的关键技术

云计算的关键技术有虚拟化技术、分布式数据存储技术、智能资源管理技术、信息安全技术等。

1. 虚拟化技术

虚拟化技术是云计算最重要的核心技术之一，它为云计算服务提供基础架构层面的支撑，是 ICT 服务快速走向云计算的主要驱动力。很多人对云计算和虚拟化的认识都存在误区，认为云计算就是虚拟化，实际上虚拟化只是云计算的重要组成部分。虚拟化的最大用处是增强系统的弹性和灵活性，降低成本、改进服务、提高资源利用率。从表现形式看，虚拟化又分两种模式。一是将一台性能强大的服务器虚拟成多个独立的小服务器，服务不同的用户；二是将多个服务器虚拟成一个强大的服务器，实现特定的功能。这两种模式的核心都是统一管理，动态分配资源，提高资源利用率。在云计算中，这两种模式都有较多的应用。

虚拟化包括平台虚拟化、应用虚拟化和资源虚拟化。平台虚拟化是针对计算机和操作系统的虚拟化。资源虚拟化是针对特定的系统资源的虚拟化，如内存、存储、网络资源等。应用程序虚拟化包括仿真、模拟、解释技术等。我们通常所说的虚拟化主要是指平台虚拟化技术，其通过使用控制程序，隐藏特定计算平台的实际物理特性，为用户提供抽象的、统一的、模拟的计算环境（称为虚拟机）。虚拟机中运行的操作系统被称为客户机操作系统，运行虚拟机监控器的操作系统被称为主机操作系统，当然某些虚拟机监控器可以脱离操作系统直接运行在硬件上（如 VMware 的 ESX 产品）。运行虚拟机的真实系统被称为主机系统。

2. 分布式数据存储技术

分布式数据存储技术通过将数据存储在不同的物理设备中，实现动态负载均衡、故障节点自动接管，具有高可靠性、高可用性、高可扩展性。在多节点的并发执行环境中，各个节点的状态需要同步，并且在单个节点出现故障时，系统需要以有效的机制保证其他节点不受影响，使用该技术不仅摆脱了硬件设备的限制，同时扩展性更好，能够快速响应用户需求的变化。利用多台存储服务器分担存储负荷，利用位置服务器定位存储信息，这在很大程度上提高了系统的可靠性、可用性和存储效率。

3. 智能资源管理技术

为了尽可能地发挥云计算的优势，云计算资源规模往往较为庞大，服务器数量众多并可能分布在不同的地点，同时运行着成百上千种应用，如何有效地管理这些服务器，保证整个系统提供不间断的服务是一项巨大的挑战。云计算系统的智能资源管理技术需要具有高效调配大量服务器资源，使其更好地协同工作的能力。其中，方便地部署和开通新业务，快速发现并且恢复系统故障，通过自动化、智能化手段实现大规模系统可靠运营是关键。

4. 信息安全技术

云计算的安全性和保密性已成为人们关注的焦点。只有在保证安全性和保密性的情况下，云计算才能拥有更广阔的发展空间。云计算模式带来一系列的安全问题，包括用户隐私的保护、用户数据的备份、云计算基础设施的防护等，这些问题都需要相关的技术手段去解决。其中访问控制技术、同态机密技术等关键技术的应用，确保了云计算的信息安全。

访问控制技术是指用户访问权限的集中控制技术和用户访问方法的集中控制技术。由于云计算的特殊性，云环境下的访问控制技术较传统的访问控制技术更为关键，用户要使用云存储和计算服务，必须要经过云服务商（CSP）的认证，而且要采用一定的访问控制策略来控制对数据和服务的访问。各级提供商之间需要相互认证和访问控制，虚拟机之间为了避免侧通道攻击，也要通过访问控制机制加以安全保障。因此，云计算中的认证和访问控制是一个重要的安全研究领域。

同态加密技术是基于数学难题的计算复杂性理论的密码学技术，通过使用该技术，人们可以对加密状态的数据进行充分操作，而不用先解密数据。利用同态加密技术可以使加密后的云端数据始终处于密文状态，云服务提供商可以在不窥探用户隐私的情况下进行海量的数据挖掘；同时由于操作云端数据不需要解密，降低了计算开销，也保证了传输数据的机密性。因此，同态加密技术在保护隐私方面效果显著。

4.5 云计算部署方式

针对需求不同的用户，云计算有不同的部署方式，比较常见的有公有云、私有云及混合云，还有些服务商会提供社区云等。

1. 公有云

云计算服务由第三方提供商完全承载和管理，为用户提供价格合理的计算资源访问服务，用户无须购买硬件、软件或支持基础架构，只需为其使用的资源付费。云端可能部署在本地，也可能部署于其他地方。对于使用者而言，公有云的最大优点是，其所应用的程序、服务及相关数据都存放在公有云的提供者处，自己无须进行相应的投资和建设。目前最明显的问题是，由于数据不存储在自己的数据中心，其安全性存在一定风险。公有云通常用于提供基于 Web 的电子邮件，网上办公应用，存储、测试和开发环境。

2. 私有云

云端资源所有的服务不是供别人使用，而是供内部人员或分支机构使用，这是私有云的核心特征。而云端的所有权、日常管理和操作的主体到底是谁并没有严格的规定，可能是本单位，也可能是第三方机构，还有可能是二者的联合组织。私有云部署在企业自身内部，因此其数据安全性、系统可用性可由自己控制。但其缺点是投资较大，尤其是一次性的建设投资较大。私有云的使用对象通常为政府机构、金融机构及其他具备业务关键性运营且希望对环境拥有更大控制权的中型或大型组织。

3. 混合云

混合云由两个或两个以上不同类型的云（私有云、社区云、公有云）组成。在混合云中，数据和应用程序可在私有云和公有云之间移动，从而可提供更高的灵活性和更多部署选项。混合云的使用对象通常为有大流量的互联网业务，同时部分业务有合规需求或者需要充分利用现有 IT 资产的企业或组织。

4. 社区云

除常见的公有云、私有云及混合云以外，还有些公司在使用社区云。社区云的核心特征是云端资源只给两个或者两个以上的特定单位（组织）内的员工使用，除此之外的人和机构都无权租赁和使用云端计算资源。管理者可能是组织本身，也可能是第三方；管理位置可能在组织内部，也可能在组织外部。社区云的使用对象通常是多个有密切关系的组织（联合使用）。

企业在选择云服务时，应该根据实际情况，选择最适合自己的。从过去的发展情况来看，我国公有云的增长速度远超私有云。随着云计算的发展及人们对云的接受程度的增加，混合云被应用的场景越来越多。

4.6　云计算行业应用现状

如今，很多人将时间花在了线上——在线办公、视频会议、游戏直播、在线教育；此外云互动也开始丰富起来，如云拜年、云健身、云出差等。"云上工作""云上生活"成为众多企业和无数普通人能够直接应用和切身体验的生产生活方式。

在技术进步及利好政策的驱动下，云计算在各行业的应用逐渐深入，各行业纷纷开始进行业务迁移上云和数字化转型。在当前云服务行业应用发展历程中，各行业应用并不均衡。艾瑞咨询发布的《中国云服务行业应用白皮书》显示，云服务赋能泛互联网行业业务管理、营销、供应链管理、数据中台、基础资源等各个环节，市场占比较高，达到 27% 左右。金融行业自身信息化程度高，在私有云的部署上应用能力较强，项目金额较高，占比为 11% 左右。

随着"互联网 +"行动的积极推进，我国云计算应用已经从互联网行业向政务、金融、工业、医疗卫生、汽车、教育科研、零售等领域加速渗透。

1. 政务

随着中央大力推进"互联网 + 政务服务"，政府信息化进入了一个新的发展阶段。政务信息化的目标是建设服务型政府，通过部门间的数据共享，"让数据多跑路，让群众少跑腿"，方便群众及企业与政府职能部门的业务往来，从而达到提升社会治理能力，变更公共服务模式的目的。

我国政务云的发展经历了多年的培育和探索已经进入全面发展阶段。工业和信息化部研究数据显示，2021 年我国政务云市场规模达到 786.9 亿元，同比增长 42.3%，如图 4.2 所示。

政务领域已经成为各大云计算厂商竞争最为激烈的领域之一，目前市场上角逐政务云的厂商可以分为 4 类，一是中国电信、中国移动、中国联通基础电信企业；二是浪潮云、曙光云、华为云、新华三等传统 IT 厂商；三是以腾讯云、阿里云、京东科技、金山云为代表的互联网企业；四是太极软件、神州数码等系统集成商，如图 4.3 所示。

工业和信息化部的研究数据显示，浪潮云、华为云、中国电信在政务云领域处于全国领先的地位。中国政务云市场厂商竞争力象限图如图 4.4 所示。

政务云的主要应用场景包括行政管理、公共安全、民生服务、财政税务等。

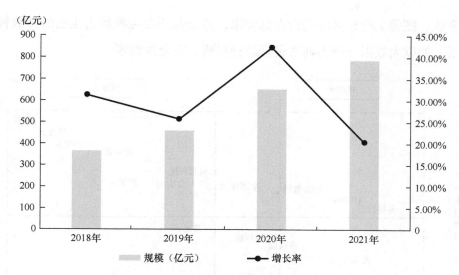

图 4.2　2018—2021 年中国政务云市场规模

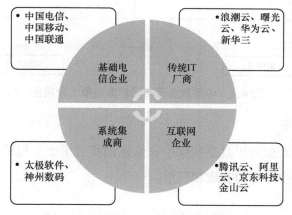

图 4.3　中国政务云市场厂商竞争派系

（1）行政管理

行政管理类云业务场景主要集中在基础云化和云化创新两个方面，其中基础云化基于对安全保密性的考虑，一般由政务云承担；云化创新的主要应用是协同办公，如以云桌面替代传统个人计算机办公等。

（2）公共安全

公共安全类云业务场景主要集中在监控系统的建设中，包括监控设备、管理系统、图像 / 视频对应的云存储需求，以及基于监控视频衍生出的开放智能应用，如以大数据分析为辅助进行趋势判断、安全预警等。

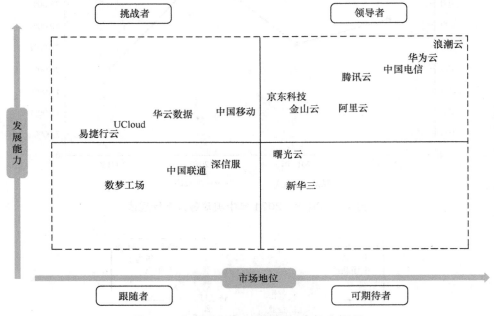

图 4.4　中国政务云市场厂商竞争力象限图

（3）民生服务

民生服务类云业务场景主要集中在云化创新应用上，包括民生服务类应用系统的整合、民生信息的获取和利用。

（4）财政税务

财政税务类云业务场景主要集中在风险预测方面，如通过高性能计算，对各种新闻、社交媒体等产生的信息进行汇聚、提取及分析，形成经济预测数据，指导财政税务部门发布政策。

2. 金融

在加速基础设施建设的同时，我国头部金融机构不断加大和云厂商的合作力度，采用自研、外采双模式推进业务上云。银行核心业务系统对安全合规诉求较高,多采用私有云部署;保险与互联网金融公司则对使用公有云态度相对开放,加快完善基于公有云的渠道管理和营销获客等系统,推动金融云市场稳步增长。未来,核心业务系统从集中式架构向分布式架构改造成为头部金融机构的重要战略规划,存量系统上云率将逐步提升,预计到 2025 年金融云市场规模将达到 1077 亿元,未来 4 年复合增长率达到 28.6%,金融云的价值将持续扩大。

3. 工业

在国家鼓励政策和传统行业数字经济发展的推动下,中国工业云市场规模迅速扩大。一方面工业云解决方案类型不断丰富,工业互联网、MES(制造执行系统)、全生命周期管理、供应链管理等系统大幅提升了工业企业的运营效率;另一方面工业云解决方案的需求数量和项目量级提升,AI、IoT 等新兴技术的赋能加速工业核心设备系统上云。当前,工业云的交付速度与服务响应速度仍有待提升,用云场景日益丰富,在数字孪生等新兴解决方案的刺激下将长期对市场形成利好,预计到 2025 年中国工业云市场规模将达到 785 亿元,未来 4 年复合增长率达到 33.1%。

针对工业行业业务创新难、创新滞后,供应链繁杂,新品上市周期长的问题,利用云计算和数字孪生技术将物理对象构建为数字模型,利用感知、控制、数据管理与模型分析技术来实时检测物理对象的状态,并且做出相应决策以管理与调控物理对象的状态,从而大大缩短新品上市周期。

云计算技术与工业互联网的融合可解决数据与业务、系统之间分散割裂的问题。集顶层丰富应用、中层数据分析和功能集合、底层可弹性扩容的基础设施于一体,辅以网络与安全体系,形成针对工业生产的一体化解决方案。云上应用方便实现数据的统一存储与分析,实现从工业设备与产品管理、业务与运营优化、社会化资源合作 3 个维度为企业降本增效。

将计算能力下沉,则可解决工业行业数据采集及响应不及时的痛点。云边端一体化架构将云服务能力通过网络层的边缘计算下沉到终端设备中,而终端设备通过网关做到与云服务双向连接，包括数据的上传分析与优化升级。工业网关使得工业设备的接入更加便捷统一。而边缘计算可以根据本地协议实时解析决策，减少了数据上传与命令下达的环节，提高了运营效率。此外，数据建模功能模块不仅可以通过辅助算法做到预测性运维，还可以沉淀、分析数据，进一步挖掘数据价值，实现高效和低成本运维。

4. 医疗卫生

医疗卫生行业相较于其他的传统行业早期上云更多的是依靠政策推动，各医疗机构更多是被动上云，上云的内容也更多地集中在非核心系统，或者出于安全合规考虑，用云应用更多集中在 IaaS 层。当前，在数字中国的时代背景下，医疗机构化被动为主动，尤其是区县级医疗机构，开始主动拥抱云计算。伴随着国家鼓励医疗联合体建设，云服务覆盖的医疗行业场景也愈加丰富。此外，医疗机构在用云的同时也开始引入除云资源外的大数据、人工智能等云能力。近年来，远程诊疗、智能辅助诊疗、医疗影像等医疗行业场景获得长足发展。未来，医疗行业将更多地聚焦于利用云计算实现医疗资源的共享、医疗数据的互通及医疗业务的高效协同。预计到 2025 年中国医疗云市场规模将达到 426 亿元，未来 4 年复合增长率达到 32.8%。

目前医疗卫生行业的云计算应用主要集中在医药零售、在线问诊、检查分析等方面。由于医疗的专业性，目前云服务商提供的云服务以 IaaS 层居多，如中国电信提供的医卫云，华为、浪潮等提供的卫健行业云、卫生健康大数据建设等。未来远程医疗、大数据分析等领域会逐步向 PaaS 层演进。

5. 汽车

汽车行业近年来上云加速，与云厂商的合作日益广泛。当前，以电动化、智能化、网联化、共享化为代表的汽车行业新"四化"正逐渐成为汽车行业发展的新趋势，逐渐重塑汽车产品形态。云计算的发展一方面驱动具有数字化基因的造车新厂商引入数智化能力，另一方面，推动传统汽车厂商加速开展数字化转型。由此带来以车厂为中心的整个汽车产业链各环节开始与云计算结合，形成以云为底座的行业信息化底座。未来，伴随整体 IT 基础设施的日渐完善、边缘计算的推广、5G 网络的普及、智慧城市的建设加速，车联网、自动驾驶等技术将进一步普及。同时，伴随消费者出行与用车习惯的改变，汽车领域精准营销、客户管理等新业务场景将成为数字化升级的重点。预计到 2025 年中国汽车云市场规模将达到 370 亿元，未来 4 年复合增长率达到 37.8%。

汽车行业最大的痛点是数据安全、高效计算、各项应用的整合等。云计算主要为汽车行业提供 IaaS 层的计算能力，提供自动驾驶、车路协同等支撑，提供智慧出行和车队管理等算力支撑服务，同时还可以直接提供 SaaS 层的地图服务、车载服务、汽车营销和数字化服务等。而网络除提供上网服务外，最为重要的是为车联网提供高带宽、低时延、高并发的连接服务，尤其是在自动驾驶的场景中，云网融合的协同服务显得更为重要。

目前亚马逊云科技利用云平台提供汽车产业链各环节数字化服务。围绕智能制造、新营销和自动驾驶三大场景，阿里云分别提供数智工厂、全域营销和自动驾驶云三大解决方案。

6. 教育科研

教育云的主要驱动力来自教育数字化改革，"智慧校园""数字课堂""科研实验"等多种教学场景都需要信息化底座支撑。未来，教育云的增长点主要为以下 3 个。第一，云服务在职业学校的部署增加，满足职业教育场景化、实践化的教学需求。第二，高校教学、科研类教育对云服务需求继续增加，对云的计算、存储、网络能力要求提高，教育云也将在一般高校逐步落地。第三，云服务继续向教育欠发达地区渗透，进一步消除教育地域性差距。预计到 2025 年中国教育云市场规模将达到 494 亿元，未来 4 年复合增长率达到 32.0%。

教育行业的云计算应用主要集中在辅助教学、学生管理、远程教育、实训支撑等方面。目前教育行业的云计算应用也较为零散，从 IaaS 层到 PaaS 层均布有产品形态。例如，中国电信天翼云提供的融合"云、网、端、用"的教育云主要为学校提供全局管理支撑，可以提供从 IaaS 层到 SaaS 层的服务。

7. 零售

如今，零售 O2O（线上到线下）平台、零售云厂商、零售科技企业等通过应用层解决方案赋能零售业态（便利店、超市、百货商场、菜市场等零售终端）来快速实现数字化转型，解决线下零售业态存在的获客、运营、供应链管理等多方面问题，从而实现整体降本增效的信息化云解决方案。在社区零售云的带动下，零售云在大量中小零售市场快速覆盖并通过渠道下沉深入触达底层消费者，拉动 GMV（商品交易总额）快速增长。近年来，零售企业盈利能力减弱，零售云增速有所放缓，预计到 2025 年中国零售云市场规模将达到 819 亿元，未来 4 年复合增长率将达到 29.8%。

零售行业的痛点是门店智能化管理、供应链管理等。零售行业的云化进程较快，主要原因是零售行业的数字化管理方便进入 SaaS，如淘宝、京东零售云等都是典型的零售行业云计算应用。

4.7 云网融合下新兴业务发展

云网融合作为云计算和网络深度融合的产物，需要满足新兴业务场景发展的需要，具体业务场景如下。

1. 视频监控

随着物联网应用和智慧城市的发展，绝大多数数据需要连接到云，安防行业的视频监控等都有此类需求。视频监控所产生的视频流数据即使被压缩后也是巨大的，如何传输和处理这些数据，已成为当前云计算技术面临的挑战。而人脸、车牌识别这一类较复杂的视频分析技术要求前端设备具有很强的计算能力，因此视频监控场景需要结合云端大数据计算的全局性优势并配合边缘计算的敏捷性，云网边（中心云、网络、边缘云）大融合是解决视频监控问题的最佳实践。

以平安城市视频监控为例，在出现突发灾害、信号干扰或技术故障时，云端处理显然不能满足及时响应的需求，只能依靠边缘云进行紧急事件或低时延业务的处理和响应，将危险降到最低。云中心虽不必进行实时处理，但需要对各种事件进行收集、分析、预测，以提供优化解决方案，甚至为管理者提供决策参考。其中"云计算"就相当于智能设备的"大脑"，处理相对复杂的进程；"边缘计算"就相当于智能设备的"神经末梢"，进行一些低时延事件处理。通过对云端和边缘资源进行统一配置、统一管理、统一调度，实现"从端到中心的边缘计算＋云计算"的结合，使系统的功能更为强大。具体来说，边缘侧重存储及处理终端设备所提供的多维感知数据，并将处理后的结果上传至云，云端中心侧重数据融合及大数据多维分析应用。

2. CDN

云计算浪潮的兴起对 CDN 提出了新的要求。"云计算 +IDC"模式的出现表明 IDC 向云计算方向迁移已经是大势所趋。在云平台下，各种数据都会存储在云端，强调由云数据中心提供资源，而用户则通过终端设备从云端读取所需要的数据。在各类设备都去云端读取海量数据的过程中，CDN 扮演着重要的角色，并成为云计算的加速器，拉近用户与云端的距离，让用户方便、快捷地从云端读取所需要的数据。CDN 服务商使用云计算技术可以实现网络资源共享，降低设备闲置率，并根据用户需求制定灵活和多元化的服务策略，从而实现 CDN 服务商与客户的双赢。

在 CDN 边缘节点中部署服务器虚拟化平台，在流量激增时，虚拟化系统工具可以根据设定的参数自动调整资源配置，创建虚拟机并部署操作系统和应用软件，并且在原有系统中运营，从而达到扩大节点处理能力、缓解流量压力的目的。利用云计算虚拟化，在 CDN 中心节点和边缘节点引入云存储，利用中心域和边缘域内所有服务器资源的设备能力实现文件的动态分布存储，并能根据用户需求和文件访问的热点程度自动进行存储调整。在云存储过程中，一个文件可以被切割为多个片段，并且在不同存储节点中保存多个副本。用户在访问文件时可以同时和存储有文件片段的多个节点实现连接，并对文件的各个部分进行读写操作。云存储非常适合大文件的读取，这一点与 CDN 的应用需求相吻合。

与最早的静态内容加速不同，采用了云计算技术的 CDN 系统还可以做到智能化的日志处理，可以进行统计分析、数据挖掘、及时捕捉用户的行为特征、跟进用户需求，从而做到针对性的资源配置和调动。在此过程中，大量非结构化数据需要系统地采集，而基于新计算集群的分布式计算模型能够针对海量非结构化数据提供并行处理能力，提升 CDN 的智能性。如果在 CDN 系统的边缘节点部署类似的分布式日志分析系统，便可以实现对用户数据的加速处理并提供反馈，而分布式的计算功能可以用分布式的云系统架构，使整个系统具有强大的海量数据处理能力和更强的扩展性。

云计算开启了 CDN 架构、设计和应用的新思路。一方面，CDN 可以采用云计算"即需即用"的方式为用户提供服务；另一方面，也可以利用云基础架构重新构建自己的 CDN 平台，获得成本、技术和服务上的综合优势。从目前发展来看，"云计算 +IDC+CDN"正走向一体化，也将成为云网融合的一部分，云计算和 CDN 融合，成为互联网基础架构的一部分，各类终端用户将通过"云计算 +IDC+CDN"模式用最快的速度、最低的成本获取各类内容与服务，并且实现对数据的智能化处理。

3. 云宽带

与传统宽带不同，云宽带将数据、应用、算力存储在云端，用户侧的网关能力也上移至边缘云节点，当用户使用云宽带业务时，不再通过传统宽带进入大网，而是直接访问离自己最近的边缘云，通过边缘云内的软件网关再发起上网流程，并可将大量的应用下沉至边缘云，让应用距离用户更近。云宽带通过将云端的应用与接入网的宽带深度融合，进一步提升用户的上网感知能力。

在某种程度上，云宽带重新定义了宽带，通过云，它改变了传统上网场景中用户只能被动接受电信运营商提供的带宽网速情况，而是利用千兆光宽高带宽、低时延、多切片的优势，进一步将城域网络扁平化，减少了用户访问网络的转接跳数，像切蛋糕一样将一张大网切成了无数个"小三角"，在"单个切片"中满足用户需求。以"云硬盘"为例，它可支持家中多种设备上网，存储、读取数据，相当于在离家最近的电信边缘云端安装了一个专业家庭高端 NAS（网络附接存储），无论是 4K/8K 智能电视视频的播放，还是终端与云盘的互动，其速度都超过千兆网络。

通过云网全程一体化的深度优化，无论是企业上云，还是用户访问云平台，都将带来使用感知的飞跃。"云宽带"用户的使用场景突破了带宽限制，从而真正实现了"宽带定制化""网速我做主"。云宽带体现了"云""网"之间的深度融合，既能够更好地满足广大用户的个性化、定制化需求，又带动了软件研发、人工智能等相关产业的转型升级。

4. 虚拟现实/增强现实

虚拟现实（VR）的本质是创造一个虚拟的三维交互场景，让用户借助特殊的设备体验虚拟世界，并在其中进行自然的交互而不自知。因此，VR 的核心是使人们沉浸在设备发出的光线营造的虚拟世界中。VR 与 5G、人工智能、超高清视频等新一代信息技术加速融合，成为产业高质量发展和智能化变革的重要推手，VR 产业已成为具有巨大发展前景的新兴产业。VR 融合应用了多媒体、新型显示、人机交互、5G、云计算、互联网和人工智能等，能够拓展人类感知能力，赋能消费端和企业端多领域应用，给人们的生活、生产、消费等带来深刻变革。

增强现实（AR）以虚实结合、实时交互为特征，通过测量用户与真实场景中物体的距离并重构图像将计算机生成的虚拟物体或其他信息叠加到真实世界中，从而实现对现实的"增强"。

从短期来看，VR 技术作为娱乐设备应用于 C 端游戏、社交等场景，未来将拓展应用于医疗、教育、传媒、工业互联网、供应链等行业。就 AR 而言，目前面向 C 端的应用还尚未成熟，短期内赋能 B 端的应用（如远程协作）将是主流。

5. 全息通信

近年来，随着全息技术的发展，全息通信正在逐步走向现实。全息显示技术利用干涉法记录物体表面散射光波的相位和振幅等信息，再利用衍射原理重建物体的三维图像。全息通信是利用全息显示技术捕获处于远程位置的人和周围物体的图像，通过网络传输全息数据，在终端处使用激光束投射，以全息图的方式投影出实时的动态立体影像，并能够与之交互的新型通信方式。

全息高精度展示和动态交互效果对全息通信提出了更高要求，具体如下。

（1）对网络的要求

超高带宽：与传统高清和 3D 虚拟视频相比，全息通信传输的流媒体对网络带宽的需求将达 Mbit/s 级，甚至 Tbit/s 级。

超低时延：为了让用户获得身临其境的感觉，全息通信要求网络必须提供低于 1ms 的端到端时延。

高度同步：全息图的生成和传输包含了多个维度的信息，包括视频、音频、触觉、嗅觉、味觉等，只有当各个维度的信息保持严格同步，才能给用户身临其境的感觉。因此，传输过程中来自不同传感器、不同角度的物体生成全息图的各个并发媒体流之间需要保持相当严格的同步。

（2）对算力的要求

全息图由于包含的信息和数据量巨大、信息类型多样，因此对算力提出了更高的要求，这些要求除了会带来极大的带宽负担，还会造成很高的时延。

（3）对网络安全的要求

通过全息通信传输的全息图中含有大量的信息数据，包括人脸特征、声音等敏感信息，需要网络提供绝对安全的保障，而现有安全技术的使用会增加端到端时延。对时延和安全性的折中考虑是未来网络需要面对的难题之一。

随着云计算和 MEC 技术的快速发展，未来，网络可通过在云端和边缘端的快速部署满足全息通信的算力需求。同时 6G 技术的发展将会提供更强大的通信网络，这将逐步使全息通信业务的发展和应用成为可能。

6. 触觉互联网

触觉互联网可以看作是 IoT 的发展。触觉互联网的支撑技术包括 5G 通信、VR、云计算和 AI 等。正是这些技术的发展，才使得触觉互联网有可能成为现实。

触觉互联网通过触觉和感觉为人机交互增加一个新的维度，同时彻底改变机器的交互。触觉互联网使人和机器能够在移动中和特定空间通信范围内实时地与其环境要素进行交互，如人机对话和机器与机器的互动，它有助于实现具有大量工业、社会和商业用例的实时交互系统，改变我们的学习和工作方式。

许多核心基础技术虽然已存在多年，但其广泛应用受到当前网络缺陷的限制。展望 6G 时代应用场景，触觉互联网的到来意味着未来传递的信息将超越图片、文字、声音、视频，可能会传递味觉、触觉，甚至情感，触觉互联网将使 VR/AR 更具沉浸感。

在智能工厂和工业机械的远程操作等工业应用中，触觉互联网将进一步发挥其可能性，实现高度定制产品的高效制造。在医疗保健方面，医生能指挥远程机器人，对病人进行远程身体检查。此外，医生还能接收到触觉反馈，帮助他们进行更精确的工作。

7. 数字孪生

近年来，数字孪生概念得到越来越广泛的传播。同时，得益于物联网、大数据、云计算、人工智能等新一代信息技术的发展，除了航空航天领域，数字孪生技术被应用于电力、船舶、城市管理、农业、建筑、制造、石油天然气、健康医疗、环境保护等多个领域。特别是在智能制造领域，数字孪生被认为是一种实现制造的信息世界与物理世界交互融合的有效手段。数字孪生根据设计工具、物联网技术、虚拟现实技术等将物理学设备的各类特性映射到网站空间中，产生可拆卸、可复制、可迁移、可改动、可删除、可重复操作的数字镜像系统。

数字孪生需要云计算。数字孪生的规模弹性很大，单元级数字孪生可能使用本地服务器即可满足计算与运行需求，而系统级和复杂系统级数字孪生则需要更大的计算与存储能力。云计算按需使用与分布式共享的模式可使数字孪生使用庞大的云计算资源与数据中心，从而动态地满足数字孪生的计算、存储与运行需求。

数字孪生需要边缘计算。边缘计算技术可将部分从物理世界采集到的数据在边缘侧进行实时过滤、规约与处理，从而实现用户本地的即时决策、快速响应与及时执行。结合云计算技术，复杂的孪生数据可被传送到云端进行进一步的处理，从而实现针对不同需求的云－边数据协同处理，进而提高数据处理效率、减少云端数据负荷、降低数据传输时延，为数字孪生的实时性提供保障。

数字孪生是 5G 赋能产业链的重要一环，作为 5G 衍生应用，可以加速物联网成型和物联网设备数字化，与 5G 三大场景之一的大规模物联网需求强耦合。

4.8　云网融合对云的诉求

从以上各行业云计算应用现状、云网融合新兴业务的发展可以看出，云网融合对云提出了以下诉求。

1. 需要构建多层级的云架构，满足不同业务层级对云的诉求

从云的诞生来看，它是集约化和分布式的产物。集约化能体现云的效率，分布式能体现云的协同。从云的应用来看，目前正在经历从中心云向边缘云体系化布局演进，这主要是需求驱动的结果。例如，自动驾驶、CDN、VR 等场景和应用对网络带宽、时延的要求都非常高，如果还是采用集约化方式进行部署，那么对网络的要求将更高，用户的体验会非常差，因此随着大带宽、低时延应用场景的出现，多层级云架构的需求也越来越明显。

2. 需要构建云的融合网络边界，支持不同接入方式

在云网融合场景下，云资源池的边界越来越复杂，需要支持用户不同的网络接入方式，满足不同的应用场景；需要构建清晰、安全、融合的网络边界，以适配不同的业务接入和云间互联需求。

3. 需要考虑云边协同、云云协同、边边协同机制

不管是企业自建云还是租用云服务商的云，可能都存在不同层级云之间业务定位和云资源池资源调度的问题，这就需要建立对不同云节点的协同机制，那么云的管理和调度就显得尤为重要。

4. 需要考虑多云管理

从最初采用私有云到逐步接受公有云，再到混合云模式成为主流的政府和企业云模式，企业对云形态的管理也成为一大问题。同时云资源池节点也越来越多，需要建立多朵云的管理机制，以便形成对不同应用承载的高效管理和多云互通。目前，企业已经逐步从纯公有云或纯私有云逐步向公私混合云模式演进，此时多云管理及多云互通显得尤为重要。

4.9　云对网的需求

随着企业数字化转型的加速，云网协同要求会逐步提高，应用部署到云上，云对网络的需求更加强调灵活定制和快速交付能力，可以从网络性能、网络可用性、网络智能性、适配能力和网络安全 5 个维度来考量。

1. 网络性能

网络性能是指网络支撑云业务的基本性能要求，包括网络覆盖、网络带宽等指标。

（1）网络覆盖

有线／无线网络的覆盖程度能满足云向边缘延伸和扩展，确保"云到哪儿、网到哪儿"。

（2）网络带宽

提升网络的可管、可控和智能化水平能按需提供有保障的网络带宽，根据云的需求灵活适配网络带宽。

2. 网络可用性

网络可用性是指网络面向云业务持续提供可靠连接服务的能力，主要包括SLA（服务等级协定）保障和差异化保障等。

（1）SLA 保障

SLA 保障提供与业务匹配的确定性质量，尤其是为高等级业务提供高质量保障，从而满足客户对网络质量的特定要求。

（2）差异化保障

差异化保障是指网络面向云业务提供差异化的连接服务质量，通过多层冗余备用、多路由、QoS 机制、资源动态调度等技术实现多种等级的服务。

3. 网络智能性

网络智能性是指传统网络为满足云的灵活多变需求，在智能化方面需要提升的能力，包括弹性伸缩、闭环自动化、网络可编程、故障快速发现和流量自动切换、全局网络资源动态优化等。

（1）弹性伸缩

网络的覆盖程度、带宽等性能可以随着客户和业务的要求按需进行调整和扩／缩容。

（2）闭环自动化

网络操作整体闭环，实现自动化开通、故障定位和排除等功能，减少人工干预，提高网络性能。

（3）网络可编程

网络服务在协议、性能、功能、覆盖等方面可以被程序化描述和实现。

（4）故障快速发现和流量自动切换

故障出现时可快速定位，并实现负载的自动切换，从而保证网络性能的稳定，避免影响客户体验。

（5）全局网络资源动态优化

网络资源可以根据云业务的需求量、用户访问量等因素实现动态的实时优化。

4. 柔性适配能力

柔性适配能力是指网络能力服务可以一站式开通、终止，且服务的种类、功能、性能等可以便捷变更，包括快速开通、原子能力服务化和整体化网络供给等。

（1）快速开通

从云的需求出发，自动实现网络资源的调配和开通，实现云网资源的一体化开通，最大程度缩短业务上线时间。

（2）原子能力服务化

网络能力可拆解为原子能力，并可通过统一封装，将这些原子能力进行组合和编排，使其被云业务所调用。

（3）整体化网络供给

从云端角度，网络应该是可配置、可调整的，可以按需进行网络调度和选路，而不是固定配置的网元或网络连接。

5. 网络安全

网络安全是指网络为云业务提供的网络本身的安全保障，包括地址与标识安全、协议安全、身份安全等。

（1）地址与标识安全

地址与标识安全具备访问控制等措施，识别并阻止恶意地址，确保地址与标识真实、可信。

（2）协议安全

协议安全采用密码技术保证通信分组中数据的完整性、合法性和机密性，保证通信数据和网络协议的安全性。

（3）身份安全

身份安全采用网络准入控制等措施，实现用户身份识别、追溯及行为审计，确保用户身份的真实、可信。

云对网的需求如图 4.5 所示，为缩小及消除上述能力的差距，尤其需要提升网络可用性中的 SLA 保障、网络智能性中的弹性伸缩和网络可编程、柔性适配能力中的原子能力服务化等方面的能力。

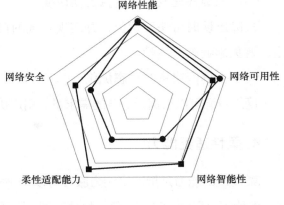

图 4.5　云对网的需求

4.10　云网融合背景下云的规划设计

在云网融合背景下，云的规划设计需考虑云资源池的布局、云资源池的产品能力及建设规模。

4.10.1　云资源池的布局

无论是云服务提供商，还是政府、企业用户，在云资源池的布局上均可考虑根据不同的业务需求进行多层级的算力布局。

对于云服务提供商，需提供多层级的算力布局，以满足不同行业用户、家庭用户及个人用户的差异化的云业务需求，故可考虑采用大区集约＋省级集约＋地市边缘＋区县／客户园区边缘的云部署方式，在不同的网络层级，满足不同的云业务承载需求，其算力目标布局如图 4.6 所示。

图 4.6　算力目标布局

　　对于企业客户，则需根据各自内部组织架构及业务需求考虑云资源池的布局层级。以医疗卫生行业为例，大型医院可能存在自建集约云资源池的需求，同时考虑灾备中心，则可考虑采用两地三中心或是同城双 AZ 的布局。以某省级政府单位为例，其组织架构多数实行垂直管理，其云业务的承载则可考虑构建省、市、县的统一技术架构的多层级云资源池布局，以集约 + 分布式云资源池协同的机制承载业务。

4.10.2　云资源池的产品能力

　　常见的云资源池的产品主要包括云主机、云存储、云桌面。

1. 云主机

　　云主机是基于云数据中心基础设施，提供按需租用 / 按需建设的共享或独

125

享的 IT 基础资源（计算、存储、网络等），具有快速部署、按需租用、自助服务、安全可靠的特点。用户可以通过自服务门户便捷地进行资源申请、资源管理与监控，快速部署应用，并根据需求动态、弹性扩展租用资源。

2. 云存储

云存储产品为对象存储。基于对象存储，用户可以在任何地方通过互联网对数据进行管理和访问。

（1）定义

云存储是一种海量、弹性、高可用、高性价比的存储服务，提供了基于 Web 门户和基于 REST 接口的两种访问方式，用户可以在任何地方通过互联网对数据进行访问和管理。

（2）特点

用户可在线实时扩展，包括存储容量、请求次数和流出流量。

（3）应用场景

大容量数据存储（PB 级）；图片、音 / 视频大文件存储；数据归档和备份。

3. 云桌面

云桌面是依托云网资源及桌面虚拟化技术，通过 App 形式把云端计算机集成到个人移动终端中的，提供和 PC（个人计算机）一样的配置（包括 vCPU、内存、磁盘）及 Windows 操作系统，使移动终端秒变"计算机"。用户可以像使用自己的计算机一样使用云计算机，随时随地使用移动终端的云计算机 App 进行移动办公、休闲娱乐，享受"口袋计算机"般的便捷。

用户无须购买实体计算机，通过移动端的云桌面 App 即可快速访问和调取云端资源。

云桌面的应用场景主要包括以下几个。

（1）个人移动办公

外出或在家中办公，无须携带计算机，通过手机客户端可随时随地接入云端计算机进行操作，轻松调用云端丰富的资源，实现智慧口袋办公；更可通过手机外接扩展坞、显示器、键盘、鼠标等外设，还原完整 PC 桌面体验。

（2）个人影音娱乐

在家中通过手机或平板计算机 /iPad 安装云计算机应用并投屏到电视机，随心观看视频、上网冲浪或参加在线课程，通过熟悉的 Windows 操作系统，实现家庭娱乐、教育资源的一步直达。

（3）企业办公

企业后台应用集中部署，可以通过云桌面为员工提供使用 PC 一样的感觉，而不需要独立的主机。云桌面在办公场景应用较多，如企业的营业厅、企业客服、政府的政务服务大厅等。

4.10.3 云资源池的建设规模

云资源池的建设规模需根据具体业务需求（主要包括计算资源能力需求及存储资源能力需求），兼顾承载业务的特性，采用不同的测算模型进行计算。

下面列举几种云资源池建设方案相关内容。

1. 计算服务器建设方案相关内容

计算服务器建设方案相关内容如表 4.1 所示。

表 4.1 计算服务器建设方案相关内容

序号	指标名称	计算公式	单位	数值	备注
X1	vCPU总需求数		个		数值=实际业务需求
S1	单台宿主机服务器CPU路数		路		数值取拟采用服务器的CPU颗数
S2	每路CPU物理核数		核		数值取拟采用服务器单个CPU的核数
S3	超线程比				建议值为2
A1	总线程数	$A1=S1 \times S2 \times S3$			

序号	指标名称	计算公式	单位	数值	备注
S4	软件开销线程数				根据各虚拟化产品或云服务提供商的软件开销填写数值
A2	实际可用线程数	A2=A1−S4			
S5	超配比				行业应用系统建议取3~6
A3	每台宿主机服务器可以虚拟出的vCPU个数	A3=A2×S5	个		
X2	虚拟化宿主机服务器数量	X2=X1/A3，向上取整	台		
X3	管理服务器数量		台		根据各厂商管理节点计算方式、计算节点数量及现状情况相应调整
X4	服务器数量小计	X4=X2+X3	台		

2. 分布式存储建设方案相关内容

分布式存储建设方案相关内容如表4-2所示。

表 4.2　分布式存储建设方案相关内容

序号	指标名称	计算公式	单位	数值	备注
A1	宿主机服务器数量		台		
A2	每台宿主机服务器可以虚拟出的vCPU个数				
A3	每个vCPU需求存储容量		TB		建议每个vCPU取0.05~0.1TB
A4	副本数			3	以三副本为例
S1	虚拟机系统总需求容量	S1=A1×A2×A3×A4	TB		
A5	存储复用比			1	建议为1
S2	虚拟机系统存储实际需求容量	S2=S1/A5			
S3	分布式存储新增数据存储有效需求		TB		数值=规划需求

续表

序号	指标名称	计算公式	单位	数值	备注
S4	实际需求容量	S4=S3×A4			
A6	单台分布式存储服务器存储	每台服务器×块×TB数据盘	TB		数值=单台服务器的存储容量
A7	系统消耗			15%	
S5	分布式存储服务器数量	S5=(S2+S4)/A6/(1−A7)	台	0	至少3台

3. 管理节点服务器建设方案

不同的云服务提供商或不同的云设备提供商通常对管理节点服务器的资源存在差异化的需求。目前，主流的云服务提供商的云平台管理节点服务器采用冗余架构设计，通过两节点方式提供云平台整体管理的可能性。两台管理节点服务器通过 HA（高可用性集群）方式部署，最大可支持数千台，乃至上万台计算节点服务器纳管，管理节点服务器的主要作用是对计算节点资源进行统一管理。管理节点服务器可复用计算节点服务器；可独立部署管理节点服务器。

4. 虚拟化软件部署方案

主流虚拟化软件包括 VMware、Hyper-v、XEN、KVM 等。其中 VMware 性能最强，技术上处于领先地位，但价格相对较高；Hyper-v 和 XEN 能满足大多数应用要求，性价比较高；XEN 和 KVM 为开源软件。

近年来，以 KVM 和 XEN 为代表的开源虚拟化产品快速发展，它们在功能上与商业虚拟化软件产品的差异逐渐缩小，特别是 KVM，凭借其先天架构优势，以及与开源管理平台 OpenStack 较高程度的契合，发展迅猛。目前，市场上云平台原生支持 KVM 虚拟化技术的厂商及云服务提供商较多，以此支持数据中心虚拟化需求，适应不同重要性的业务部署。

在进行云平台建设时，企业应根据自身的经济条件及对虚拟化软件管理相关要求进行选择，通常虚拟化软件的授权按照宿主机服务器的 CPU 颗数进行配置。

5. 网络设备建设方案

云服务提供商采用的云资源池网络架构也存在个性化的差异；同样，不同行业云也会存在组网方案上的差异。目前，常见的云资源池网络架构多数会采用两级架构，即核心层＋接入层，通常可能涉及的网络设备包括核心交换机、业务／存储／管理接入交换机、专线接入交换机、管理汇聚交换机、带外管理交换机等，典型的云资源池云内网络组网架构如图 4.7 所示。

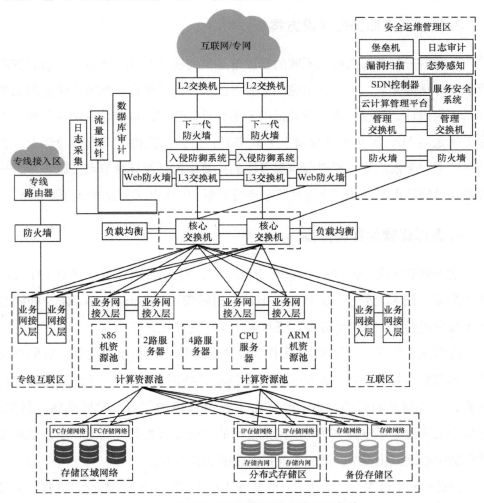

图 4.7 典型的云资源池云内网络组网架构

在云资源池的组网中，比较常见的网络设备端口为 100GE、40GE、25GE、10GE、GE（光口）及 GE（电口）。云资源池的网络设备数量及设备配置需根据具体的组网拓扑来确定，具体电路带宽则根据承载业务流量来确定。通常云资源池承载的业务较多，故建议成对部署网络设备，避免单节点故障风险。若资金允许，在板卡的配置上，可考虑一定的冗余。

6. 云资源池安全建设方案

云资源池的安全包括区域边界安全、计算环境安全、运维管理安全 3 个方面。

区域边界安全重点是网络安全，包括边界防护、访问控制、入侵防范等，可通过在网络边界部署下一代防火墙、入侵防御系统、Web 防火墙等设备进行防护。

计算环境安全包括身份鉴别、恶意代码和垃圾邮件防范、数据安全等，可通过日志审计、接入认证、统一认证等措施保障。

运维管理安全，云资源池的规模一般较大，运维管理安全也非常重要，防护措施包括采用堡垒机、日志审计等。

第 5 章

云网融合之网的发展

5.1　网的发展现状

5.1.1　网络整体架构

现有网络主要包括宽带网络与移动网络两张网络，网元根据不同角色与功能部署于不同层级的机楼内，网元间的链路由 OTN 及 ROADM/WDM（可重构光分插复用器 / 波分复用 ）、MSTP/SDH（多业务传送平台 / 同步数字系列 ）等传输网络承载。运营支撑系统用于实现城域内网元的配置及管理，包括开通服务类、资源管理类及网络管理类。

典型的运营商网络架构如图 5.1 所示。

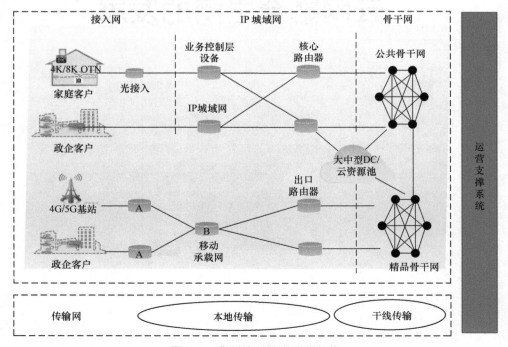

图 5.1　典型的运营商网络架构

134

（1）接入网包括有线接入网和无线接入网，主要实现用户侧与运营商网络的连接。有线接入网目前以光纤网络为主，无线接入网以 4G/5G 无线网为主。企业用户的接入以光宽网络为主、以移动网络为辅，用户侧通过 CPE（用户驻地设备）接入运营商的承载网络（或光纤网络）。同时随着 4G/5G 演进，设备联网应用增多，物联网接入以 4G 为主，5G 物联网应用随着城市管理和工业应用场景增加不断发展起来。

（2）IP 城域网定位于有线宽带承载网，家庭宽带和专线用户通过全光接入网络上联至业务控制层设备，通过城域网汇接至城域核心路由器，城域网出口通过 BGP 连接至骨干网。

（3）移动承载网定位于无线业务承载网，4G/5G 基站和专线用户通过接入环上联至承载汇聚设备，通过高速链路上联至移动承载网出口路由器，进而通过骨干网上联至核心网。

现有城域网波分系统使用传统 OTN/WDM 设备组网，支持点到点、环形、Mesh 等各种组网结构；设备端口丰富，支持 SDH、OTN、以太网、视频业务、CPRI（通用公共无线接口）业务等类型，组网结构和端口类型丰富，但价格相对较高。

5.1.2　有线网络现状

1. 现状与定位

（1）骨干网

骨干网是指用来连接多个城域网及地区网的高速承载网络，每个骨干网都部署了与其他 Internet 骨干网进行包交换的连接点。不同的运营商都拥有自己的骨干网，以独立于其他网络运营商。目前我国的骨干网有中国公用计算机互联网、中国移动互联网、中国联通互联网、中国教育和科研计算机网、中国科技网、中国长城互联网、中国国际经济贸易互联网、中国国家公用经济信息通信网。

当前大型运营商的 IP 骨干网负责数据的分组和转发，作为城域网的上一级网络，是城域网访问外网的出口及城域网之间互通的枢纽。IP 骨干网采用层次化设计，分为 IP 省干网和 IP 国干网，IP 省干网互联省内所有城域网，IP 国干网互联所有省干网和国际互联关口局、运营商互联关口局。

（2）城域网

城域网就是在城市范围内，以 IP、OTN 通信技术为基础，以光纤作为传输媒介，集数据、语音、视频服务于一体的高带宽、多功能、多业务接入的多媒体通信网络。它主要为互联网用户群的宽带高速上网业务提供服务，同时，也可以满足政府机构、大中小学校、企业等对高速率、高质量数据通信业务日益增加的需求，特别是互联网用户群对宽带高速上网的需求。

城域网是由城域内路由器、以太网交换机等设备组成的网络，介于 IP 骨干网与接入承载网之间，提供多种业务的城域内互联，以及骨干网的接入，并且保证各类业务的安全性和服务质量，实现业务分流、感知和控制能力。

（3）接入网

接入网是整个运营商基础网络中规模较大的部分，其投资在运营商基础网络建设投资中占很高的比重。它是整个基础通信网的窗口，也叫作"最后一公里"。接入承载网由 SNI（业务节点接口）和相关 UNI（用户 – 网络接口）之间的一系列传送实体（如线路设施和传输设施）组成，是为传送电信业务提供所需传送承载能力的实施系统。接入承载网建设涉及传输方式、应用场合、建设及维护成本等多个方面。接入承载网的规划建设，既要考虑它与现存网络的关系，还要考虑未来网络的发展。

① 有线接入网目前主要采用光纤方式来实现接入，以光纤作为传输媒介，实现光纤到路边（FTTC）、光纤到大楼（FTTB）和光纤到家（FTTH）等多种形式的接入。

② 光纤接入网从技术上可分为两大类，即有源光网络（AON）和无源光网络（PON）。AON 又可分为基于 SDH 的 AON 和基于 PDH（准同步数字系列）的 AON；PON 可分为窄带 PON 和宽带 PON。光纤多采用 FTTX 接入方式，

FTTX 不是具体的接入技术，而是光纤在接入网中的推进程度或使用策略。根据光纤深入用户群的程度，可将光纤接入网分为 FTTC、FTTZ（光纤到小区）、FTTB、FTTO（光纤到办公室）和 FTTH，它们统称为 FTTX。光纤接入网，特别是 FTTH，其优点是频带宽、容量大、信号质量好、可靠性高、可以提供多种业务（甚至未来宽带交互型业务）、是实现 B-ISDN（宽带综合业务数字网）的最佳方案，也正因为如此，FTTH 被认为是接入网的发展方向。

2. 主要技术

（1）IPv6

IP 技术从诞生到现在已经有多个版本，但常被人们提及的只有 IPv4 和 IPv6。IPv4 是目前应用规模最大的版本，而 IPv6 是当前正在推广的版本。IPv6 的"6"表示的是 TCP/IP 的第 6 个版本，IPv4 的"4"表示的是 TCP/IP 的第 4 个版本，除了这两个版本，还有其他版本，这些不同版本之间并没有太大的关联。

IPv4 之前的 IPv1 ～ IPv3 版本的内容现在已经很难找到，鲜有资料对这些版本的内容作介绍。IPv3 和 IPv4 最为接近，IPv4 在 IPv3 定义的基础上又进行了一些删减，最终定稿。1983 年 1 月 1 日 IPv4 得以正式部署，1984 年，美国国防部将 TCP/IP 作为所有计算机网络标准，很快 IPv4 成为互联网的标准协议。

然而 IPv4 网络的发展速度出乎了人们的预料，尤其是发展中国家的崛起，互联网的需求扩大，IPv4 地址面临紧缺问题，有人也预测大概到什么时候 IPv4 地址会被用尽，而且按照这样的速度发展下去，IPv7 的 64 位 IP 地址分配也会很快遇到瓶颈，于是大家将目光投向了 IPv6，IPv6 有 128 位 IP 地址长度，据说足够为世界上的每一粒沙子分配一个 IP 地址，所以 IPv6 作为下一代协议获得了极大关注。

目前 IPv4 地址已被分光，物联网又迫切需要发展，IPv6 被推上历史舞台，全网展开了 IPv6 改造热潮。2021 年 7 月，中共中央网络安全和信息化委员会办公室等部门印发《关于加快推进互联网协议第六版（IPv6）规模部署和应用工作的通知》，该文件提出，到 2025 年年末，全面建成领先的 IPv6 技术、产业、设施、应用和安全体系。IPv6 活跃用户数达到 8 亿，物联网 IPv6 连接数达到 4 亿。移动网络 IPv6 流量占比达到 70%，城域网 IPv6 流量占比达到 20%。截至 2022 年 6 月底，全球 IPv6 的活跃用户数占网民数的比重已经超过 31%。

（2）MPLS

MPLS 技术是结合二层交换和三层路由的 L2/L3 集成数据传输技术，它引入了基于标签的机制，将路由选择和数据转发分开，由标签来规定一个分组通过网络的路径。MPLS 最初应用在基于三层交换的 IP 核心网络，主要为了解决路由转发速度问题。传统的 IP 数据网是无连接的网络，路由器根据所接收到的每个包的地址去查找匹配的下一跳，并进行相应的转发。但由于路由器使用的是最长前缀匹配地址搜索，无法实现高速转发，因此引入了 MPLS 技术以实现其高速转发。MPLS 技术的工作原理是给每个 IP 数据包提供一个标记，并由此决定数据包的路径及优先级。这样兼容 MPLS 技术的路由器，在将数据包转送到其路径前，仅读取数据包标记（无须读取每个数据包的 IP 地址及标头），然后将所传送的数据包迅速传送至终点的路由器，进而降低数据包的时延。

MPLS 网络由核心部分的 LSR（标记交换路由器）、边缘部分的 LER（标记边界路由器）组成。LSR 可以看作 ATM 交换机与传统路由器的结合，由控制单元和交换单元组成；LER 的作用是分析 IP 包头，决定相应的传送级别和标签交换路径。标签交换的工作过程可概括为以下 3 个步骤。

① 由 LDP（标签分发协议）和传统路由协议（OSPF、IS-IS 等）共同在 LSR 中建立路由表和标签映射表。

② LER 接收 IP 包，实现第三层功能，并给 IP 包加上标签；在 MPLS 出口的 LER 上将分组中的标签去掉后继续进行转发。

③ LSR 对分组不再进行任何第三层处理，只是依据分组上的标签通过交换单元对其进行转发。

在数据技术的不断发展及路由器性能的不断提高下，路由的高速转发已经没有问题，MPLS 技术的优势更多地体现在实现数据业务的服务质量、实施流量工程及组建 VPN 上。

　　MPLS VPN 采用标签交换，一个标签对应一个用户数据流，非常易于实现用户间数据的隔离，利用区分服务体系可以轻易地解决传统 IP 网络的 QoS/CoS（服务类别）问题。MPLS 自身提供流量工程的能力，可以最大限度地优化网络资源配置，自动快速修复网络故障，提供高可用性和高可靠性。MPLS 为电信、计算机、有线电视网络三网融合提供了基础，是目前唯一可以提供高质量数据、语音和视频相融合的多业务传送、包交换的网络平台。因此基于 MPLS 技术的 MPLS VPN，在灵活性、可扩展性、安全性方面具有明显优势。此外，MPLS VPN 提供灵活的策略控制，可以满足不同用户的特殊要求，快速实现增值服务，与其他广域 VPN 相比，在带宽价格比、性能价格比方面也具有较大的优势。

　　（3）SR/SRv6

　　新一代网络的目标是构建灵活的网络，满足简单、高可靠、可编程的诉求。传统的 MPLS 存在以下问题：LDP 和 IGP（内部网关协议）之间交付复杂，LDP 不支持流量工程；RSVP-TE（基于流量工程扩展的资源预留协议）不支持负载分担，隧道各个节点都会维护自己的邻居、链路状态，控制面复杂；传统的MPLS RLFA（远程无环路备份）不能100% 覆盖拓扑，并且存在微环问题。为了解决传统的 MPLS 存在的问题，满足新一代网络的要求，分段路由（SR）应运而生。

　　SR 是基于源路由理念而设计的、用于在网络上转发数据包的一种协议。SR 将网络路径分成一个个段，并且为这些段和网络中的转发节点分配段标识（SID）。对段和网络节点进行有序排列，就可以得到一条转发路径。

　　SR 将代表转发路径的段序列编码在数据包头部，和数据包一起传输。接收端接收到数据包后，对段序列进行解析。如果段序列的顶部 SID 是本节点，则弹出该标识，然后进行下一步处理；如果不是本节点，则将数据包转发到下一节点。

　　SR 具有如下优势。

　　① 面向 SDN 架构设计，算路最优。SR 融合了设备自主转发和集中编程控

制的优势，能够更好地适应业务驱动的网络。SDN 集中式算路解决了 RSVP-TE 的分布式算路机制问题，具有最优性、可预见性、收敛时间快的优势。

② 控制面简单，设备压力小，运营成本低。SR 使用控制器和 IGP 进行集中算路和分发标签，不需要 RSVP-TE、LDP 等隧道协议。传统 MPLS TE 是一种面向连接的技术，为了维护连接状态，节点间需要发送和处理大量 Keepalive 报文，设备控制层面压力大。而 SR 仅在头节点对报文进行标签操作即可任意控制业务路径，中间节点不需要维护路径信息，设备控制层面压力小。此外，SR 的标签数量少，为全网节点数 + 本地邻接数，只和网络规模相关，与隧道数量和业务规模无关。

③ 高可靠性。在 SR 技术的基础上结合 RLFA 和 FRR（快速重路由）算法，形成高效的 TI-LFA（与拓扑无关的无环路备份）FRR 算法。TI-LFA FRR 支持任意拓扑的节点和链路保护，能够弥补传统隧道保护技术的不足。

SRv6 基于 IPv6 转发面在 IPv6 报文中插入一个段路由扩展头（SRH），再在 SRH 中压入一个显式的 IPv6 地址栈，通过中间节点不断地进行更新目的地址和偏移地址栈的操作来完成逐跳转发。SRv6 与 SR-MPLS 的区别是，SR-MPLS 用 MPLS 表示 SID，SRv6 用 IPv6 地址表示 SID。SRv6 还具有如下优势。

① 去 MPLS，协议简化。SRv6 彻底去标签化，隧道及业务均通过 SRv6 SID 统一承载；无缝部署 IPv6 业务。SRv6 完全融入 IPv6，只需在 ingressPE 和 egressPE 部署 VPN 业务，中间设备保证 IPv6 可达即可。利用 IPv6 的路由可达性的天然优势，有助于大规模、跨网络端到端部署业务。对于 SRv6，只需要支持 IPv6 就可以建立端到端的 SRv6-BE 隧道；对于 SRv6-TE 隧道，只要指定的 SRv6 SID 不包括不支持 SRv6-TE 的节点 / 链路，就可以建立端到端的 SRv6-TE 隧道。

② 可编程能力强。通过 SRH 中的 Segment list 可以实现网络路径可编程，通过 Function 字段可以实现业务可编程。

SRv6 与 SR-MPLS 技术对比如表 5.1 所示。

表 5.1　SRv6 与 SR-MPLS 技术对比

	SR-MPLS	SRv6
控制面	IPv6	IPv6
转发面	MPLS	IPv6
大规模部署	复杂	简单
SR 标签	复杂（3层标签：VPN/BGP/SR）	简单（IPv6头统一表示）
传统网络互通	复杂（IPv6/MPLS/BGP-LU）	简单（只有IPv6）
管理控制	面向SDN	面向SDN
可编程	复杂	灵活
可靠性	TI-LFA	TI-LFA
ECMP（等价多路径路由）	支持，基于熵标签，有标签层数限制	支持，基于五元组，散列效果好

（4）EVPN（以太网虚拟专用网络）

① EVPN 技术优势

EVPN（Ethernet VPN）统一了各种 VPN 业务的控制面，利用 BGP 来传递二层或三层的可达性信息，实现了转发面和控制面的分离。EVPN 将 IP VPN 的技术优势引入以太网中，在实现二层转发的同时，继承了 IP VPN 的优势，很好地满足了可用性、可扩展性、带宽利用率和运维简化方面的需求。EVPN 可以支持二层点到点（E-Line）、二层点到多点（E-Tree）、L3 VPN 等业务的承载。

EVPN 主要优势如下。

- 统一承载。传统的 L3 VPN、VPLS、VPWS 需要分别部署 BGP、LDP 等，EVPN 只需部署 EVPN BGP。

- 简化部署。利用 BGP 的 RR（轮询调度）特性，运营商网络的 PE（运营商边缘设备）之间不再需要建立全连接，只需要部署反射器反射 EVPN 路由即可，从而减少了网络部署成本。传统的 VPLS/VPWS 每台 PE 都需要和其他所有 PE 建立邻居关系。

- 灵活的策略控制。通过 BGP 的路由策略匹配 BGP 路由属性，EVPN 可以灵活控制业务；而通过增加扩展团体属性，BGP 路由可以携带 color 属性，应用于 SR Policy，根据业务不同的 SLA 自动迭代 SR Policy。

- 集成的路由与桥接转发。MP-BGP 同时发布二层 MAC（介质访问控制）地址和三层路由信息，既可以进行二层转发，又可以进行三层路由，不仅可以保证流量采用最优路径转发，还可以减少广播流量。

- 减少泛洪。通过 BGP 学习 MAC 路由，避免 EVPN 通过流量泛洪的方式学习 MAC 路由。

- 负载分担。传统的 VPLS/VPWS 方案只支持单活转发；EVPN 支持 E-LAN/E-Line 业务的多归属负载分担转发；在 CE（用户网络边缘设备）多归属组网中，PE2、PE3 链接同一 CE2 的链路，配置成相同的 ESI（以太网段标识），通过以太网自动发现路由（Ethernet Auto-Discovery Route）发布到其他 PE1。PE2 发布 MAC 路由时，携带 ESI 信息，PE1 通过以太网自动发现路由感知到 PE3 也可以到达 CE2，即可以形成负载分担。

- 快速收敛。在 PE 节点、PE-CE 链路发生故障时，EVPN 可以支持快速收敛，收敛时间与 MAC 数量无关。

② EVPN 与传统的 MPLS VPN 技术对比

传统的 MPLS VPN 解决方案针对用户不同的二、三层业务场景往往需要分别部署多种业务承载方案，如二层点到点采用 VPWS 技术、二层点到多点采用 VPLS 技术、三层业务采用 L3 VPN 方案。当用户网络中存在多种业务模型时，方案部署复杂，配置烦琐。EVPN 作为一种用于二层网络互联的 VPN 技术，兼具承载三层路由的能力，能够将二、三层业务统一承载，从而大大降低了网络部署的复杂度，并简化了网络配置。

与传统的 MPLS VPN 技术相比，EVPN 有着明显的技术优势，具体如下。

- EVPN 侧通过控制面学习（多张 MAC 表，控制更精细化），MPLS VPN 技术通过数据面泛洪学习（一张 MAC 表）。

- EVPN 可以实现双活，MPLS VPN 只能主备；EVPN 侧有多条路径，

MPLS VPN 路径单一。

- EVPN 收敛速度比 MPLS VPN 更快。
- EVPN 通过扩展的 BGP 发现邻居，PE 只需要和 RR（路由反射器）建立邻居关系；MPLS VPN 需要所有 PE 之间 Full-Mesh 配置。

（5）PON(无源光网络) 技术

PON 又称被动式光纤网络，是光纤通信网络的一种。PON 系统结构主要由中心局的 OLT(光线路终端)、包含无源光器件的光分配网（ODN）、用户端的光网络单元 / 光网络终端（ONU/ONT，二者区别为 ONT 直接位于用户端，而 ONU 与用户之间还有其他网络，如以太网）及网元管理系统（EMS）组成，通常采用点到多点的树形拓扑结构。在下行方向，IP 数据、语音、视频等多种业务由位于中心局的 OLT 采用广播方式，通过 ODN 中的 1 : N 无源光分配器分配到 PON 上的所有 ONU。在上行方向，来自各个 ONU 的多种业务信息互不干扰地通过 ODN 中的 1 : N 无源光合路器耦合到同一根光纤，最终送到位于中心局的 OLT，类似于点到点的结构。

PON 的突出优点是消除了户外的有源设备，所有的信号处理功能均在交换机和用户住宅内设备中实现。而且这种接入方式的前期投资小，大部分资金要推迟到用户真正接入时才投入。它的传输距离比有源光纤接入系统的传输距离短，覆盖的范围较小，但它造价低，无须另设机房，容易维护。因此这种结构可以方便又经济地为居家用户服务。

PON 的复杂性表现在对信号的处理上。在下行方向上，交换机发出的信号是以广播形式发给所有的用户；在上行方向上，各 ONU 必须采用某种多址接入协议（如时分多路访问协议）才能完成共享传输通道信息访问。目前用于宽带接入的 PON 技术主要有 EPON、GPON 及 10G EPON。

① EPON

IEEE(电气电子工程师学会) 成立了第一英里以太网（EFM）研究组，在光纤接入网方面推出 EPON(以太网无源光网络)，为市场展示了很好的前景。该研究组归属于制定以太网标准的 IEEE 802.3 研究组，于 2004 年 4 月推出了 EPON 的标准 IEEE 802.3ah，上、下行速率分别为 1Gbit/s 和 1.25Gbit/s（采用 8 字节 /10 字节编码后，线路速率为 1.25Gbit/s），结束了各 EPON 厂家采用私有协议开发设备的无标准状态。

IEEE 802.3ah 中的物理层既包括点对点（P2P）连接的光纤与铜线，又包括用于点对多点（P2MP）的 PON，还包括 OAM（操作、管理和维护）机制。对于 P2MP 网络拓扑，EPON 基于多点控制协议（MPCP）机制，利用消息、状态机和定时器来控制向 P2MP 网络拓扑的接入，在 P2MP 网络拓扑中，每一个 ONU 都有一个 MPCP 实体，它与 OLT 中的 MPCP 实体进行通信。

EPON/MPCP 的基础是点到点仿真子层，它使一个 P2MP 网络看上去如同 P2P 链路向较高协议层的集合。

EPON 是基于以太网技术的宽带接入网络，它利用 PON 的拓扑结构实现以太网的接入。关键技术主要包括上行信道的 MPCP、ONU 的即插即用、OLT 的测距和时延补偿协议等。

为了降低 ONU 的成本，EPON 物理层的关键技术集中在 OLT，包括突发信号的快速同步、网同步、光收发模块的功率控制和自适应接收等。

EPON 融合了 PON 和以太数据产品的优点，形成了许多独有的优势。EPON 系统能够提供高达 1Gbit/s 的上下行带宽，可以满足未来相当长时期内用户的需要。由于 EPON 采用复用技术支持更多的用户，因此每个用户可以享受到更大的带宽。EPON 系统不采用昂贵的 ATM（异步传输模式）设备和 SONET（同步光网络）设备，能与现有的以太网相兼容，大大简化了系统结构，成本低，易于升级。无源光器件的寿命很长，因此户外线路的维护费用大大减少。标准的以太网接口可以利用现有的价格低廉的以太网设备，且 PON 结构本身就决定了网络的可升级性比较强，只要更换终端设备，就可以使网络速率升级到 10Gbit/s 或者更高。EPON 不仅能综合现有的有线电视、数据和话音业务，还能兼容未来业务，如数字电视、VoIP、电视会议和 VOD（视频点播）等，实现综合业务接入。

EPON 承载与其他接入技术的综合运用进一步丰富了宽带接入技术解决方案：

EPON 能使 DSL（数字用户线）突破传统距离限制，扩大覆盖范围。当把 ONU 集成到数字用户线接入复用器（DSLAM）时，DSL 可以到达的范围和其潜在用户群都会大大增加；

通过集成 ONU 的电缆调制解调器终端系统（CMTS），EPON 可以用来给现有的电缆连接提供带宽，而且可以让有线电视运营商实现真正意义上的交互式服务，同时降低建设和运营成本。

在上述两种情况中，运营商都可以在它们现有的网络结构和投资的基础上增加用户群体。EPON 还可以在距离上拓展点到点的多服务提供平台（MSPP）和 IP/Ethernet。

② GPON

2001 年，FSAN（全业务接入网论坛）启动了一项新的工作，对工作在 1Gbit/s 以上的 PON 进行标准化。除支持高速率以外，整个协议一直是开放的，以便重新考虑和寻找在支持多业务、OAM&P（运行、管理、维护和供给）功能和扩展等方面最有效的方案。FSAN 先汇集了其所有成员（包括世界各地的主要运营商）的要求，然后在此基础上写出 .gsr 文件，并作为正式建议提交给 ITU-T（国际电信联盟电信标准化部门）。在 .gsr 文件中描述的 GPON 主要需求如下。

- 支持全业务：包括语音（TDM、SONET/SDH）、以太网（10/100Base-T）、ATM、租用线等。
- 覆盖的物理距离至少为 20km，逻辑距离限于 60km 以内。
- 用同一协议可支持各种比特率，包括对称 622Mbit/s、对称 1.25Gbit/s、下行 2.5Gbit/s 与上行 1.25Gbit/s 及其他比特率。
- 能提供端到端业务管理的 OAM&P 强大功能。
- 由于 PON 的广播特性，在协议层面要保证下行业务的安全性。

FSAN 提出，GPON 标准的设计应实现如下目标。

- 帧结构速率可以从 622Mbit/s 扩展到 2.5Gbit/s，并支持不对称比特率。
- 对任何业务都保证高带宽利用率和高效率。
- 把任何业务（TDM 和分组）都通过通用成帧协议（GFP）封装入

125μs 的帧中。

- 对纯 TDM 业务进行高效率的无开销传送。
- 通过带宽指针为每一个 ONU 动态分配上行带宽。

由于 GPON 一开始就自下而上地重新考虑了 PON 的应用和要求，为新的方案奠定了基础，不再基于早先的 APON 标准，故有些厂家将其称为 Native PON（本色模式 PON）。它既保留了与 PON 不直接相关的许多功能，如 OAM 消息等，又基于全新的 TC（传输汇聚）子层。由于 GFP 可以提供高效简单的方式在同步传送网上传送不同业务，故将它用作 GPON TC 子层的基础是十分理想的。此外，使用 GFP 时，GPON TC 子层本质上是同步的，并使用标准的 SONET/SDH 8kHz 帧，这使 GPON 能够直接支持 TDM 业务。正式发布的 ITU-T G.984.3 标准采用了 FSAN 关于 GFP 作为 TC 子层适配技术的建议，并进行了进一步的简化处理，并将这种方法命名为 GPON 封装方法。

③ 10G EPON

从 2005 年开始，IEEE 就进行 10G EPON 技术的研究和标准化工作，并取得突破性进展；2009 年 9 月，标准（标准号为 IEEE 802.3av）正式发布。IEEE 802.3av 规定了 10Gbit/s 下行速率和 1Gbit/s 上行速率的非对称模式（10G/1G BASE-PRX）、10Gbit/s 上 / 下行速率的对称模式（10G BASE-PR）两种。

为了实现 10G EPON 与 lG EPON 的兼容和网络的平滑演进，IEEE 802.3av 标准在波长分配、多点控制机制方面都有所考虑，以保证 10G EPON 与 1G EPON 系统在同一 ODN 下共存。10G EPON 尽可能沿用 1G EPON 的 MAC 和 MPCP 等协议，对 MPCP 进行了较少的修改，并定义了新的 PHY（物理层）。

5.1.3　移动网络现状

1. 现状与定位

传统的移动网络是基于 TDM/SDH 建成的，但是随着 3G 和 LTE 等业务的部署与发展，数据业务已成为承载主体，其对带宽的需求在迅猛增长。SDH

传统的 TDM 独享管道的网络扩容模式难以满足现状，为了更好地承载 3G/4G 网络的回传，移动网络基站开始应用 IP RAN（无线接入网）、PTN（分组传送网）技术对互联网中的不同业务数据进行分组化的承载回传。随着 5G 等的发展，移动网络逐步向 STN（同步传输网络）、SPN（切片分组网）演进。其中中国电信采用 IP RAN 及 STN 承载技术，中国移动采用 PTN 和 SPN 承载技术。

IP RAN 是指以 IP/MPLS 及关键技术为基础，主要面向移动业务的端到端的业务承载网络，由城域网的接入设备、汇聚设备、核心设备、多种类型的 CE 等组成。从网络层次上看，IP RAN 由接入层、汇聚层、城域核心层等组成。4G IP RAN 承载 2G/3G/4G 业务、专线业务，以及云网融合业务和动环监控业务。

中国电信的 STN 是由 IP RAN 设备和 STN 设备共同组建成的一张端到端的 3G/4G/5G 移动业务和政企专线业务的综合承载网。同时 STN 也是中国电信承载小颗粒客户组网专线的政企网络。

中国移动的 2G/3G/4G 承载网络是 PTN，PTN 简化了 IP MPLS，并且强化了 OAM 功能。自从在 2019 年推出 5G 商用服务以来，中国移动一直在与产业链伙伴联合推进 5G 创新。中国移动及其合作伙伴重磅发布了涉及 SPN 的创新成果《SPN 2.0 技术白皮书》，并同步推出了 SPN 专线产品。SPN 技术是由中国移动牵头主导提出和设计的自主原创性技术，目前已经成为继 SDH、OTN 之后 ITU-T 的新一代国际化传送网技术体系之一，这标志着中国在 5G 传送网技术领域已经处于国际领先地位。在中国移动及其合作伙伴的共同推动下，ITU-T 已经完成了 SPN 接口、架构、设备、保护、管控、同步和演进七大系列标准立项，并完成了 4 项核心标准的制定和发布，商用部署规模也在迅速扩大。SPN 技术的优势在于高效融合了 TDM 和分组交换技术，在新 L3、新交叉、新光层、新管控等方面实现了突破性创新，具备大带宽、超低时延、超高精度同步、灵活管控和网络切片等优势，SPN 技术是业界唯一可同时支持硬切片、软切片的 5G 承载技术。SPN 2.0 不仅承担移动网络回传，同时还承担政企客户承载。一是面向综合承载的小颗粒能力，SPN 2.0 能够提供 $N \times 10$Mbit/s 硬切片，不占用额外带宽即可为每条小颗粒通道提供端到性能监测与保障，其在线带宽无损调整功能还可以在不影响用户业务的情况下，为用户按需、及时调整带宽。二是面向云网融合的承载能力，SPN 2.0能够为云业务提供业务感知、切片、灵活连接和可视化自助服务等，提供云网一站式服务。三是面向泛在覆盖的组网能力，SPN 2.0支持 10GE 接口小颗粒技术，能够将 $N \times 10$Mbit/s 硬通道延伸至用户办公桌，提升部署的灵活性且增强数据安全性。四是面向用户的自服务能力，SPN 2.0 一方面提供智能化网络运维管控平台，实现规划仿真与自动化运维，降低网络运维难度与压力；另一方面，面向用户量身定制了用户侧管控界面，使专线专网服务更加智能和透明。

PTN 是回传承载方案，它底层承载 SDH/MSTP/WDM 等，与 IP 网络没什么区别，只不过 PTN 针对无线回传承载需求，简化了 IP MPLS，并且强化了 OAM 功能。PTN 与 IP RAN 比较明显的区别是 PTN 是真二层，没有用三层仿真二层，而 IP RAN 本质上是用三层技术满足二层需求，转发还是以三层为主。

SPN 是 PTN 在 5G 阶段的演进，引入了 FlexE 等新技术，使得网络支持切片、更丰富的端口等。STN 也是 IP RAN 在 5G 阶段的演进，引入了 FlexE、SRv6等新技术，使网络支持切片、更高效的路由策略等。

2. 关键技术

（1）无线层相关技术

① 云无线接入网（C-RAN）

C-RAN 将无线接入的网络功能软件化为虚拟化功能，并部署于标准的云环境中。C-RAN 概念由集中式 RAN 发展而来，目标是提升设计灵活性和计算可扩展性，提升能效和降低集成成本。在 C-RAN 构架下，BBU（室内基带处理单元）功能是虚拟化的，且集中化、池化部署；RRU（射频拉远单元）与天线分布式部署，通过前传网络连接 BBU 池，BBU 池可共享资源、灵活分配处理来自各个 RRU 的信号。

C-RAN 的优势是可以提升计算效率和能效，易于实现 CoMP（协作多点传输）、多 RAT（无线电接入技术）、动态小区配置等更先进的联合优化方案。C-RAN 面临的挑战是前传网络设计和部署的复杂性。

② 软件定义的无线电（SDR）

SDR 可实现部分或全部物理层功能在软件中定义。需要注意软件定义的无线电和软件控制的无线电的区别，后者仅指物理层功能由软件控制。

在 SDR 中可实现调制、解调、滤波、信道增益和频率选择等一些传统的物理层功能，这些软件计算可在通用芯片、GPU（图形处理器）、DSP（数字信号处理）、FPGA（现场可编程逻辑门阵列）和其他专用处理芯片上完成。

③ 认知无线电（CR）

CR 通过了解无线内部和外部环境状态实时做出行为决策。SDR 被认为是CR 的使能技术，但 CR 包括和可使能多种技术应用，如动态频谱接入、自组织网络、认知无线电抗干扰系统、认知网关、认知路由、实时频谱管理、协作MIMO 等。

④ 设备到设备（D2D）通信

D2D 通信指数据传输不通过基站，而是允许一个移动终端设备与另一个移动终端设备直接通信。D2D 源于 4G 时代，被称为 LTE Proximity Services（ProSe）技术，是一种基于 3GPP 通信系统的近距离通信技术，主要包括两大功能：一是直连发现功能，终端发现周围有可以直连的终端；二是直连通信功能，与周围的终端进行数据交互。

在 4G 时代，D2D 通信主要仅应用于公共安全领域，进入 5G 时代，由于车联网、自动驾驶、可穿戴设备等物联网应用大量兴起，D2D 通信的应用范围必将大大扩展，但会面临安全性和资源分配公平性挑战。

⑤ 自组织网络（SON）

SON 指可自动协调相邻小区、自动配置和自优化的网络，可以减少网络干扰，提升网络运行效率。

SON 并不是新概念，早在 3G 时代就被提出，进入 5G 时代，SON 将是一项至关重要的技术。5G 时代网络致密化给网络干扰和管理带来了空前的挑战，更需要 SON 来最小化网络干扰和管理，即便是 SON 也很难应付超级密集的 5G 网络，因此，还需要前面提到的 CR 技术来帮忙。

⑥ Massive MIMO

提升无线网络速度的主要方法之一是采用多天线技术，即在基站和终端侧采用多个天线，组成 MIMO 系统。

多天线还被应用于波束赋形，即通过调整每个天线的幅度和相位，赋予天线辐射图特定的形状和方向，使无线信号能量集中于更窄的波束上，并实现方向可控，从而增大覆盖范围和减少干扰。

Massive MIMO 即采用更大规模数量的天线。目前 5G 系统主要采用 64×64 MIMO。Massive MIMO 可提升大幅无线容量和覆盖范围，但面临信道估计准确性（尤其是高速移动场景）、多终端同步、功耗和信号处理的计算复杂性等挑战。

⑦ 波形和多址接入技术

4G 时代采用正交频分复用（OFDM）技术，OFDM 具有减少小区间干扰、抗多径干扰、可降低发射机和接收机的实现复杂度，以及与 MIMO 技术兼容等优点。但到了 5G 时代，由于 5G 定义了三大应用场景，三大应用场景不但要考虑抗多径干扰、与 MIMO 的兼容性等问题，还对频谱效率、系统吞吐量、时延、可靠性、可同时接入的终端数量、信令开销、实现复杂度等提出了新的要求。因此，5G R15 使用了 CP-OFDM 波形并能适配灵活可变的参数集，以灵活支持不同的子载波间隔，复用不同等级和时延的 5G 业务。对于 5G mMTC 场景，由于 OMA（正交多址接入）可能无法满足其所需的连接密度，NOMA（非正交多址接入）方案成为广泛讨论的对象。

⑧ 带内全双工（IBFD）

IBFD 可能是 5G 时代人们最希望得到突破的技术之一。不管是 FDD 还是 TDD 都不是全双工，因为它们都不能实现在同一频率信道下同时进行发送和接收信号，而 IBFD 则可以在相同的频段中实现同时发送和接收，与半双工方案相比，它可以将传输速率提高两倍。

不过，IBFD 会带来强大的自干扰，因此，要实现这一技术的关键是消除自干扰，自干扰消除技术在不断进步，最新的一些研究和实验结果已让业界看到了希望，但最大的挑战是实现复杂度和成本太高。

⑨ 载波聚合（CA）和双连接（DC）技术

载波聚合通过组合多个独立的载波信道来提升带宽、数据速率和容量。载波聚合分为带内连续、带内非连续和带间不连续 3 种组合方式，实现复杂度依次增加。

载波聚合已被 4G LTE 采用，并且将成为 5G 的关键技术之一。5G 物理层可支持聚合多达 16 个载波，以实现更高速率传输。

双连接就是手机在连接态下可同时使用至少两个不同基站（分为主站和从站）的无线资源。双连接引入了"分流承载"的概念，即在 PDCP（分组数据汇聚协议）层将数据分流到两个基站，主站用户面的 PDCP 层负责 PDU（协议数据单元）编号、主站与从站之间的数据分流和聚合。双连接与载波聚合不同，主要表现在数据分流和聚合所在的层不一样。

未来，4G 与 5G 将长期共存，4G 无线接入网与 5G NR（新空口）的双连接（EN-DC）、5G NR 与 4G 无线接入网的双连接（NE-DC）、5G 核心网下的 4G 无线接入网与 5G NR 的双连接（NGEN-DC）、5G NR 与 5G NR 的双连接等不同的双连接形式将在 5G 网络演进中长期存在。

⑩ 低时延技术

为了满足 5G URLLC 场景，如自动驾驶、远程控制等，低时延需求不断增加。为了降低网络数据包传输时延，5G 主要从无线空口和有线回传两方面来实现。5G，在无线空口侧主要通过缩短 TTI（传输时间间隔）长度、增加调度算法等来降低空口时延；在有线回传方面，通过 MEC 部署，使数据和计算更接近用户侧，从而降低网络回传带来的物理时延。

⑪ Small Cell（小基站或小小区）

Small Cell 相较于传统宏基站，其发射功率更低，覆盖范围更小，通常覆盖 10m 到几百米的范围，通常 Small Cell 根据覆盖范围的大小依次分为微蜂窝、Picocell（微微蜂窝）和家庭 Femtocell（飞蜂窝）。

Small Cell 的使命是不断补充宏站的覆盖盲点和容量，以更低成本提高网络服务质量。考虑 5G 无线频段越来越高，未来还将部署 5G 毫米波频段。无线信号频段越高，覆盖范围越小，加之未来多场景下的用户流量需求不断攀升，后 5G 时代必将部署大量 Small Cell，这些 Small Cell 将与宏站组成超级密集的混合异构网络，这将为网络管理、频率干扰等带来空前的复杂性挑战。

⑫ 低功耗广域（LPWA）网络技术

mMTC 是 5G 的一大场景，5G 的目标是万物互联，实现物联网设备数量指数级增长，LPWA 技术在 5G 时代至关重要。

LPWA 技术正在广泛部署，功耗低、覆盖广、成本低和连接数量大是该技术的特点，但这些技术特点之间本身是相互矛盾的。一方面，降低功率才能让物联网终端发送完数据进入休眠状态，如通过缩小覆盖范围来延长电池寿命（通常几年到 10 年）；另一方面，需要通过增加每比特的传输功率和降低数据速率来增强覆盖范围，因此，根据不同的应用场景权衡利弊，在这些矛盾中寻求最佳的平衡点是 LPWA 技术的长期课题。

从以上这些技术中可以看出，一方面 5G 网络引入了更多云的思想，如云无线接入网、自组织网络等，让控制层更加智能化；另一方面，5G 网络也在不断地提升性能指标，让网络向高性能、高效率演进。

（2）承载层相关技术

① SRv6

SRv6 相关技术介绍详见 5.1.2 节，目前移动承载网的国内主流通信厂家设备已具备 SRv6 能力或可通过软件版本升级具备 SRv6 能力。

② FlexE

FlexE 主要用于面向 5G To B 用户提供带宽独享、时延抖动可确定的硬管道保障。可解决多用户、大流量并发的极端情况下的用户体验劣化问题，有利于提升 STN/SPN 对用户的吸引力和网络价值。

目前国内主流厂家的 STN/SPN 设备已具备 FlexE 能力，同时在 STN/SPN 中的汇聚层及核心层的 100GE 链路已开启 FlexE 功能。

5.1.4　传输网络现状

1. 现状与定位

（1）干线传输网

干线传输网是指用来连接各个城市网络核心节点的传输网络，主要承载运营商跨地市 / 跨省自有业务和政企业务，按照承载业务的不同区域可分为一级干线传输网和二级干线传输网。一级干线传输网用于承载跨省运营商自有业务和政企业务，二级干线传输网用于承载各省级行政区内城市间运营商自有业务和政企业务。

目前国内运营商的干线传输网按照建设时间的长短主要分为 SDH/MSTP 干线传输网、10G DWDM 干线传输网、40G OTN 干线传输网、100G OTN 干线传输网、100G ROADM 干线传输网和 200G ROADM 干线传输网。其中 SDH/MSTP 干线传输网、10G DWDM 干线传输网、40G OTN 干线传输网由于技术老旧、设备运行时间较长、传输速率较低等问题正逐步退出历史的舞台。100G ROADM 干线传输网和 200G ROADM 干线传输网成为当今主流的干线传输网，未来随着 G.654E 光纤的规模建设，单波 400G ROADM 系统会逐步在干线传输网中应用。

（2）城域传输网

城域传输网按照覆盖的不同区域可分为城域骨干传输网和城域接入传输网，主要用于承载各省际运营商的自有业务和政企业务。

① 城域骨干传输网

城域骨干传输网主要用于承载各城市内市 – 县的运营商自有业务及政企业务。目前国内运营商的城域骨干传输网按照建设时间的长短主要分为 SDH/MSTP 城域骨干传输网、10G OTN 城域骨干传输网、40G OTN 城域骨干传输网、100G OTN 城域骨干传输网、100G ROADM 城域骨干传输网、200G ROADM 城域骨干传输网和 400G ROADM 城域骨干传输网。其中 SDH/MSTP 城域骨干传输网、10G OTN 城域骨干传输网、40G OTN 城域骨干传输网正逐年退网；100G OTN 城域骨干传输网和 100G ROADM 城域骨干传输网成为各个运营商的主力网络，同时在超大型城市各运营商正逐步部署 200G RAODM 城域骨干传输网、400G ROADM 城域骨干传输网以满足各类新兴业务带来的爆炸式的传输带宽需求。

② 城域接入传输网

城域接入传输网主要用于承载各区 / 县级行政区内县 – 乡的运营商自有业务及政企业务。目前国内运营商的城域接入传输网按照建设时间的长短主要分为 SDH/MSTP 城域接入传输网、10G OTN 城域接入传输网和 100G OTN 城域接入传输网。其中 SDH/MSTP 城域接入传输网由于技术老旧正逐步退出历史舞台，10G OTN 城域接入传输网是当前各运营商的主力网络。随着 5G 网络下沉至乡镇，网络切片对传输带宽提出了更高的要求，100G OTN 城域接入传输网开始逐步取代 10G OTN 城域接入传输网，成为未来 5 ～ 10 年内城域接入传输网的主流技术。

2. 关键技术

（1）DWDM（密集波分复用）技术

① DWDM 技术的概念

WDM（波分复用）技术是指利用一根光纤可以同时传输多个不同波长的光载波的特点，把光纤可能应用的波长范围划分为若干个波段，每个波段用作一个独立的信道，传输一种预定波长的技术。DWDM 技术是在单根光纤内同时传送多个不同波长的光载波，使光纤通信系统的容量得以倍增的一种技术。

WDM 根据复用的波长间隔的大小可分为 CWDM（粗波分复用）和 DWDM。CWDM 技术的波长间隔为几十纳米（一般为 20nm）；DWDM 技术的波长间隔更加紧密，它在 1550nm 窗口附近波长间隔只有 0.8 ～ 2nm，甚至小于 0.8nm（目前一般为 0.2 ～ 1.2nm）。DWDM 技术在同一根光纤中传输光载波的路数更多，通信容量成倍地得到提高，但其信道间隔小，在实现上所存在的技术难度也比 CWDM 技术大些。

② DWDM 技术的特点

- 光波分复用器结构简单、体积小、可靠性高。
- 充分利用光纤带宽资源，超大容量传输。
- 提供透明的传送信道，具有多业务接入能力。
- 利用 EDFA（掺铒光纤放大器）实现超长距离传输。
- 可更灵活地进行组网，适应光网络建设的要求。
- 存在插入损耗和串光问题。

③ DWDM 技术的工作方式

双纤单向传输：一根光纤只完成一个方向光信号的传输，反向光信号的传输由另一根光纤来完成。

单纤双向传输：在一根光纤中实现两个方向光信号的同时传输，两个方向的光信号应在不同的波长上。

④ DWDM 技术的工作波长

ITU–T G.692 建议 DWDM 以 193.1THz（对应的波长为 1552.52nm）为绝对参考频率，频率范围为 192.1 ～ 196.1THz。

（2）OTN 技术

① OTN 技术的概念

OTN 技术就是在光域内实现业务信号的传送、复用、路由选择和监控，并保证其性能指标和生存性的一种技术。OTN 是在 DWDM 技术基础之上发展来的，是电网络与全光网折中的产物，SDH 强大、完善的 OAM&P 理念和功能被移植到 DWDM 网络中，有效地弥补了现有 DWDM 系统在性能监控和维护、管理方面的不足。

② OTN 技术的特点

- 基于 G.709 标准的 OTN 帧结构可以支持多种用户信号的映射和透明传输。
- 大颗粒的带宽复用和交叉调度能力。
- 强大的保护恢复能力。
- 强大的开销和维护管理能力。

- 增强了组网能力。

③ OTN 技术的发展

分组增强型 OTN 是分组网络和光网络统一管理的交换平台，其主要功能如下。

- 支持各种业务的接入、汇聚能力：可以灵活进行接入、汇聚和调度小颗粒业务（FE、VC 颗粒等）。

- 具备灵活分配带宽能力：支持二层的统计复用，可灵活控制接入业务带宽，对用户侧非满速率的业务进行弹性汇聚和调度，同时提高了带宽利用率。

M-OTN 设备具有 OSU/ODUk（光业务单元 / 光通道数据单元）交叉、分组交换和 OCh 交叉等处理能力，可实现对 TDM 和分组等业务进行统一传送。M-OTN 设备是现有 OTN 设备的优化和扩展，通过引入 OSU 和 OTU0/OTU25（u）/OTU50（u）接口等技术，提供低成本、低时延、低功耗的以城域应用为主的综合业务承载方案。其主要特点如下。

- 多业务、多平面承载向多业务接入统一承载演进，简化了承载架构。

- 定义了灵活弹性的新容器 OSUflex，实现网络硬切片的颗粒度达到 2Mbit/s，网络连接数提升 12.5 倍。

- 大幅简化网络传输层次，提供差异化分级时延，降低单站时延，灵活适配各类对时延敏感的业务场景。

- 支持 2Mbit/s ～ 100Gbit/s 无损带宽调整，网络资源利用率更高。

（3）ROADM

① ROADM 的概念

可重构光分插复用器（ROADM）使用 DWDM 系统中的器件或设备可以实现动态上路或下路业务波长。

② ROADM 核心器件的演进

ROADM 核心器件经历了 3 个阶段的发展。第一代为 WB（波长阻断器，21 世纪初），基本上已经被淘汰；第二代为 PLC（基于平面光波导回路，2003 年开始），现在网络中 100GHz 的系统中还有少量应用；第三代为 WSS（波长选择开关，2005 年开始），是目前业界主流光交叉核心器件。

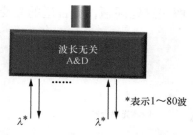

图 5.2　波长无关 ROADM 示意

③ ROADM 的关键技术

· C(Colorless，波长无关)

在传统 ROADM 中，分波器和合波器上、下业务端口频率不可调，改变业务波长需要插拔光纤，波长无关的 ROADM 光层业务上、下端口频率可调，任意波长可在任意端口。波长无关 ROADM 示意如图 5.2 所示。

· D(Directionless，方向无关)

传统 DWDM 系统的分波器和合波器方向固定，改变业务方向需插拔光纤，方向无关 ROADM 无须插拔光纤即可任意改变传送方向。方向无关 ROADM 示意如图 5.3 所示。

· C(Contentionless，竞争无关)

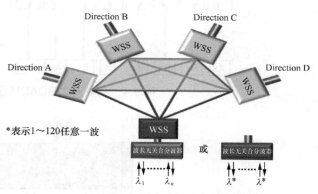

图 5.3　方向无关 ROADM 示意

在传统 ROADM 中，同一块分波器和合波器 /WSS 板卡不能接入相同的波长，竞争无关 ROADM 可将来自任意方向的波长接入任意端口，包括相同波长。竞争无关 ROADM 示意如图 5.4 所示。

· G(Gridless，波长间隔可调)

波长间隔可调 ROADM 分波器和合波器各端口波长间隔可调，与传统的 ROADM/ DWDM 相比，其可提升 30% 的最大频谱效率，支持多种速率码型混传，减少隔离带，提升网络容量。波长间隔可调 ROADM 示意如图 5.5 所示。

④ ROADM 的发展

ROADM 通常是按照业务的扩展情况与光纤逐一连接。随着时间的推移，规划可能发生变更，或者网络需要调整，光纤就会不断地增加。久而久之，就导致连纤变得混乱不堪，给运维带来困难。为了解决这些问题，更合适的光交叉连接（OXC）光背板技术被提出。

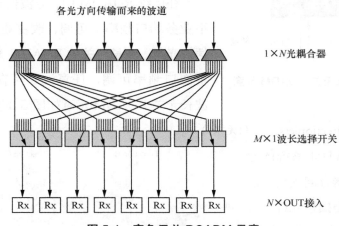

图 5.4　竞争无关 ROADM 示意

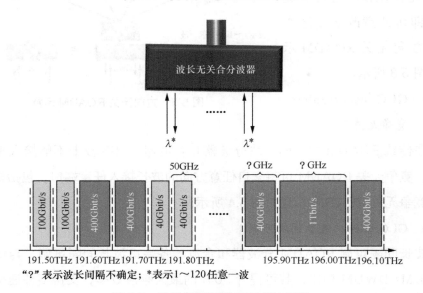

"?"表示波长间隔不确定；*表示1～120任意一波

图 5.5　波长间隔可调 ROADM 示意

　　OXC 光背板技术在 ROADM 的基础上通过将光纤印刷在光背板上来实现 ROADM 站点中各个方向组和本地组的连接，从而大大减少了光纤连接量、ROADM 设备的空间占用，降低了维护难度。

5.2　网的发展趋势

5.2.1　网络承载业务分析

5G 和光宽 + 双千兆、云网融合推动了面向 To B/To C/To H 业务的全业务转型升级，用户需要网络提供大带宽、云化、敏捷、智能等高体验能力，同时，围绕边缘云布局，构建低时延和极低时延等新型业务生态模式。未来一段时间内，网络中传统业务和云网融合新业务将持续并存。

1. 传统业务

（1）To B 的政企组网业务

政企业务主要包括互联网专线、L2 VPN/L3 VPN、L2/L3 云专线、VPDN（虚拟专有拨号网络）等业务。

① 互联网专线为政企用户提供访问互联网的专线业务，有 PON 专线、光纤专线等，要求提供灵活、安全接入服务。

② L2 VPN/L3 VPN 提供三层组网、二层点到点互联专线业务，要求具备服务等级保障能力。

③ L2/L3 云专线实现用户入云、云间互联 / 边云协同、"入云 + 组网"等云网融合服务提供，要求具备服务等级保障、业务自动开通与发放等能力。

④ VPDN 业务通过城域网接入网关实现业务集中处理，提供统一认证和管理服务。

（2）To C 的移动互联网业务

随着 5G 的发展，4G/5G 网络将长期共存。目前网络接入层、汇聚层带宽能力可满足 4G 和 5G NSA（非独立组网）承载。5G SA（独立组网）阶段，基站至 UPF（用户面功能）/MEC（N3 接口）、UPF 之间（N9 接口）、UPF 至 5G CP（控制面）间（N4 接口）均存在灵活的连接需求，需要承载网具备灵活组网和灵活调度、业务快速开通、业务安全隔离、SLA 可承诺等能力。

5G 可以为 To C 用户提供 eMBB 服务，包括传统 4G 业务增强、高清视频、VR/AR、WTTx 等业务，高清视频、VR/AR 等业务推动 5G 流量快速增长。

（3）To H 的传统业务

① 公众互联网业务主要为家庭用户提供高速上网服务，包括家庭拨号宽带、校园网、城中村宽带等类型。现阶段，公众互联网业务以 FTTH 接入为主，80%以上用户具备 100Mbit/s 接入能力，未来 1000Mbit/s 接入能力将实现规模化覆盖。快速提升接入带宽将推动公众互联网流量保持 20% 以上的年均增长率。

② 高清视频业务通过 IPTV 平台和 IPTV 高清终端（含软终端、硬终端）为用户提供直播和点播服务。现阶段，高清视频以 8MHz 高清为主，未来，4K/8K、AR/VR 等高带宽、低时延、高体验视频将成为主流，码率将提升到 100Mbit/s 以上。

③ 云网宽带业务是通过在城域网内部署边缘云提供的 AR/VR、云游戏等大带宽、低时延的业务。云网宽带从终端到边缘云采用专用 IPoE 通道隔离，提供端到端 100Mbit/s 以上带宽，并结合端、管、云、边层面的监测和调度，满足高质量服务需求。

④ VoIP 业务是基于 IP 承载网络的语音通信业务，包括原有的语音等基础业务和视频通话、彩铃等多媒体增值业务。

2. 云网融合新业务

目前，边缘计算覆盖了政府、工业、家庭、个人等多场景，新一代城域网作为连通边缘和用户的新通道，协同边缘计算在城域不同位置的部署，可以提供低时延和极低时延等高品质的链接服务，将传统的南北向流量转换为东西向流量，在很大程度上满足了计算能力下沉的需求。

（1）低时延业务

低时延业务对时延有一定要求，需要在短时间内满足大量数据快速计算的需求。主要涉及 3D 全息、视频智能监控、超高清 CDN、协同研发设计、柔性生产制造、赛事直播、家庭 DICT、智慧社区、设备故障诊断、生产智能监测等场景。

低时延业务一般端到端时延控制在 10 ～ 20ms，需根据业务场景和用户需求优化网络和平台部署方案。

低时延业务机房规划尽量覆盖更多用户或高价值用户，可在网络时延和用户覆盖之间统筹考虑，最大化投资效益。

（2）极低时延业务

极低时延业务主要面向具有强交互、大数据流、高性能计算需求等场景，家庭和个人场景主要包含云宽带、云网吧、VR/AR 视频、云计算机、云游戏等，To B 场景包含工业控制、无人智能巡检、远程设备操控、设备协同作业、现场辅助装配、厂区智能物流、智能医疗、智能驾驶、工业视觉等。

极低时延业务需要满足交互需求，一般端到端时延控制在 5 ～ 10ms，需根据业务场景和用户需求优化网络和平台部署方案。

极低时延业务机房规划尽量覆盖更多用户或高价值用户，优先满足业务对时延的需求。

5.2.2　固移融合

城域网承载的固网业务包括家庭宽带、VoIP/ITMS（ IP 电话 / 终端综合管理系统 ）、高清视频 /Cloud VR 等。城域网承载的移动业务主要是移动基站业务。此外政企互联网专线业务、固网 VPDN 业务、公众用户入云业务、政企客户入云业务、云资源池的安全互联、边缘云和核心云的安全互联都需要在城域网内承载。

业务发展对承载网提出了新需求。固网 / 移网接入速率趋同，业务一致性体验催生潜在的固移融合"三千兆"的接入速率，终端可以自适配接入方式。多张承载网涉及网络间运营支撑系统的协同、管理，调度复杂，难度大。DC（ 数据中心 ）内部的内容源需要与多张承载网对接，难以保证体验的一致性。

多云互联的需求，城域内业务多流向、多路径的需求，云网融合的需求，对城域网内的统一承载提出了更高的要求。多云互联需要大带宽、低时延的网络结构。随着边缘 DC 的发展，边缘云业务增多，用户流量就近访问边缘云，城域内业务流向及路径倍增。同时数字化转型推动企业业务上云，云化业务需求增强，云网一体化的编排及自动化业务需求，要求承载网提供统一融合承载。

从城域内承载业务来看，5G、光宽 + 双千兆、云网融合推动了 To B/To C/To H 业务的全业务转型升级，To B/To C/To H 用户需要网络提供大带宽、云化、敏捷、智能等高体验能力，同时围绕边缘云布局，构建低时延和极低时延等新型业务生态模式。

5.2.3　网络融云

1. 网络功能虚拟化

网络功能虚拟化（NFV）最早由 ETSI（欧洲电信标准组织）提出，致力于通过标准的 IT 虚拟化技术，使通用高性能物理设备承载各种各样的软件化网络功能，实现电信业务的灵活部署和自动化管理，缩短网络部署和新业务开通周期，引入新型商业模式和快速创新能力。

虚拟化技术可以在标准化的通用 IT 设备（x86 服务器、存储和交换设备）上实现各种网络设备功能，从而实现统一"硬件平台 + 业务逻辑软件"的解耦和开放架构。这一架构会逐渐取代网络中许多私有、专用和封闭的网元。网络功能虚拟化示意如图 5.6 所示。

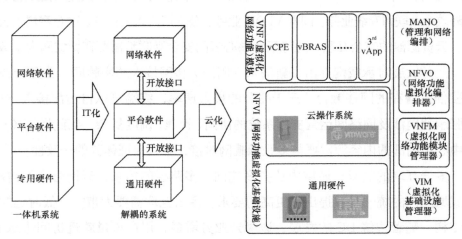

图 5.6　网络功能虚拟化示意

NFV 给网络带来的主要变化如下。

（1）上层业务云化，底层硬件标准化。

（2）分层运营，加快业务上线与创新，灵活按需部署网络功能、创建业务。

（3）根据业务量的变化自动伸缩，提高硬件利用率，部署灵活高效。

（4）逐渐降低资本支出和运营支出。

（5）支持新技术革新。

NFV 给网络运营带来的变化如下。

（1）降低管理和维护复杂度

NFV 使网络中的网元采用通用平台，实现平台统一化，发挥集中化优势，实现网元集中部署和维护，发挥虚拟化优势，实现新业务部署自动化。

（2）提升网络资源利用率

NFV 可使不同网元同时共享硬件资源，硬件与网元软件功能解耦，硬件资源可循环利用，设备采购成本大幅降低，且能有效利用电力等资源。

（3）缩短业务推出时间，降低运营成本

NFV 使业务部署周期从数月缩短为数天，提升市场反应能力，网络资源提供周期从数周缩短为数分钟，提升网络的弹性，运营商和设备商的重点转移到业务创新上，增加盈利点。

2. SDN

SDN 是一种架构，它抽象了网络的不同、可区分的层，使网络变得敏捷和灵活，SDN 的目标是通过使企业和服务提供商快速响应不断变化的业务需求来改进网络控制。

在 SDN 中，网络工程师或管理员可以从中央控制台调整流量，而无须接触网络中的各个交换机，无论服务器和设备之间的特定连接如何，集中式 SDN 控制器都会指导交换机在任何需要的地方提供网络服务，此过程与传统网络架构不同。在传统网络架构中，单个网络设备根据其配置的路由表进行流量决策。SDN 面世以来，影响了许多网络创新。

SDN 通过虚拟覆盖发挥作用，虚拟覆盖是物理网络之上的逻辑独立手段，用户可以实现端到端的覆盖来抽象底层网络和分段网络流量，这种微分段对于具有多租户云环境和云服务的服务提供商和运营商而言十分重要，因为利用这种手段，它们可以为每个租户提供具有特定策略的单独虚拟网络。

SDN 可以带来多种好处，具体如下。

（1）简化策略规则

使用 SDN，管理员可以在必要时更改任何网络交换机的规则——优先、取消优先级，甚至阻止具有细粒度控制和安全级别的特定类型的数据包。此功能在云计算多租户架构中优势明显，因为它使管理员能够以灵活高效的方式管理流量负载，从本质上讲，这使管理员能够使用更便宜的商品来更好地控制网络流量。

（2）网络管理更容易

网络管理员只需处理一个集中控制器即可将策略分发到连接的交换机，这大大简化了网络管理的复杂度。此功能也是一个安全优势，因为控制器可以监控流量并部署安全策略。例如，如果控制器认为流量可疑，它可以重新路由或丢弃数据包。

（3）减少硬件占用空间、降低运营成本

SDN 还虚拟化了以前由专用硬件执行的硬件和服务，这样可以最大限度地减少硬件占用空间，从而降低运营成本。

（4）网络创新

SDN 还促进了 SD-WAN（软件定义广域网）技术的出现，SD-WAN 采用 SDN 技术的虚拟覆盖，抽象了组织在其 WAN 中的连接，创建了一个虚拟网络，使用控制器能够控制任何方向的流量发送和接收。

3. 云化网络

当 NFV 遇上 SDN，NFV 和 SDN 将走向融合。

（1）NFV 与 SDN 的基础都是通用服务器、云计算和虚拟化技术。

（2）NFV 与 SDN 存在互补性，二者互相独立，不具有依赖关系，SDN 不是 NFV 的前提。

（3）NFV 侧重于网络功能软件化，SDN 侧重于控制与转发的分离；NFV 提升了功能实现的灵活性，SDN 可近一步提升 NFV 功能实现的灵活性和方便性。

两者融合后，网络可以去除传统封闭架构，实现灵活智能调度。于是，云化网络应运而生。

云化网络以通用化和标准化为主要目标，包括统一云化的虚拟资源池、可抽象的物理资源和专用高性能硬件资源。统一云化的虚拟资源池将成为未来通信基础设施的重要组成部分，未来通信基础设施仅少量采用专用硬件设备（系统），将大量采用标准化的、可云化部署的硬件设备。

云化网络具备以下基本特征。

（1）软硬件解耦，网络云化

遵循 NFV 架构，基于通用服务器实现软硬件解耦，基于统一的 NFVI 支持多厂家 VNF 的快速集成。

（2）转控分离，高速转发

宽带接入路由器等设备形态转变为通用的"软控制面 + 高速硬转发面"，可通过 SDN 控制器 / 控制面进行业务分类及路径调优。

（3）灵活开放，智能运维

以 NFVO 为核心构建编排与运维管理体系，支持业务的灵活编排组合，业务快速部署。

5.2.4 网随云动

云网融合的深度发展从根本上改变了网络按用户分布来布局的原则。云在哪里，网的中心就在哪里对网络的布局和建设提出了新的要求。

1. 扁平化的传输网

传输网的架构要跟随云网融合的目标而变化，整个网络的架构向"骨干 + 城域"两层扁平化架构演进，降低背靠背设备时延及多级网络架构带来的业务路由迂回时延。

2. URLLC的无线接入网

除传输距离带来的光纤时延之外，设备层面对时延影响最大的首先是无线接入网，数据处理时延在 1 ～ 10ms 量级；其次是数据通信和云核心网络，它们的轻载时延在 1ms 量级，但是如果出现拥塞，时延会急剧攀升数十倍；最后是光传输，时延在 100μs 级。因此在时延问题上，主要矛盾在于无线接入如何降低时延，承载网与核心网如何避免拥塞，提供确定性时延。

URLLC 是一个端到端的概念，这里仅指 5G RAN 范围的 URLLC，3GPP RAN TR 38.913 定义了 URLLC 的指标，控制面时延为 10ms，用户面时延为 0.5ms，移动性中断时间为 0ms，可靠性为 99.999%。

3. 无拥塞的城域网

数据通信网络降低网络时延问题的主要解决方案是避免拥塞，从"话音 / 宽带业务为中心"到"云 / 计算业务为中心"，旧的转发技术和复杂网络已经不适应这种变化，需要进行重构，云计算对 DC 的要求从"一个 DC 是一台计算机"已经发展为"多个 DC 是一台计算机"。相应地，承载网也需要从"DCN Fabric 是一台无阻塞路由器"向未来"整个城域网是一台无阻塞路由器"演进。

为支持无拥塞城域网，首先需要改变城域网多级汇聚收敛的架构，构建用户接入云一跳直达的扁平化网络，通过减少跳数，实现网络拥塞点的减少。在 Fabric 架构下，网络拥塞主要矛盾在于存在多方向流量的业务边缘节点，这个位置可以采用支持无拥塞交换算法的超大容量路由器实现。城域网向 Metro Fabric 架构演进，实现小于 1ms 的确定性网络时延能力。

4. 确定性网络

确定性网络可以在一个网络域内给承载的业务提供确定性业务保证能力，这里的网络指的是主要由网桥、路由器和多协议标签交换机组成的尽力而为的分组网络。确定性网络的基本特征如下。

（1）时钟同步

绝大多数网络设备和主机都可以使用 IEEE 1588 精确时间协议将其内部时钟同步到 10ns ～ 1μs 的精度。大多数确定性网络应用程序都要求终端及时同步。一些队列算法还要求网络节点同步，而有些则不需要。

（2）零拥塞丢失

拥塞丢失是网络节点中输出缓冲区的统计溢出，是尽力而为网络中丢包的主要原因。调整数据包的传送并为临界流分配足够的缓冲区空间，可以消除拥塞。

（3）超可靠的数据包交付

丢包的另外一个重要原因是设备故障。确定性网络可以通过多个路径发送序列数据流的多个副本，并消除目的地或附近的副本，不存在故障检测和恢复周期。每个数据包都被复制并被带到或接近其目的地，因此单个随机事件或单个设备故障不会导致任何一个数据包丢失。

（4）与尽力而为（Best-Effort）的服务共存

除非临界流的需求消耗了过多的特定资源（如特定链路的带宽），否则，一般情况下临界流的速度可以调节。这样，尽力而为的服务质量实践，如优先级调度、分层 QoS、加权公平队列等仍然按照其惯常的方式运行，但临界流降低了这些功能的可用带宽。

5. 云网一体

数据中心与通信机房在物理上逐渐合二为一，IT 设备和 CT 设备统一部署，未来可能实现设备级融合。

6. 统一的网络管理

建设统一的云网基础设施管理和跨专业网络的采集控制系统，具备支持云网协同的端到端全光直达和一站式业务调度的能力，为"IP+ 光"跨专业网络协同奠定基础，引入大数据和 AI 技术将进一步提高"IP+ 光"协同的效益。

5.3 云网融合对网络的影响

5.3.1 网络降时延

对于移动通信业务而言，最重要的时延是端到端时延，即对于已经建立连接的收发两端，数据包从发射端发送到接收端，接收端正确接收的时延。根据业务模型不同，端到端时延可分为单程时延和回程时延，其中单程时延是指数据包从发射端发送，经过无线网络正确到达另外一个接收端的时延；回程时延是指数据包从发射端发送到目标服务器，其接收到数据包并返回相应的数据包，直至发射端正确接收到应答数据包的时延。

现有的移动通信主要是人与人之间的通信，随着硬件设备的小型化和智能化，未来的移动通信更侧重于"人与物"及"物与物"之间的高速连接应用。机器类通信（MTC）业务应用范围非常广泛，如移动医疗、车联网、智能家居、工业控制、环境监测等将会推动 MTC 系统应用爆发式增长，大量设备将接入网络，实现真正的"万物互联"，为移动通信带来无限生机。同时，广泛的 MTC 系统应用范围也会给移动通信带来新的技术挑战，如实时云计算、虚拟现实、在线游戏、远程医疗、智能交通、智能电网、远程实时控制等业务对时延比较敏感，从而对时延提出更高的需求。

5G 网络的低时延业务，如无人驾驶、远程医疗等均需要网络端到端时延达到一个很低的水平。5G 时代的传输专线必须具备低时延的特性，URLLC 业务端到端时延小于1ms，eMBB 业务端到端时延小于10ms。目前我国的 4G 传输专线端到端理想时延是 10ms 左右，端到端典型时延是 50 ～ 100ms。

5G 承载网的时延主要包含光纤传输时延和设备转发时延，前者占比很大，约为 99%。通过光波在光纤中传输的折射率和速度的关系式可以算出光波在 1000km 长的光纤中传输的时延约为 5ms。设备产生的转发时延一般是 μs 级，占比较小。目前中国运营商通用传输设备的转发时延约为 50μs。由此可见，若要降低 5G 专线业务的网络时延，在承载网方面，需要致力于降低底层传输线路的时延。

5G 业务的低时延可以从 3 个方面来实现。

1. 调整网络架构降低时延

对 5G 网络架构进行调整，将 5G 网络相关功能下沉到接入层，可以缩短光纤传输距离，从而降低时延；5G 核心网用户面功能下沉，流量就近转发；5G 承载网 3 层 VPN 也可以下沉，接入节点流量就近转发。如此一来，可以大大降低时延。

对于东西向流量而言，在 4G 网络架构中，传统的 3 层设备的部署位置一般在地市核心机房，基站之间的业务需要绕到地市核心机房进行转发。对于 5G 网络而言，互联的复杂性对于横向业务的需求进一步增加，基站间协同要求更高，基站之间的业务需求量更大。5G 东西向流量的暴增驱动了网络功能的下沉。通过将 3 层 VPN 下沉到接入层可以实现东西向流量就近转发，从而缩短光纤传输距离，降低业务时延。

对于南北向流量而言，在 5G 网络架构中，核心网的控制面和用户面是分离的。通过将部分用户面的功能下沉到接入层同样可以降低南北向流量的传输线路转发时延。将一些对时延要求比较高的业务网关部署在 MEC 上，同时将 MEC 之间进行云化连接成池，可以就近进行资源获取和业务的协同交互，与 4G 业务通过上层核心网迂回转发的方式相比，这样做会更加高效便捷，时延更低。因此通过 MEC 下沉可以使业务在接入层就近转发，明显地缩短光纤传输距离，从而大幅降低信号的传输时延。

对 5G 网络架构进行调整，使 MEC 和 3 层 VPN 下沉，经过挂表实验进行时延统计，东西向传输时延可以从目前的 1ms 降低到 100μs，南北向传输时延可以从 1ms 降低到 50μs，5G 专线业务的时延可以有效降低。

2. FlexE（灵活以太网）快速1.5层转发

5G 专线业务的时延不但受光纤长度影响，还受设备转发速度影响。5G 网络通用设备通过技术升级也可以进一步提高转发速度，降低设备转发时延。

传统以太网是在源节点和宿节点的数据链路层和物理层之间进行封装和解

封装来实现通信的，传统以太网的转发发生在数据链路层。FlexE 技术可以实现数据链路层和物理层的解耦，将转发层从数据链路层下降到 1.5 层。

利用 FlexE 技术在承载网络中实现业务隔离和网络切片可以避免业务拥塞，进而避免数据分组重传造成的高时延。在以太网数据链路层和物理层之间添加一个中间层，即 FlexE shim 层，FlexE shim 层基于时分复用来分发业务，可以将多个用户侧接口的数据按照时隙方式分发、调度到不同的子通道。正是由于 FlexE 技术实现了 MAC 层和 PHY 层的解耦，才使 FlexE 转发位于 1.5 层，近似于 1 层转发，从而缩短了设备转发时间。

因此，FlexE 快速 1.5 层转发可以避开传统 IP 转发的成帧、封装成数据分组、查表和缓存等过程，提供超低的设备转发时延。经过挂表实验进行时延统计，FlexE 快速 1.5 层转发可将目前传输设备转发时延从 50μs 降低至 1μs，进一步降低了 5G 专线业务的时延，可以满足 5G 业务 URLLC 场景对承载网超低时延的需求。

3. 通过信道隔离降低时延

在 4G 时代，承载网采用的技术支持统计复用。业务之间的隔离采用的是软管道、软隔离。同一隧道承载的不同业务会相互影响、争抢带宽。当网络有流量冲突时，就会造成分组丢失，重传，从而导致时延增加。5G 时代，承载网采用 FlexE 技术可以实现业务隔离和网络切片，该技术具有带宽灵活可调和数据硬隔离的特点。以 100GE 管道为例，通过 FlexE shim 层可以将其划分为 20 个 5G 速率的子通道，每个用户侧接口可指定使用某一个或多个子通道实现业务之间的信道硬隔离，防止业务相互争抢带宽，避免分组丢失，重传。

FlexE 切片是基于时隙调度的。对于以太网物理端口来说，可以划分多个硬通道，每个硬通道内又具有以太网弹性，这可以使网络既具备类似于时分复用独占时隙、隔离性好的特性，又具备以太网统计复用、网络效率高的特点，实现同一切片内业务统计复用，从而使切片之间业务互不影响。与通过 VPN 实现的切片相比，FlexE 切片隔离性更好，从技术上解决了业务相互争抢带宽的问题，实现了专用业务独享专有的硬通道。通过时隙切片技术实现信道隔离，为低时延业务构建低时延专用通道，避免了业务拥塞，从而降低了时延。

基于 FlexE 技术和信道隔离技术可以实现超低时延转发。经过挂表实验进行时延统计，5G 网络通用设备单节点转发时延降低至 $1\mu s$，可以实现 5G 专线业务在信道层面的硬隔离，从而实现低时延的特性。

5.3.2 高速互联

云网融合新形势下数据中心的重要性凸显，数据中心、云资源池之间超高速、超低时延的直达互联、全光连接将给传输网架构、技术和设备形态带来重要影响。DCI（数据中心互联）全光网的具体实现依托骨干传输网和城域传输网，可能出现跨越两层网络的直达连接；依托统一的网络管理系统实现骨干传输网和城域传输网的管控，通过统一数据模型实现数据共享，通过统一采集控制解决数据分散问题，根据网络层级的不同采用分层管理和直控网元相结合的方式最终实现传输网设备的统一管控和业务的端到端一站式运营。

在云网融合的大背景下，骨干 DCI 全光网基于一二干融合的 ROADM 网络实现。如果互联节点为 ROADM 节点，则直接利用 ROADM 网络可以提供端到端业务连接，实现光层一跳直达；如果互联节点不是 ROADM 节点，则可通过城域传输网转接。

城域／区域 DCI 全光网可利用城域传输网络来实现。对于城域／区域范围内点到点、大容量的 DCI 需求，可以按照业务需求部署符合开放光网络架构的盒式 WDM（DCI）设备，实现低成本、大带宽互联。除了传统的数据中心，对于未来运营商边缘网络节点、边缘 DC 的连接需求，可以探索超融合边缘网络设备，集成边缘计算能力和多层网络功能。

DCI 全光网目标技术架构的实现，除了基于骨干传输网和城域传输网技术，还需要积极探索"IP+光"协同、ZR 和 ZR+、设备内部光电融合技术的应用。

5.3.3 网络智能化

融合后的网络采用标准的 SDN 架构，它也是一个融合、分层、开放、智能的网络架构。融合后的网络整体设计分为 3 层，分别为网络设备层、控制器 +App 层、管理编排层。

1. 网络设备层

网络设备层接受 SDN 控制器的控制和管理，控制面提供丰富的标准南向协议，如 SNMP（简单网络管理协议）、NETCONF（网络配置）协议、BGP-LS（边界网关协议 – 段路由的链路状态）、BGP FlowSpec（基于边界网关协议流规则）、PCEP（路径计算单元通信协议）、OpenFlow 等。转发面通过轻量化 SR 技术实现基于叠加网络的数据转发。

2. 控制器+App层

控制器 +App 层基于大数据网络分析的先知引擎，实现网络深度分析及可视化呈现、网络流量预测、安全预警、故障定位等能力；SDN 控制器实现集中的网络资源调度，集中管控；基于融合架构平台，支持多网络应用集成，实现跨场景统一编排，满足不同行业用户需求；南向通过标准协议和设备互通，北向面向用户提供标准化的 API，实现与第三方编排系统集成。

3. 管理编排层

管理编排层通过调用编排层 App 提供的 API，实现业务的策略定义、业务下发和管理编排，如网络实时监控、可视化呈现及故障排查等，进而增强业务、网络的可视化呈现，简化网络运维管理。

5.4　网对云的需求

网对云的需求——网络云化。

为了灵活适应互联网和云业务的发展，传统封闭刚性的网络开始从以硬件为主体的架构向虚拟化、云化、服务化的方向发展，以期实现弹性资源分配、敏捷灵活组网、自动智能运行等目标。

在云网融合的过程中，网络云作为一种面向网络服务功能的云化承载平台，是传统网络功能的云化延伸。同时，基于专用设备构建的传统网络，在实时性、安全性、大容量、低时延等方面具有比传统 IT 系统更高、更严苛的要求。

网对云提出的技术要求主要体现在以下几个方面。

1. 统一承载与集约运营能力

多专业虚拟网元在网络云上的统一承载需在通用计算能力之外引入异构计算能力，用于满足电信级虚拟网元的高性能与高可靠性承载要求。网络云资源池需实现涵盖省、地市及边缘等多级集约管理与协同运营，为高性能、安全、敏捷、可靠的网络服务能力开放提供基础。

2. 虚拟网元能力开放与增强

网络云服务能力要能够开放，可以构建差异化、弹性的网络服务，重点是发挥虚拟网元的快捷部署、弹性伸缩和灵活编排的特性，满足上层业务系统对网络能力的按需定制、快速开通等要求。

3. 电信级安全性

建立自主、可控、可信的网络云安全防护体系，为网络云上的多类型电信级虚拟网元提供与传统物理网元等效，甚至更高的安全运行环境。

网对云的需求及现有匹配度如图 5.7 所示，为缩小及消除上述能力的差距，需

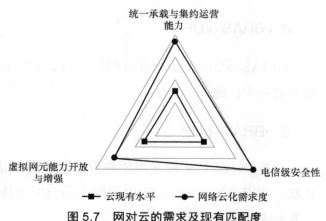

图 5.7　网对云的需求及现有匹配度

要在现有主要面向 IT 应用的云计算技术之上，对通用 IT 服务器、虚拟化平台及云资源池管理平台等提出更严苛的要求。

5.4.1 控制层虚拟化

宽带网络控制层在云网融合阶段具备虚拟化的条件，可实现控制层的云化，最为典型的应用就是 vBRAS（虚拟宽带远程接入服务器）。

转控分离 vBRAS 已成为城域网虚拟化的主要方向。中国移动、沃达丰、西班牙电信及德国电信均认可转控分离架构。设备厂商华为、中兴、新华三和诺基亚均支持 vBRAS 技术。BBF（宽带论坛）/IETF（因特网工程任务组）推动控制接口标准化，华为 / 中国移动 / 中兴主推 CUPS（通用 UNIX 打印系统），诺基亚推动基于 3GPP 转控分离协议 PFCP（包转发控制协议）。

转控分离 vBRAS 可实现宽带业务集约化处理，提升网络处理性能。转发面池化备份可提升网络可靠性。vBRAS 采用转控分离部署模式，包括 vBRAS-CP、vBRAS-vUP、vBRAS-pUP。

1. vBRAS-CP

vBRAS-CP 基于通用服务器 NFV 部署，实现城域内用户接入管理和用户表项下发，完成对 vBRAS-pUP 和 vBRAS-vUP 设备统一管理。

2. vBRAS-vUP

vBRAS-vUP 承载 VoIP/ITMS、VPDN 等小流量、高并发业务，以降低 vBRAS-pUP 池会话压力。

3. vBRAS-pUP

vBRAS-pUP 采用专用硬件设备，满足光宽等大流量业务高效处理和转发，实现光宽、PPPoE（以太网上的点对点协议）和会话级 IPoE 用户 / 业务集中接入和流量控制。

池内多台 vBRAS-pUP 设备应结合带宽和会话数合理部署 $N+1$ 冗余备份，在保障单板卡 / 单设备故障业务无感知平滑迁移的同时实现带宽利用率提升。

转控分离 vBRAS 架构如图 5.8 所示。

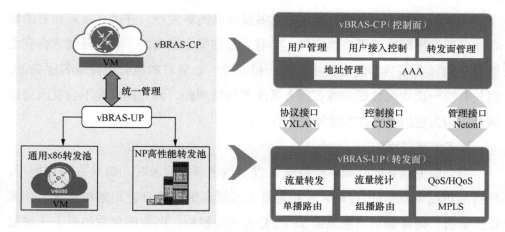

图 5.8　转控分离 vBRAS 架构

5.4.2　网络支撑系统

1. 域名系统（DNS）

DNS 是整个互联网服务的底层基础之一。这一服务将人们访问的互联网域名转换为 IP 地址，相当于网络访问的指路牌。

1983 年 Paul Mockapetris 提出了 DNS，这是一种有层次的、基于域的命名方案，并且用一个分布式数据库系统加以实现。当人们需要访问一个域名时，应用程序会向 DNS 服务器发起一个 DNS 请求，DNS 服务器返回该域名对应的 IP 地址，这极大地简化了域名访问路程。

DNS 是由解析器和域名服务器组成的。域名服务器是指保存有该网络中所有主机的域名和对应 IP 地址，并具有将域名转换为 IP 地址功能的服务器。其中一个域名必须对应一个 IP 地址，且一个域名只能有一个 IP 地址，一个 IP 地址可以同时对应多个域名。

域名服务器通常会有两种形式，即权威域名服务器、缓存域名服务器。

（1）权威域名服务器：要向全世界提供 DNS 信息，并对请求给出响应，备份服务器或常说的从（Slave）服务器会在主服务器出现问题或无法访问时来应答查询请求。

（2）缓存域名服务器：本地的域名服务器能够缓存，并比直接向外界的域名服务器发出请求能更快地应答。当有人查询某个域名时，解析器通常会向上级 ISP 的域名服务器发出请求，并获得回应。如果有本地的缓存域名服务器，则只有第一次查询被缓存域名服务器发到局域网外，其他的查询不会发向局域网外，因为它们已经在本地缓存了。

域名解析过程如下。

当一台主机 a 向其域名服务器 A 发出域名解析请求时，如果 A 可以解析，则将解析结果发给 a；否则，A 将向其上级域名服务器 B 发出解析请求。如果 B 能解析，则将解析结果发给 a；如果 B 无法解析，则将请求发给再上一级域名服务器 C。如此下去，直至解析到最终结果为止。

DNS 云化部署方案如下。

目前，DNS 网管、DNS 日志采集存储、DNS 递归服务可以直接实现云化部署。但 DNS 缓存服务不适合直接云化部署，主要原因如下。

（1）DNS 云化首先要求网络虚拟化部署，网络性能将下降。

（2）DNS 缓存业务服务本身有高内存和高性能的要求。云化内存资源是共享的，DNS 缓存服务虚拟化后，对资源的需求是硬性的，达不到节省资源的目的。

（3）DNS 业务要求低时延，DNS 缓存服务云化后，会增加业务时延。

针对 DNS 缓存服务云化部署方案建议将 DNS 缓存高性能专用设备部署在云机房，作为云资源基础设施一部分，提供 DNS 缓存服务；或者在云机房 x86 通用服务器上配置专用硬件（FPGA 板卡），云化部署 DNS 缓存服务软件。

2. ITMS

ITMS 主要用于家庭网关的设备注册、初始化自动配置、远程故障诊断修复和设备监控等。它通过北向连接服务开通系统接收业务工单，南向通过 TR069

管理通道连接终端，通过安装客户端与 ITMS 连接查看工单、终端情况。

ITMS 是运营商面向家庭、企业终端的核心管理系统，在业务自动开通、终端远程升级、故障诊断、状态和性能检测等日常维护工作中起着关键作用，同时也是宽带数字化运营场景的重要数据来源，在宽带数字化运营中发挥重要作用。

系统管理对象包括家庭网关（光猫）、企业网关、机顶盒等设备，支持 FTTH 业务（宽带、语音、ITV、VPDN、软终端等）自动开通、终端远程升级、故障诊断、状态和性能检测等业务功能。

ITMS 上云是维护系统稳定的必要举措，是保障运维支撑的可靠举措。系统入云带来的好处主要体现在以下方面。

（1）云服务器硬件可以灵活管理，减少对硬件资源的浪费。

（2）支持业务平滑升级，快速进行系统模块的扩容和配置优化，提高硬件平台的可伸缩性。

（3）节约硬件成本和远程管理维护成本，统一管理，提高平台环境管理效率。

（4）云平台支持内置的冗余备份，可快速恢复服务器环境，提高系统安全性。

（5）提升系统响应省内生产和集团任务的可靠性及稳定性。

5.5　云网融合背景下网络规划设计

5.5.1　云间互联

在云网融合背景下，云间互联是指云计算产业成熟和业务多样化带来的多云（或数据中心）之间的互联互通，如公有云内部互通、混合云和跨服务商的云资源池互通。

云间互联也是云网融合的一个典型场景，以云间互联为目标的网络部署需求日益旺盛。随着云计算产业的成熟和业务的多样化，企业可根据自身业务需求和实际成本情况选择不同的云服务商提供的云服务，这也形成了丰富的云间互联业务场景。

在充分领略到云计算的魅力后，上云已经成为企业的必然选择。然而，传统网络在面临企业业务迁移到云端的需求时显得无能为力。为了保证应用性能，企业需要不断增加专线的网络带宽，高度复杂的分支机构部署更是充分暴露了专线网络配置管理不够灵活的弊端。

基于 DCI 的网络可提供高可靠的跨资源池云主机高速互联；云间互联产品可实现资源池间高速、稳定、安全、灵活的私网通信，用户一点上云，云间互联，并支持提供点到点、点到多点和网状拓扑的 IP 互联。

场景 1：资源池间大数据量传输/迁移

用户在一个公有云内拥有多个云资源池，其中一个节点作为主节点需要向其他节点传输大量数据，或者需要在不同节点之间进行数据迁移，在节点之间建立安全、稳定的高速网络通道，数据可以通过这个通道进行安全、稳定的内网传输。资源池间大数据量的传输 / 迁移示意如图 5.9 所示。

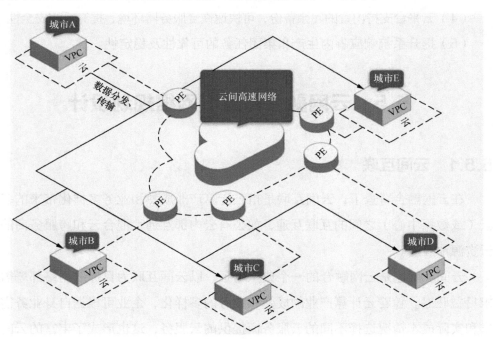

图 5.9　资源池间大数据量的传输 / 迁移示意

场景2：多节点承载分布式应用

用户在多个公有云拥有多个云资源池，部署分布式架构的企业应用通过云间互联网络可以为这些云资源池创建与公众互联网隔离的内网连接通道，保障节点间数据的稳定交互，为用户分布式应用稳定运行提供坚实的网络基础。多节点承载分布式应用示意如图 5.10 所示。

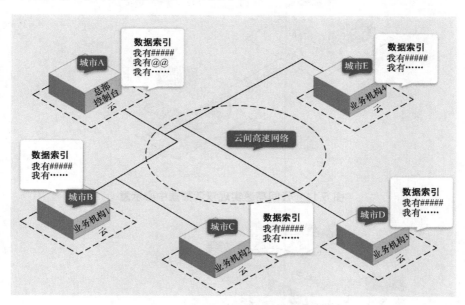

图 5.10　多节点承载分布式应用示意

场景3：双活数据中心快速上线

相对于开通传统专线形式建设双活数据中心的私有网络，用户只需采购两个云资源池，然后通过云间互联网络打通两个资源池内网，便可快速部署、上线相应的双活应用，大大缩短了双活数据中心间网络的建设周期。云间高速实现双活数据中心示意如图 5.11 所示。

场景4：灵活部署灾备数据中心

企业将某个公有云节点作为主数据中心节点，可选择遍布全国的公有云资源池作为灾备节点，通过云间互联网络连通主数据中心与灾备中心内部网络，安全、稳定地将主数据中心数据备份到灾备中心，有力保障用户业务的持续运行。灾备实现示意如图 5.12 所示。

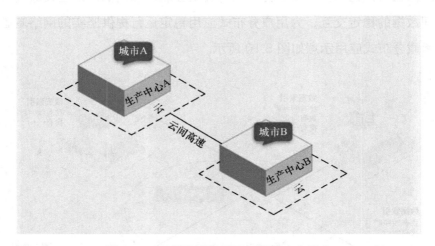

图 5.11　云间高速实现双活数据中心示意

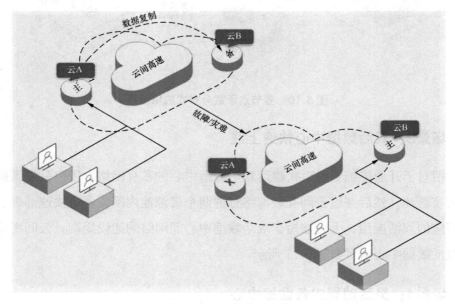

图 5.12　灾备实现示意

5.5.2　新一代城域网

新一代城域网是云网融合趋势下网络融合承载的基础，也是 To B/To C/To H 全业务转型升级的网络基础。新一代城域网应实现融合、敏捷、简洁、智能、云化、安全的目标；以云为核心组网，采用"积木式"模块化架构，实现架构弹性扩展、云网标准化对接、用户集中式处理，满足固移融合、云网融合发展需求。

新一代城域网模块化组件包括城域接入汇聚点（POD）、云网接入点（POP）、POD 出口功能区、转控分离 vBRAS 池。

1. 城域POD

区域内全业务融合承载采用 Spine-Leaf 架构组网，实现流量快速疏导与横向弹性扩展。每个 POD 设置一对 Spine 设备，选择光缆及传输资源丰富的节点，部署在不同机楼。同时 POD 内按需设置多对 Leaf，按需水平扩展，同一对 Leaf 部署在相同机楼，完成 OLT、边缘云资源池等接入。A-Leaf 提供固定 / 移动用户、边缘云等全业务的就近接入；Spine 实现 Leaf 汇聚与流量转发。Leaf-Leaf 之间通过 SRv6+EVPN 实现入云、云间等流量快速转发。

2. 云网POP

云网 POP 部署 DC-Leaf/S-Leaf 实现网络与云资源池标准化对接，接入 Spine 设备。

3. POD出口功能区

该区由 Spine 和 Super-Spine/B-leaf 组成，与骨干网、业务平台 / 核心网等外部网络对接，实现业务差异化服务。国内互联网业务通过 Spine 直连骨干网，Super-Spine 只转发多 POD 间互联流量。初期考虑演进复杂度，统一由 Super-Spine 直连骨干网。

4. 转控分离vBRAS池

vBRAS 池由 vBRAS-CP、vBRAS-UP 组成，实现光宽等固网业务。vBRAS-CP 按城域网部署，vBRAS-UP 按 POD 集中部署。转控分离 vBRAS 按城域网集中部署，vBRAS-CP 部署在核心 DC 云资源池。城域网内设置两个 vBRAS-CP 池节点，实现异地容灾，统一管理 vBRAS-UP 池（包括专用硬件转发池 vBRAS-pUP 和虚拟化 x86 转发池 vBRAS-vUP。每个 POD 设置一个 vBRAS-pUP，按需下沉到边缘 DC，覆盖 POD 内宽带用户）。

新一代城域网架构如图 5.13 所示。

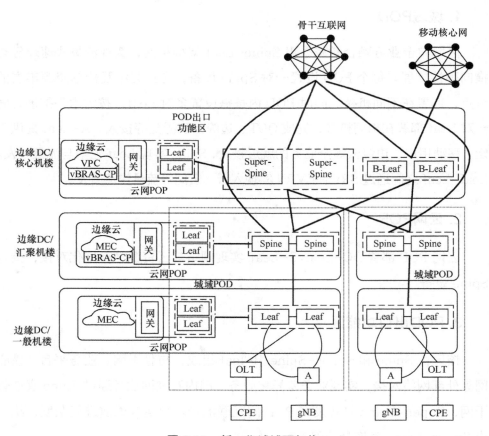

图 5.13　新一代城域网架构

5.5.3　网随云动

1. 架构扁平化

网络架构扁平化是网随云动的核心，有利于实现全光直达、降低时延和功耗、简化电层复杂度。网络架构扁平化的总体目标是从目前一级干线传输网、二级干线传输网、城域骨干传输网、城域接入传输网等多层架构逐步向"骨干 + 城域"两层架构演进。

（1）骨干传输网扁平化

骨干全光网的扁平化目标是一级干线传输网和二级干线传输网融合（一二干融合），打破原先一级干线传输网和二级干线传输网的界限，在光纤光缆、WDM/ROADM、OTN 等网络层级均实现一二干融合规划、建设、部署和运营，达到降低网络时延、提高网络资源利用率、提升网络拓扑连接密度等目的。

骨干光缆网有助于全面实现一二干融合，优化传输时延，大规模部署超低损耗 G.654E 光纤光缆，为未来部署 400Gbit/s 及以上速率的 ROADM 系统做准备。

（2）城域传输网扁平化

城域全光网扁平化目标是将城域传输网络稳定覆盖到城域边缘层节点，实现对移动、家庭宽带、政企、入云 / 云间等业务的融合承载。对于 To B 业务，城域全光网向政企客户和移动基站延伸，网络层次由"城域 + 接入"向一张全覆盖的单层架构城域全光网演进。

城域光缆网可结合城市路网条件，新增光缆路由以加密光缆网格，市 – 县 – 镇从树形分层结构逐步向网状扁平结构发展，实现跨县、镇就近光缆互通。

网络扁平化演进示意如图 5.14 所示。

2. 网络全光化

网络全光化目标是光网络在传输、接入全光化的基础上，实现交换路由全光化。目前传输网络已经实现了传输和接入网络介质的全光纤化，在下一代的网络规划和设计中传输、接入、交换路由都尽可能在光域端到端实现。未来全光网技术和应用范围还将进一步发展和扩大，如设备内部板卡甚至芯片间全光互联、星间/星地全光互联等。

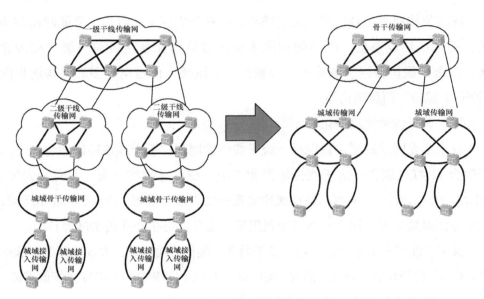

图 5.14 网络扁平化演进示意

（1）骨干传输网全光化

骨干传输网全光化的发展重心是建成一二干融合，建成高速率 ROADM 网状网络，其目标架构可以归纳为"多层 + 分域"的扁平化结构。骨干传输网全光化"多层 + 分域"的立体扁平化网络架构如图 5.15 所示。

首先基于已建成的 100Gbit/s 和 200Gbit/s 速率的 ROADM 网络，按照一二干融合思路扩大覆盖范围，提升拓扑连接密度。其次适时新建基于 400Gbit/s 及以上速率的"大站快车"高速直达 ROADM 网络平面，形成多平面覆盖的 ROADM 网络。

（2）城域传输网全光化

城域传输网全光化推进城域 WDM 网下沉到边缘，根据云网融合和云边协同等趋势，探索基于开放光网络新型城域 WDM 设备的应用，发挥全光网的优势——城域 WDM 网汇聚层初期可采用 FOADM（固定光分插复用器）设备形态，后续根据业务发展需求引入低成本 WSS 增强波长调度的灵活性；城域 WDM 网大型城市核心层可采用网状组网进行全光调度，其他城市核心层建议以环形网络拓扑为主。

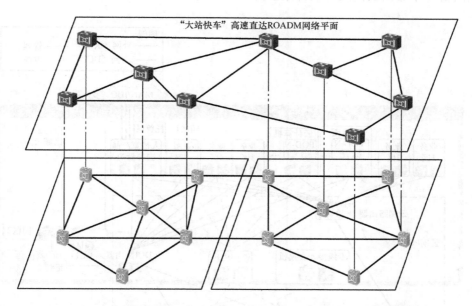

图 5.15　骨干传输网全光化"多层 + 分域"的立体扁平化网络架构

城域 OTN 根据业务发展，稳定下沉覆盖到综合业务接入点，光传送网用户终端设备（CPE-OTN）覆盖到用户节点，最终实现本地城域网的全面覆盖。基于 M-OTN（城域型光传送网）/OSU 技术实现多种业务的"品质连接"，同时为行业用户提供高品质专网 / 子网服务。

5.6　云网边界规划设计

为实现多个网络的接入，在云内网络出口区设置云网 POP，通过云网 POP 接入运营商骨干网（含 CHINANET）、城域网、OTN 等。基于云网 POP 可满足不同用户入云和云间业务需求。

中心云 / 区域云主节点部署云侧路由器，作为公网出口上联至运营商骨干网。根据云业务体量一般采用 $N×10G$ 或 100G 链路，采用专线接入交换机作为用户以不同方式入网的专线接入设备，采用 DCI 路由器作为不同园区业务互联设备。中心云云网边界设计示意如图 5.16 所示。

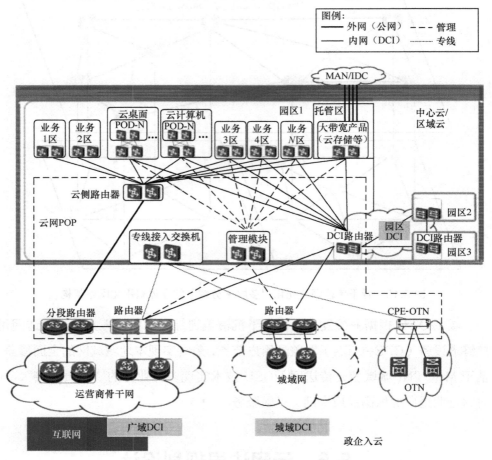

图 5.16　中心云云网边界设计示意

边缘云节点部署云侧路由器，作为各产品统一公网出口，上联至城域网。根据边缘云业务体量采用 $N×10G$ 或 100G 链路，采用专线交换机作为 DCI 内网和用户专线接入设备。边缘云云网边界设计示意如图 5.17 所示。

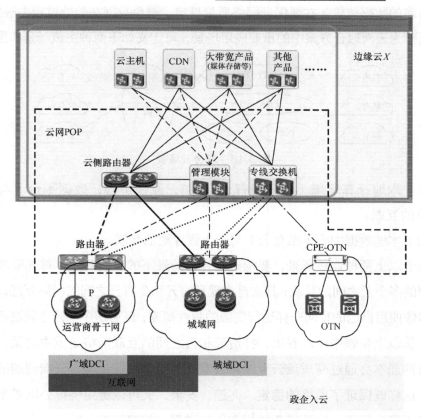

图例：
—— 外网（公网）　--- 管理
.... 内网（DCI）　-·- 专线

图 5.17　边缘云云网边界设计示意

5.7　云网融合跨云场景互联

1. 混合云场景互联互通

混合云场景是指企业本地（私有云、本地数据中心、企业私有 IT 平台）与公有云资源池之间的高速连接，最终实现本地计算环境与云上资源池之间的数据迁移、容灾备份、数据通信等。

混合云场景（如图 5.18 所示）下的互联互通同时要实现高质量、高稳定性、安全可靠的数据传输，并要保证网络质量稳定，避免数据在传输过程中被窃取。混合云作为云网融合方案中的重要应用场景，可定义如下两种主流场景模型。

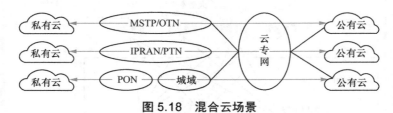

图 5.18　混合云场景

（1）本地计算环境（用户自有 IT 系统，监控中心，数据平台）与云上资源池的互联。

（2）本地数据中心（私有云）与云上资源池的互联。

基于以上两种连接场景，要构建混合云场景下的互联互通，首先要实现企业内部的多个云之间的互联；其次是实现私有云和公有云之间的网络互通，让企业能够像使用自己的私网一样进行资源的弹性调度；最后是多个云之间进行统一管理。从以上步骤中可以看出，打造云和云之间的互联网络是重中之重。混合云服务商通常会通过高质量云专线和云专网的组合来保证混合云端到端的网络连接，这样既保证了网络的稳定、高速、安全，又可以避免绕行公网带来的网络质量不稳定问题，以及避免数据在传输过程中被窃取的风险，让企业在使用正常公有云资源的同时可以通过本地数据中心保障核心数据安全。

2. 同一公有云的多中心互联

多中心互联场景是指同一云服务商的不同资源池间的高速互联，可解决分布在不同地域的云资源池互联问题。企业可通过在不同的资源池部署应用来完成备份、数据迁移等任务。

同一公有云的多中心互联是云网融合的一个典型场景。在实际应用中，很多用户云主机的分布位置及区域可能由于业务关系、开通顺序不同而有差异，对于跨区域的云主机数据互访，主流的云服务商往往提供 POP 到 POP 的传输服务来达到公有云之间的数据交互。通过云服务商的云专网实现不同地域的 VPC 间私网通信，既可以解决绕行公网带来的网络不稳定问题，又可以保障数据在传输过程中的安全性，以及保证海量数据实时高速传输。

跨地域的多中心云资源池互联是企业提升业务能力的重要依托。现如今企业的用户和企业分支机构遍布全球各地，企业云上业务应用需要多地部署或跨国部署，解决企业分支机构及用户就近快速实时访问和业务直连的问题，同时实现 IT 资源全局统一优化管理和自动化敏捷交付成为重中之重。在当前业务国际化和云网融合的大背景下，快速构建适应业务需求的跨地域云网融合，实现分布在不同地域的多中心云上资源池间数据交互和 VPC 间高速互联，对企业用户来说可以大大提升业务服务能力。同一公有云的多中心互联如图 5.19 所示。

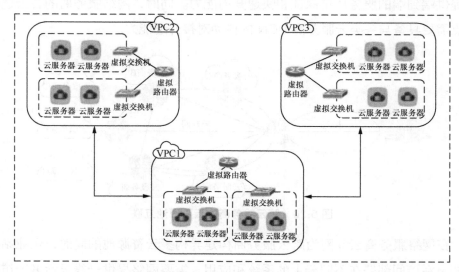

图 5.19　同一公有云的多中心互联

3. 跨云服务商的云资源池互联

跨云服务商的云资源池互联是指不同的云服务商的公有云资源池间的高速互联。该场景解决不同厂商公有云资源池互联问题，最终实现跨云服务商跨云资源池的互联。跨云服务商的云资源池互联也叫多云互联。

云计算经过 10 多年的发展，已经进入包含私有云、公有云、混合云和各种异构资源的多云时代。将部分业务分别部署在两个或多个不同的公有云服务商平台也已经成为越来越多大中型企业的部署方式，因此能够统一管理多云环境的多云管理平台将成为企业的刚需，多云之间的网络问题仍然制约着多云环境的管理。

跨云服务商的云资源池互联（如图 5.20 所示）是满足企业多云需求的重要支撑。在该场景下，网络服务商依托于自身的网络覆盖能力，将不同的第三方优质公有云资源接入自身网络中，最终形成一种网络资源与公有云资源互相补充的合作伙伴模式。网络资源是跨云服务商的云资源池互联场景的核心部分，即提供网络资源的网络服务商需要根据各云服务商的数据中心、POP 部署位置，在光缆资源、云连接节点、光纤基础设施等网络资源上做到全方位覆盖，以提供端到端的服务质量保证和快速开通能力。同时，网络服务商的各云连接节点需要具备与各类云服务商 DCN 的自动对接开通能力。

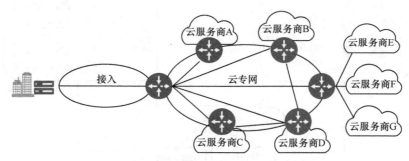

图 5.20　跨云服务商的云资源池互联

在网络服务商云专网为跨云服务商构建异构多云资源池的同时，企业站点需要灵活访问部署在不同云上的系统和应用，需要网络提供一线灵活多云访问能力，即企业终端只需申请一根专线，在不需要任何手动切换的情况下，通过各种接入方式接入云专网，云专网根据终端访问目的地灵活调度不同的云资源池，企业侧不需要感知网络细节和云端应用的具体部署位置。

第 6 章

云网融合之 5G 网络

5G 网络的发展与云网融合的提出时间基本相同，中国电信提出的 5G "三朵云"、中国移动提出的"云网融合 +5G"，都带着云网融合的烙印。而 5G 最为显著的云网融合特征是 5G 核心网的云原生特性及 5G 网络边缘云的特征，因此本章重点介绍 5G 网络的云化架构及 5G+MEC 最佳实践。

6.1　5G 相关业务及特征

6.1.1　5G 概述

4G 改变生活，5G 改变社会。进入 5G 时代，在进一步提升的网络能力支撑下，VR/AR、各种可穿戴设备出现，同时，多终端、多屏幕、多场景互联互通的无缝连接体验也成为大趋势。4G 时代以"人"为中心的互联互通将在 5G 时代扩展为以"人"和"物"为中心的有机数字生态系统的全场景连接。

ITU 定义了 5G 系统的八大关键能力指标，除端到端时延、频谱效率、移动性、用户峰值速率 4 个传统的关键能力指标外，还定义了用户体验速率、流量密度、连接数密度及能源效率 4 个新指标。各指标参数要求如下：用户峰值速率达到 10Gbit/s、频谱效率比 IMT-A 提升 3 倍、移动性达到 500km/h、端到端时延低至 1ms，用户体验速率达到 100Mbit/s、连接数密度达到每平方千米百万个、能源效率比 IMT-A 提升 100 倍、流量密度达到 10Mbit/($s \cdot m^2$)。

基于上述多元化的关键能力指标，相对 4G 的单一场景，5G 能够支持增强型移动宽带（eMBB）、低时延高可靠通信（URLLC）、大连接物联网（mMTC）三大场景，如图 6.1 所示。eMBB 主要包括超高清视频等大流量移动业务，使 VR、超高清视频、无线宽带等大流量业务成为可能。URLLC 满足无人驾驶、工业自动化等需要的低时延、高可靠连接业务。mMTC 可承载大规模、高密度的物联网业务，主要面向智能家居、智慧医疗、智能车联网、智慧城市等以传感和数据采集为目标的人、机及产品通信和自动交互的新型数字化工厂等应用场景。

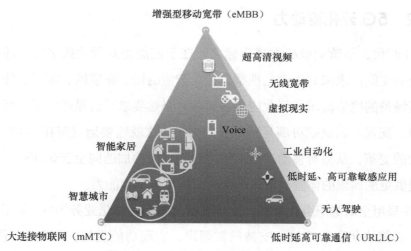

图 6.1　5G 三大业务场景

5G 无疑将带来一场跨时代的改变，它以技术为驱动，从人与人的连接延伸到万物互联，从个人和家庭延伸到社会各个领域，进而为社会经济、生活带来革命性的影响。5G 应用将面向云 VR/AR、车联网、智能制造、智慧能源、无线医疗、无线家庭娱乐、联网无人机、社交网络、个人 AI 辅助、智慧城市等。5G 超高速上网和万物互联将产生呈指数级上升的海量数据，这些数据需要云存储和云计算，并通过大数据分析和人工智能技术创造出更多的知识和价值。

5G 建设是国家顶层设计，工业和信息化部深入贯彻落实党中央、国务院决策部署，联合中共中央网络安全和信息化委员会办公室、国家发展和改革委员会等 9 部门印发《5G 应用"扬帆"行动计划（2021—2023 年）》，从面向消费者（To C）、行业（To B）及政府（To G）3 个方面明确了 2021—2023 年重点行业 5G 应用发展方向，大力推动 5G 赋能千行百业。同时编制、印发《工业和信息化部关于推动 5G 加快发展的通知》《"双千兆"网络协同发展行动计划（2021—2023 年）》《工业和信息化部办公厅关于印发"5G+工业互联网"512 工程推进方案的通知》等一系列文件，从网络建设、应用场景等方面加强政策指导和支持，引导各方合力推动 5G 应用发展。

6.1.2 5G 云化驱动力

5G 时代，运营商核心发展目标之一在于使能垂直行业数字化，迎接万亿创新业务空间。未来其要满足视频监控、智能制造、车联网、零售、能源等各种应用场景的网络需求。行业应用多而杂，必然要求平台足够灵活，经过简单的编程、配置、调试就可满足新业务的需求。这就需要运营商在 5G 时代进行一次大的变革，从原有移动通信网络的封闭式架构加速向全云化演进，才能给用户提供更加理想的体验，增强运营商的数字化转型能力。

5G 采用全新的服务化架构，支持灵活部署和差异化业务场景；采用全服务化设计、模块化网络功能，支持按需调用，实现功能重构；采用服务化描述，易于实现能力开放，有利于引入 IT 开发实力，发挥网络潜力；支持灵活部署，基于 NFV/SDN 实现硬件和软件解耦、控制和转发分离；采用通用数据中心的云化组网，网络功能部署灵活，资源调度高效；支持边缘计算，云计算平台下沉到网络边缘；支持基于应用的网关灵活选择和边缘分流。在 5G 时代，网络切片可以满足差异化需求。网络切片是指从一个网络中选取特定的特性和功能，定制出一个逻辑上独立的网络，它使运营商可以部署功能、特性服务各不相同的多个逻辑网络，分别为各自的目标用户服务。

5G 云化的核心是从设备、网络、业务和运营 4 个方面全面升级基础网络，带来硬件资源池化、软件架构全分布化和运营全自动化的系统优势，使资源可以得到最大限度共享，系统具备高扩展性、高弹性和高可靠性，业务部署、资源调度和故障处理都将实现全自动化。在 CT 网络中融入云计算核心理念，以 DC 为中心重构网络，DC 成为网络的一部分，使 IT 与 CT 深度融合，构建软件解耦、转控分离、资源共享、弹性伸缩、统一调度的全云化网络架构。

总体而言，在全面云化的战略下，未来网络将彻底转型为"以 DC 为中心"的架构，绝大多数的网络功能和业务应用运行在云数据中心上。网络通过统一的云架构实现 ICT 基础设施融合云化，逐步实现"网络云化、业务云化、运营云化"的全云化目标，只有这样，才能支撑 5G 网络切片并适配未来万变的多业务网络需求。

更可靠、更敏捷、可灵活编排调度的 5G 网络是运营商借助 5G 帮助行业实现数字化转型的基础，5G 网络云化的初心就是使 CT 业务如 IT 业务般敏捷高效，同时具有高可靠性。

网络云化是构建可靠、敏捷网络的基石。要满足确定性网络构建的要求，网络云化必须做到原生云架构实现电信级可靠。CUPS（控制面和用户面功能分离）分布式网络架构使用户面下沉可实现确定性体验并符合园区安全要求，轻量化电信云可实现资源敏捷调度，自动化运营可实现新业务敏捷迭代和 5G 时代海量站点维护。

网络云化需要确保高可靠性。5G 网络云化基于原生云架构和无状态设计，对虚拟网络功能软件进行系统优化重构，以实现弹性、鲁棒性、敏捷的云化核心网。使用跨 DC 部署和基于大数据的主动故障定位与自动闭环控制等关键技术，构建去中心化的多点故障容忍系统和故障自愈机制，以实现不依赖于基础设施的高可靠性。

5G 网络云化需保障信令流量智能控制。在 5G 网络中，由于业务终端类型和业务类型大幅增加，话务模型更加复杂，同时控制面集中和用户面分布部署特殊，信令风暴的风险增加。这就要求核心网具有极强的韧性以应对突发话务过载引起的信令风暴。

CUPS 分布式网络架构保障差异化和确定性体验。AR、VR 等新兴业务对网络时延、单用户带宽等提出了更高的要求，越来越多的企业用户希望私有数据在本地处理以确保安全。通过核心网 CUPS 架构构建分布式网络，将用户面下沉到边缘，可以极大地降低网络时延，提升用户体验；通过数据本地处理也可保证企业用户的私有数据安全，促进 5G To B 业务的发展。

资源敏捷调度和自动化运维。云化的 5G 网络需具有大容量、轻量化、高可靠、易运维的特点，助力业务快速上线和网络高效运维；需要充分利用云化优势，引入 IT 的灰度升级等技术，提高运作效率。考虑 5G 网络未来站点的大量增加，传统到站运维模式无法满足海量站点运维需求，所以必须实现自动化运营。

6.1.3 运营商5G云化思路

1. 中国电信5G云化思路

中国电信发布的《云网融合2030技术白皮书》提到，中国电信以"三朵云"为5G网络目标架构，将通过5G网络部署的契机，实现云网融合落地应用。

一是5G核心网控制面和转发面分离，控制面采用基于服务的架构（SBA），支持网络功能的云原生部署，支持网络的灵活部署、弹性伸缩和平滑演进；网络功能颗粒度进一步细化，对外提供RESTful API；通过服务的注册和发现机制，实现网络功能的即插即用；支持网络切片和边缘计算，实现业务和网络的按需定制。

二是5G无线网设备虚拟化将从控制面开始，随着通用化平台转发能力的提升而逐步深入；力争通过基站硬件白盒化来打造更加开放的无线网产业链，5G无线网设备白盒化初期主要聚焦5G室内场景。

三是5G网络切片将构建端到端的逻辑子网，涉及核心网、无线接入网、IP承载网和传送网等多领域协同配合。其中，核心网控制面采用基于服务的架构部署，用户面根据业务对转发性能的要求综合采用软件转发加速、硬件加速等技术实现部署灵活性和处理性能的平衡；无线接入网采用灵活的空口无线资源调度技术实现差异化的业务保障能力；承载网可通过FlexE接口及VPN、QoS等技术支持承载网络切片功能。

2. 中国移动5G云化思路

在2021中国移动全球合作伙伴大会上，中国移动发布了《中国移动十四五网络演进技术白皮书》，其中提到了"十四五"期间网络演进以泛在极致、云网一体、敏捷集约、智能开放、绿色安全为演进目标，从接入层、云网智联层、云网能力层等方面全面展开，涉及5G云化发展的举措如下。

（1）智简无线，锻造泛在 5G。中国移动将以"智简无线"为核心理念，持续做好 5G 精品、4G 协同、2G 升级各项工作，推进 5G 成为主力承载网络。多频协同方面，锻造"广、深、厚"的精品 5G 网络，保持领先优势；推进无线网络向绿色、云化、智能化方向发展，降本增效，化解网络建设难题；构建分级、分类、分场景网络规划体系，提升建设精准度；聚焦行业赋能，提供极致性能、融合拓展、超大连接网络确定性能力。

（2）融核赋能，推动网络云化。简化核心网架构，打造 4G/5G 全融合、集中化核心网，降低建设成本；以核心网全云化为目标，质效兼顾，积极推动网络上云，提升网络敏捷高效能力；以市场驱动为导向，打造差异化服务保障优势。

3. 中国联通5G云化思路

中国联通以 5G 建设为抓手，推进以"四化"（SDN 化、虚拟化、云化、智能化）为代表的网络转型，推出了云联网、云组网、政企精品网等云网融合创新产品，并通过共建共享建成全球最大的 5G SA 网络，以圆满完成网络转型的各项任务。

2021 年，中国联通在北京发布 CUBE-Net 3.0 网络创新体系，在已实现 5GC（5G 核心网）的 100% 虚拟化基础上，阐述了无线接入网云化的思路，指出无线接入网云化是 IT 与 CT 深度融合的关键一环，需要逐步推进硬件白盒化、软件虚拟化、资源池组化、能力开放化、管理智能化、部署灵活化的无线云基站部署。

6.2　5G 网络云化

从业界观点来看，运营商全面云化始于设备云化，设备云化始于核心网云化。从实际部署来看，目前运营商已基本实现 5G 核心网的全部云化，而 5G 无线网的开放和虚拟化将是未来网络发展的重要方向。

6.2.1　5G 网络总体云化方向

5G 的愿景是应对未来爆炸性的移动数据流量增长、海量的设备连接、不断涌现的各类新业务和应用场景，同时与行业深度融合，满足垂直行业终端互联的多样化需求，实现真正的"万物互联"，构建社会经济数字化转型的基石。

5G 网络基于 NFV/SDN、云原生技术实现网络虚拟化、云化部署。5G 网络基于服务的架构设计，通过网络功能模块化、控制和转发分离等使能技术，可以实现网络按照不同业务需求快速部署、动态的扩缩容和网络切片的全生命周期管理，包括端到端网络切片的灵活构建、业务路由的灵活调度、网络资源的灵活分配，以及跨域、跨平台、跨厂家，甚至跨运营商（漫游）的端到端业务提供等。

5G 网络云化可划分为接入云、控制云和转发云 3 个逻辑域，通过资源共享、按需编排和能力开放，形成一个可依业务场景灵活部署的融合网络。

接入云支持多种无线制式的接入，融合集中式和分布式两种无线接入网架构，适应各种类型的回传链路，可以实现更灵活的组网部署和更高效的无线资源管理。5G 的网络控制功能和数据转发功能将解耦，形成集中统一的控制云和灵活高效的转发云。控制云实现全局的会话控制、移动性管理和服务质量保证，并构建面向业务的网络能力开放接口，从而满足业务的差异化需求并提升业务的部署效率。转发云基于通用的硬件平台，逻辑上包括了单纯高速转发单元及各种业务使能单元，在控制云高效的网络控制和资源调度下，转发云使5G 网络能够根据用户业务需求定义每个业务数据流的转发路径，通过转发网元与业务使能网元的灵活选择，实现海量业务数据流的高可靠、低时延、均负载的高效传输。

6.2.2　5G 核心网

5G 是云网融合的最佳实践，5G 云化，核心网先行。与传统核心网相比，5G 核心网采用原生适配云平台的设计思路，基于服务的架构和功能设计提供更泛在的接入、更灵活的控制转发及更友好的能力开放。5G 核心网与 NFV 基础设施结合，为普通消费者、应用商和垂直行业需求方提供网络切片、边缘计算等新型业务能力。

1.5G核心网基于服务的架构

5G 以软件服务重构核心网，借鉴了 IT 业界成熟的 SOA（面向服务的体系结构）、微服务架构等理念，结合电信网络的现状、特点和发展趋势，形成基于服务的架构，实现核心网软件化、灵活化、开放化和智能化。

区别于以往 2G/3G/4G 网络的参考点架构，3GPP 将 5G 核心网的架构变革性地定义为基于服务的架构，如图 6.2 所示。

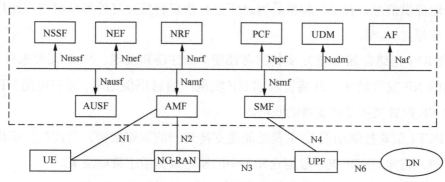

图 6.2 5G 核心网基于服务的架构

UPF（用户面功能）：支持不同无线网接入实现移动性锚点；支持与外部数据网络互连的 PDU（协议数据单元）会话节点，支持数据包路由和转发，支持包检测，支持用户面策略执行，支持合法侦听，支持用户面 QoS 处理，支持下行数据包缓存等。

AUSF（鉴权服务功能）：支持 3GPP 接入和非 3GPP 接入的鉴权。

AMF（接入和移动性管理功能）：功能包括终结 RAN（无线电接入网）控制面接口（N2），终结 NAS（非接入层）接口（N1）、NAS 加密和完整性保护，注册管理，连接管理，可达性管理和移动性管理，合法监听，UE（用户终端）

和 SMF（会话管理功能）之间的消息的传递，接入鉴权和接入授权等。

SMF（会话管理功能）：功能包括会话建立、修改和释放等，UE IP 地址分配和管理，选择和控制 UPF，终结与 PCF（策略控制功能）的接口，控制会话相关策略执行和 QoS 控制，合法侦听，计费，决定会话的 SSC（会话和业务连续性）模式等。

NSSF（网络切片选择功能）：功能包括为 UE 提供服务的网络切片实例集，确定 Allowed NSSAI（网络切片选择辅助信息），确定 Configured NSSAI，确定为 UE 提供服务的 AMF 集或一组候选 AMF。

NEF（网络开放功能）：3GPP NF（网络功能）通过 NEF 向其他 NF 或第三方、AF（应用功能）等开放能力和事件，外部应用通过 NEF 向 3GPP 网络安全地提供信息，在 AF 和核心网之间进行信息转换并对外屏蔽网络和用户敏感信息等。

NRF（网络存储功能）：支持服务注册 / 去注册和发现，NRF 接收来自 NF 实例的 NF 发现请求，并将发现的 NF 实例的信息提供出来；维护可用 NF 实例的 NF 配置文件及其支持的服务。

PCF（策略控制功能）：主要功能是支持统一的策略架构，为控制面提供策略规则，访问 UDR（统一数据仓库）中的签约数据用于策略决策。

UDM（统一数据管理）：支持 3GPP AKA（认证与密钥协商协议）认证证书的生成；支持用户标识处理；支持基于签约数据的接入授权；支持服务于 UE 的 NF 的注册管理；支持签约管理；支持合法侦听等。

AF（应用功能）：与核心网互通来为用户提供业务第三方应用。

在图 6.2 中，除了 "N+ 网元名称" 命名的服务化接口，5G 网络中仍保留了 N1、N2、N3、N4 和 N6 等参考点接口。其中 N1、N2 和 N3 为核心网与无线网之间的接口，N4 为 SMF 和 UPF 之间的接口（为支持 5G 赋能千行百业，灵活部署用户面网元，各大运营商都在积极推动 N4 接口的解耦，并取得了一定的成绩，参考公开报道，中国电信自研 UPF 已有较多商用部署案例），N6 为 UPF 与数据网络之间的接口。

2. 5G核心网的云化需求

NFV 是运营商实现云化组网的关键技术，在该技术成熟后，全球运营商已基于 NFV 技术方案部署了大量的 vEPC 和 vIMS 等网络。5G 核心网既是对传统移动互联网服务能力的升级，又是迈向产业互联网不可或缺的关键一环。5G 核心网对云化 NFV 平台（简称云平台）的关键需求如下。

开放。云平台需要实现解耦部署和全网资源共享，探索标准化和开源相结合的新型开放模式，降低网络和平台服务单厂家的锁定风险，依托主流开源项目和符合"事实标准"的服务接口来建立开放式通信基础设施新生态。

可靠。电信业务对现有 IT 数据中心（DC）和基础设施在可靠性方面提出了更高要求，NFV 系统由服务器、存储、网络和云操作系统多部件构成，涉及多个节点，潜在故障率更高，电信级"5 个 9"的可靠性需要针对性的优化方案。

高效。云平台的效能需求包括业务性能和运维弹性两个方面。业务性能体现在云平台，需要满足 5G 核心网服务化接口信令处理、边缘并发计算和大流量转发的要求；运维弹性主要包括云平台业务快速编排，灵活跨 DC 组网和资源动态扩缩容的能力。

简约。5G 核心网的网络功能单元粒度更细，需要云平台提供更轻量化的部署单元相匹配，实现敏捷的网络重构和切片编排。NFV 编排需要将复杂的网络应用、容器 / 虚拟机、物理资源间的依赖关系、拓扑管理、完整性控制等业务过程模板化，实现一键部署和模板可配，降低交付复杂度和运维技术门槛。

智能。云平台能够从广域网络和海量数据中提取知识，智能管理面向多行业、多租户、多场景的广域分布的 DC 资源。引入人工智能辅助的主动式预测性运营，为网络运营商和切片租户提供运维优化、流量预测、故障识别和自动化恢复等智能增值服务。

安全。与传统核心网的专用设备相比，5G 纯虚拟化的网络功能给安全带来了全新的挑战，需在安全区域边界、安全通信网络、安全云计算环境、安全管理中心等方面为云化网络打造电信级云网安全能力。

从上述需求可知，开放、可靠和高效是 5G 网络功能在云化 NFV 平台规模部署的基础要求。因此，5G 核心网云化部署建议采取分步推进的模式——部署初期重点考虑满足云平台开放性、稳定性和基本业务性能要求，确定 DC 组网规划、NFV 平台选型、核心网建设等基础框架问题，促进 5G 核心网云化部署落地。待后续云平台运行稳定后，基于 NFV 灵活扩展和快速迭代的特点，可按照不同业务场景的高阶功能要求，逐步进行针对性优化和完善。

3. 5G核心网云化的挑战

5G 核心网的演进采用了多种新技术，提升了网络能力，但是对于运营商来说，在网络的建设和运维成本控制、运营商自主性、UPF 云化等方面存在诸多挑战。

（1）网络的建设和运维成本

5G 核心网采用了云化部署方式，但是运营商并没有远离复杂的专用设备和高昂的成本，因为这些复杂性和高成本从硬件转移到了软件上。对于运营商来说，网络云化是由技术驱动的，云计算技术的复杂性、IT 迭代升级的短周期，以及网络 IT 人才的匮乏，都使运营商面临更为复杂的技术问题，而这些问题都只能依靠设备商来解决。这给存量网络迁移和新网络的引入带来了巨大的成本压力。

设备商对于云操作系统（CloudOS）、SDN 等技术的锁定，存在系统的封闭性，难以实现灵活的架构部署，不利于实现共享，会再次形成烟囱式部署；建设和维护及引入新功能成本较高，也不利于自主创新及灵活的迭代式部署升级。目前主流的 NFV 方案基本由设备商把持，传统的 IT 方案厂商被边缘化，根本原因是 VNF（虚拟化网络功能）仍然由设备商来主导，设备商需锁定自家的虚拟化软件才能保证性能和可靠性。

未来的 5G 通信云资源池部署既要考虑网络层次化架构，又要充分利用云资源池集约化部署优点，构建多云生态，同时还需要考虑进一步降低网络内部耦合（如 N4 接口的耦合），推动网络的全开放性。

（2）运营商自主性

无论是基础设施硬件、CloudOS，还是上层的 5G VNF 应用，目前均严重依赖商用系统。网络内部集成和创新仍不尽如人意，如云自身的灵活性仍难以发挥，运营商自己无法完成网络云化迁移。

从对网络的控制角度来看，运营商更像一个云租户，而不是运营者。在网络软件化的时代下，5G 网络建设需要向前一步，直接面向用户和市场需求，培养产品化的迭代创新能力，以更好地服务一线运营。在采购同质化设备商产品的情况下，运营商如果要比竞争对手更快响应市场，提供更多的差异化服务，并降低网络建设的成本，需要更多地依赖自身的创新和自主研发水平，通过对相关工具能力的建设，提升网络和业务之间的协同效率。

5G 核心网使能网络创新是实现 5G 网络差异化的主要手段。5G 核心网的建设，需要基于自主研发推进产品原型走向市场，在运营中迭代更新，并且要加快 IT 人员转型和人才队伍建设，加速培养自主研发支撑力量。

（3）UPF 云化

目前，5G 核心网用户面的设备形态包括专用设备、通用服务器。专用设备的转发效率最高，能够以线速转发；但无法实现分层解耦，无法被 NFVI 统一纳管，扩容能力不灵活。通用服务器包括软件加速方案和硬件加速方案，软件加速方案的转发效率不高，目前已经无法满足大流量、低时延的转发需求，但其扩展性好，可通过资源池管理系统进行统一纳管。

硬件加速方案的转发效率可接近线速，但各厂商网卡类型、业务卸载方式不统一，资源池难以纳管，这与当前的硬件加速标准化程度不够、产业化成熟度不够有关。

因此，当前 UPF 的部署面临着是否需要云化、如何云化的挑战。UPF 云化部署的方案应该结合转发性能、建设成本、部署环境、成熟度进行综合考量。目前主流 5G 核心网厂商的大容量中心 UPF 以硬件加速的通用服务器为主，并采用数据平面开发套件（DPDK）和单根 I/O 虚拟化（SR-IOV）加速技术。但实际上，云化部署并没有那么成熟，需要厂商对其进行集成。只有完成硬件、虚拟化基础设施管理器（VIM）、VNF 的集成部署，才能保证高转发性能，从而提升对接、运维效率。对于边缘 UPF，转发性能要求不高，且需要按需下沉，灵活和快速部署，灵活扩展，因此，可以考虑采用小型化、低成本的通用服务器虚拟化方案。

（4）核心网迁移到公有云

在公有云上承载电信业务是目前一个比较热的话题，有运营商已提出要逐步将电信业务迁移到公有云承载，那么从电信云迁移到公有云都面临哪些挑战？

网络复杂度和业务上线时间。在公有云上部署电信业务，需要考虑涉及多方的各类适配性问题，并进行部署测试，所需周期更长。

可靠性和性能。电信网络中的可靠性一直是重中之重，每一个失误都会造成难以估量的损失，在电信网络的实际部署场景下，系统性能是保证网络可靠性的关键。电信级别的网络设计甚至需要达到 99.9999% 的可靠性，而从目前公有云厂商官网发布的内容来看，公有云所能达到的可靠性在 99.5% ～ 99.99%。

数据主权和安全。通过公有云实现的核心网所有数据将很难被限定在一个固定的区域内，这也意味着运营商可能会面临一些数据泄露导致的法律上的风险。

云服务提供商选择。5G 服务提供商能提供独立于硬件的云原生网络功能，而不同的公有云服务提供商之间都有一些细微差别，如果需要把业务从一个公有云服务提供商迁移到另一个公有云服务提供商，将面临复杂的问题，且当公有云服务软件出现故障时，公有云服务于许多用户，5G 核心网业务不能得到最快恢复。

总部署成本。使用电信云和使用公有云的成本差异表现在这两种情况下更换供应商的成本，尽量考虑足够长的时间范围，以确保没有意外成本，同时考虑性能差异带来的成本、带宽消耗和计算处理对未来的需求。

虽然将核心网迁移至公有云是一个热点话题，但因为各种风险和问题，目前方案并不成熟，还远远达不到能商用的地步。

6.2.3　5G 无线网

云化的 5GC 只是 SA 架构下的 5G 网络建设的第一步，无线网络的云化是下一步的重要工作。

在传统的蜂窝 RAN 中，大都使用专有网络设备，这些设备又来自少数特定的网络设备商，如华为、中兴、爱立信、诺基亚等。这些无线网络建设成本一直是运营商网络综合成本的主要组成部分，大致占比在 60%～70%。

伴随着 5G 行业用户对智能应用差异化和工程建设阶段性灵活调整的需求不断增加，市场需要一套更加开放、灵活、智能的 5G 无线网络解决方案。随着 SDN 和 NFV 的兴起，全球移动网络运营商一直在推动 5G 采用 Open RAN（ORAN）架构，期望解除被"锁定"在专有 RAN 设备上的限制，以允许任何组织创建可以互操作的 RAN 产品，从而支持更多的新的供应商进入这个市场。在这样的背景下，运营商主导的 ORAN 标准联盟应运而生。

在网络开放的新道路上，ORAN 联盟是很好的典范。与软硬件一体的专用设备相比，ORAN 架构的设备有以下几个目标，软硬件的解耦、前传接口的解耦、更多虚拟化和扩展性的支持。这几个目标推动了传统通信行业的开放，使更多的 IT 与 CT 企业都能够加入 5G 产业中，更好地提供差异化的服务、拓展 To C 与 To B 市场。

显然，新形态的基站会经历一个逐渐成熟的过程，ORAN 的发展也不是一帆风顺的。目前无线侧的云化研究还处于试点阶段，但得益于开放与云化的大趋势及 IT 的快速迭代发展，预计云化基站未来会在性能、可靠性、功耗及运营维护等领域快速进步，并帮助运营商打破传统电信设备的禁锢。

6.3　基于 NFV 的 5G 核心网架构及规划

6.3.1　云化 5G 核心网架构

当前 5G 核心网商用化部署主要采用二层解耦方式，即硬件基础设施与软件系统解耦，虽然统一了硬件基础设施，但软件系统中的虚拟化中间件和网络功能层未解耦，导致仍然存在多资源池、多烟囱问题，资源无法统一调配与管理，难以发挥 NFV 的技术优势，因此在网络中部署基于 NFV 的核心网三层解耦架构是充分释放 5G 网络能力的关键，基于 NFV 的核心网三层解耦架构可实现基础设施层、虚拟化层与网络功能层完全解耦，它将真正赋予运营商灵活度高、扩展性强的网络能力；有利于分层解耦建设模式，最大限度地发挥资源池统一调度的优势，从而实现 NFV 开放合作的产业生态理念，是运营商构建开放、敏捷电信网络的重要途径之一。

ETSI 规定的基于 NFV 的核心网三层解耦架构由基础设施层、虚拟化层和网络功能层组成，VIM（虚拟化基础设施管理器）、VNFM（虚拟网络功能管理器）和 NFVO（网络功能虚拟化编排器）共同组成 MANO（管理自动化及网络编排）平台。

NFVO 主要负责跨 VNF 厂商、跨 NFVI 的资源编排及 NS（网络服务）的生命周期管理，并负责 NSD（网络服务描述符）的生成与解析，实现 NFV 实体的目录管理、实例管理、拓扑管理、网络服务生命周期管理、VNF Package 管理、虚拟资源管理、策略管理、多 VNFM 管理、多 VIM 管理、NFV 加速管理，以及网络服务的故障、性能管理等。

VNFM 主要负责 VNF 的生命周期管理，包括 VNF 所使用的虚拟资源分配、告警和性能管理，以及 VNF 的扩缩容策略的管理等，并负责 VNFD 的生成与解析。

VIM 主要负责整个基础设施层资源的管理和监控，实现部署 NFV 网络所使用的云计算资源、网络资源和存储资源的管理。VIM 需要具有 PIM（物理基础设施管理器）模块 / 功能，能够实现硬件资源的统一集中管理和维护。PIM 功能可分设，也可以与 VIM 合设，形式不限。

基于 NFV 的核心网三层解耦架构示意如图 6.3 所示。该架构与二层解耦的主要差异是其将"软硬解耦"的软件部分再次解耦分成了虚拟化资源层和网络功能层。底层硬件资源（包含计算硬件、存储硬件、网络硬件 3 个部分）与虚拟化层及其之上的虚拟化资源统称为 NFV 基础设施（NFVI），而 VNF 即部署在虚拟机上的网元软件。

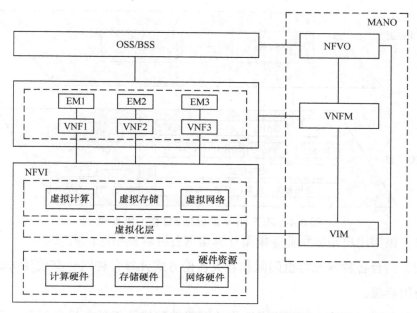

图 6.3　基于 NFV 的核心网三层解耦架构示意

　　云化的 5G 核心网对虚拟机和容器没有强依赖关系，容器颗粒度小，在灵活部署方面更有优势，而且 5G 弹性扩缩容成为常态，容器系统能够更快申请和释放资源，提高资源利用率。但目前容器的标准化程度低，系统集成的难度会更大。目前云化 5G 核心网以虚拟机部署模式为主，通过虚拟化软件 Hypervisor 把硬件计算资源、存储资源及网络资源虚拟化，并转化为一组可管理、调度和分配的逻辑资源，以虚拟机的形式提供给上层的 VNF。基于 NFV 的云化 5G 核心网架构如图 6.4 所示。

　　NFV 已成为国内外运营商网络转型的重要突破点，而 5G 网络建设为运营商实现基于 NFV 的核心网三层解耦架构落地提供了有力抓手。从发展趋势来看，整个产业链将基于云原生向更加开放的基于 NFV 的云化 5G 核心网三层解耦架构方向发展，助力 5G 服务千行百业。

6.3.2　云资源池需求测算

　　5G 核心网云化对资源池的需求主要按以下流程测算。

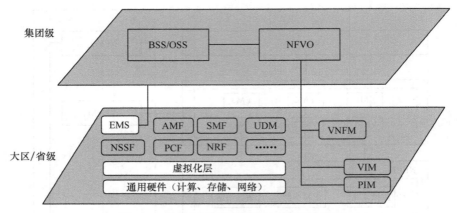

图 6.4 基于 NFV 的云化 5G 核心网架构

（1）根据用户预测和业务模型计算全网各种容量指标总需求。

（2）结合各种网元容量门限和容灾备份方式计算各种网元套数及每套网元的主备用容量。

（3）依据各厂家 VNFC(虚拟化的网络功能模块组件）设置原则、备份方式及性能指标计算出各种 VNFC 数量。

（4）每种 VNFC 有相应的虚拟机规格（计算能力、存储空间、存储读写速度），综合上述 VNFC 数量及相对固定的 MANO 和 EMS 资源需求，可得到资源池总的计算能力和存储能力的需求。

（5）根据物理机配置参数和存储设备配置参数、资源池容量备份要求（物理机冗余、亲和性 / 反亲和性等），得到资源池具体配置的物理机和存储数量。

5G 核心网云资源池需求测算流程如图 6.5 所示。

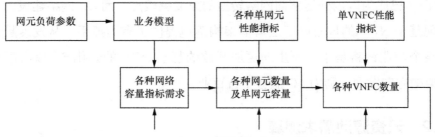

图 6.5 5G 核心网云资源池需求测算流程

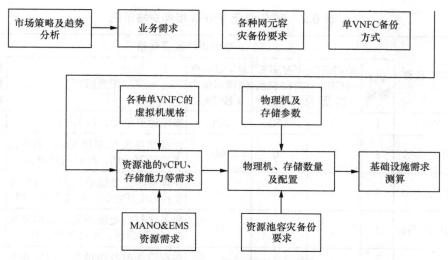

图 6.5　5G 核心网云资源池需求测算流程（续）

在上述步骤中，第（1）、（2）步与传统核心网规划建设过程基本一致。下面以 SMF/GW-C 为例计算该 VNF 对资源池计算和存储能力的需求，如表 6.1 所示。

表 6.1　5GC 网元容量需求示例

网元	总套数	总等效硬件容量（GB）	DC1机房套数	DC2机房套数	单套等效硬件容量（GB）-指标1	指标名称&单位
SMF/GW-C	4	1200.0	2	2	300.0	承载（万个）

假定对于 SMF/GW-C 网元，各 VNFC 指标规格示例如表 6.2 所示。在具体工程测算中，不同厂商对 VNFC 的规划有所不同，且各项参数应以实际测试为准。

表 6.2　5GC 网元 VNFC 指标规格示例

VNFC名称	单VNFC 配置规格					基于指标规格
	VM数量	单VNFC vCPU数量	单VNFC存储空间（GB）	单VNFC存储读写能力（次/秒）	配置原则	
OMU	1	8	450	300	操作运维单元，1+1主备	
PBU_C-S	1	8	60	60	计算资源型处理单元S，每单元支持22万会话，N+1负荷分担	22
PBU_C-S1	1	8	60	70	计算资源型处理单元S1，每单元支持400万会话，N+1负荷分担	400
PBU_I-G1	1	8	50	55	服务化接口处理单元，每单元支持120万会话，N+1负荷分担	120
PBU_M	1	4	50	40	内存资源型处理单元，每单元支持50万会话，N+1负荷分担	50
PBU_I	1	8	50	70	接口处理单元，每单元支持270万会话，N+1负荷分担	270
PBU_M-G1	1	4	50	110	管理控制单元，小于800万会话固定配置3个，大于800万会话固定配置6个，N+1负荷分担	
PBU_C-D	1	8	100	50	CHR处理单元，每单元支持260万会话，N+1负荷分担	260

　　结合容量需求和上述指标参数表可计算出单套 SMF/GW-C 的 VNFC 数量，以 PBU_C-S 为例，VNFC 数量 =ROUNDUP（300/22）+1=16。5GC 单套网元资源需求示例如表 6.3 所示。

表 6.3　5GC 单套网元资源需求示例

VNFC名称	单套SMF/GW-C资源需求				
	VNFC数量	VM数量	vCPU数量	存储空间（GB）	存储读写能力（次/秒）
OMU	2	2	16	900	600
PBU_C-S	16	16	128	960	960
PBU_C-S1	2	2	16	120	140

VNFC名称	单套SMF/GW-C资源需求				
	VNFC数量	VM数量	vCPU数量	存储空间（GB）	存储读写能力（次/秒）
PBU_I-G1	4	4	32	200	220
PBU_M	7	7	28	350	280
PBU_I	3	3	24	150	210
PBU_M-G1	3	3	12	150	330
PBU_C-D	3	3	24	300	150

下一步可计算得出单 DC 机房内 SMF/GW-C 对硬件资源的需求，如表 6.4 所示。

表 6.4　5GC 网元云资源池需求示例

DC1硬件资源汇总				DC2硬件资源汇总			
VM数量	vCPU数量	存储空间（GB）	存储读写能力（次/秒）	VM数量	vCPU数量	存储空间（GB）	存储读写能力（次/秒）
80	560	6260	5780	80	560	6260	5780

参照上述算法，可计算出所有 VNF 对 vCPU 和存储的需求。下一步的服务器硬件资源计算方法可参考现有各类云资源池的估算方案。

$$每物理机 vCPU 数量 =（CPU 路数 × 每路 CPU 核数 ×$$
$$超线程比 - 虚拟化层开销）× 超配比$$

5GC 云资源池承载的核心网相关网元及应用在 CPU 超配的情况下，虚拟化层在资源调度时可能出现时延、VM 停滞等情况，影响网元的响应性能，引起语音卡顿、掉话，网元信令超时、不同步的问题。因此建议 CPU 超配比取 1，以保障业务稳定运行。

$$资源池中所需物理机数量 =DC 机房 vCPU 需求 /$$
$$每物理机 vCPU 数量 × 物理机冗余系数$$

同时所有服务器板卡均配置两个以上，网卡支持 DPDK、SR-IOV，通过采用 NUMA（非均匀存储器访问）平衡、单网络平面双端口、虚拟机绑定物理核等方式提高宿主机性能及可靠性。

对于存储硬盘配置，则应根据存储容量需求，结合 RAID（独立磁盘冗余阵列）方式、冗余系数、备份需求和单硬盘空间等进行计算。

6.4　云网融合最佳实践：5G+MEC

在云网融合的背景下，除了 5G 网络自身的云化，更重要的是 5G 和云计算 / AI 等技术的结合，共同助力数字经济和数字社会，这里就必须提到 5G+MEC。

6.4.1　5G 行业专网

5G 承担的使命是赋能千行百业。各垂直行业 To B 业务需求的多样性、行业强定制性和差异化决定了 To B 的网络不能简单复用 To C 的网络。在 5G 行业网络建设和运营方面，企业希望探索与运营商合作构建 5G 网络的模式，在获得网络可管可控能力的前提下，进一步降低 5G 网络的使用成本。运营商在为行业用户提供上述 5G 服务时有 3 种网络建设模式：基于公网提供服务（公网）；复用部分公网资源、根据行业需求将部分网络资源由行业用户独享（混合组网）；采用行业专用频率为行业建立与公网完全物理隔离的行业专网（专网）。根据不同的建设模式，国内运营商也各自推出了不同的产品。

中国移动在 2020 年 7 月 22 日发布了 5G 专网产品、技术、运营三大体系与运营平台，明确 5G 行业专网的组网需求、网络架构及网络端到端的主要技术需求，帮助行业用户快速构建安全可靠、性能稳定、服务可视的定制化专属网络。中国移动 5G 专网分为优享、专享和尊享 3 种模式。5G 商用以来，中国移动深入实施"5G+"计划，包括教育、交通、冶金、文娱等超过 19 个细分行业的 5G 赋能升级，均获得了显著成果。截至 2022 年 6 月，中国移动已实施 4400 余个 5G 专网项目，打造了 1000 余个 5G 智慧工厂。

中国电信 5G 定制网是"网定制、边智能、云协同、X 随选"融合协同的综合解决方案，目标是为行业用户打造一体化定制融合服务，实现"云网一体、按需定制"，针对不同的行业需求和场景。

中国联通 5G 专网产品根据不同的应用场景进行定制化设计，以实现网络时延、安全隔离度、网络可靠性、网络带宽、上下行配比、峰值速率等重点因素的差异化能力，满足行业用户生产、办公、管理等应用的通信服务需求，具体产品分为 5G 虚拟专网、5G 混合专网及 5G 独立专网。2022 年 5 月，中国联通在前期 5G 应用创新的基础上发布了 5G 专网 PLUS 场景化产品"5G 随行专网"和"5G 多园区专网"。其中 5G 随行专网面向智慧工厂、智慧城市、智慧医疗、智慧文旅、移动办公等场景；5G 多园区专网针对大型企业集团跨地市多园区建网存在的建设周期长、维护效率低、创新推广慢等痛点实现统一建设、统一维护、统一创新。

6.4.2　MEC

ETSI 提出的 MEC 是基于 5G 演进的架构将移动接入网与互联网业务深度融合的一种技术。MEC 可利用无线接入网络就近为电信用户提供 IT 服务环境和云计算能力，降低网络操作和服务交付的时延，从而创造出一个具备高性能、低时延与高带宽的电信级服务环境，加速网络中各项内容、服务及应用的下载，提升用户体验。MEC 通过将计算能力下沉到边缘节点提供第三方应用集成，为边缘入口的服务创新提供了无限可能。

根据 ETSI 的定义，MEC 系统分系统级和主机级两个层次，其中 MEC 系统级包含 MEC 编排器、OSS（运营支撑系统）、应用生命周期管理代理，MEC 主机级包含 MEC 主机和 MEC 主机级网管。

MEC 主机由虚拟化基础设施（VI）、MEC 平台、MEC 应用组成，其中 MEC 平台为 MEC 应用的发现和使用提供内部或外部服务环境，并通过对第三方 MEC 应用的开放，加强网络与业务的深度融合。

MEC 主机级网管含 MEC 平台网管（MEPM）和虚拟化基础设施网管（VIM）。

ETSI 定义的 MEC 标准结构如图 6.6 所示。

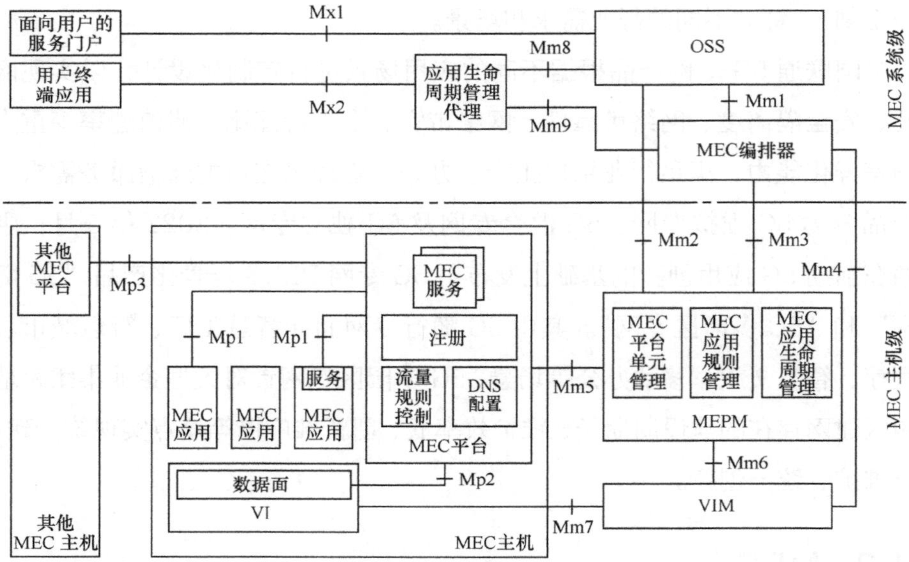

图 6.6　ETSI 定义的 MEC 标准结构

6.4.3　5G+MEC 协同方式

MEC 并非 5G 时代的产物，但业界普遍认为 MEC 是 5G 两大关键的业务使能技术之一（另外一个是网络切片），它是 5G 落地的主要推动力。

3GPP 定义了 C/U 分离的 5GC 网络架构；ETSI 定义了 MEC 的商业框架，包含软件架构、应用场景和 API。UPF 是 ETSI 与 3GPP 网络架构融合的关键点，在 N6 参考点上，UPF 负责将边缘网络的流量分发、导流至 MEC 系统。5G 与 MEC 融合组网示意如图 6.7 所示。

从逻辑功能定义来说，UPF 与 MEC 系统是分离、松耦合的，实际建设时 MEC 与 UPF 是否集成部署还要根据实际情况而定。

1. MEC 与 UPF 集成部署

基于边缘云统一承载、建设的包括 UPF 在内的统一 MEC 系统，UPF 与 MEC 紧耦合效率相对较高。建设 MEC 系统与提供 UPF 核心网的供应商通常被锁定为同一个，MEC 系统与 UPF 共享 NFV 电信边缘云基础设施，并被统一纳管，节约部分投资，另外靠近基站的边缘接入点资源比较紧张，集成部署有利于资源的充分利用。但是该方案既需要满足 UPF 等 NFV 高性能网络转发处理需求，又需要支持 IT 类业务应用的容器化部署与编排管理、边缘 AI 类和视频类业务应用的 GPU/FPGA 等加速及异构计算处理，之前主要面向网络通信处理的 NFV 电信云需要扩展为 ICT 综合边缘云，包括 MANO 也需要进行相应的扩展。MEC 与 UPF 集成部署方式如图 6.8 所示。

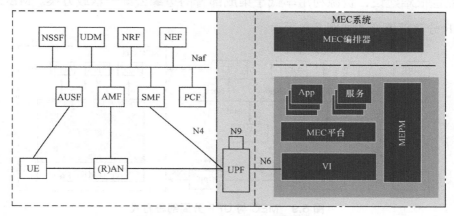

图 6.7　5G 与 MEC 融合组网示意

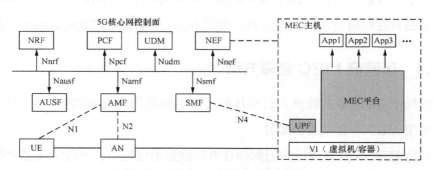

图 6.8　MEC 与 UPF 集成部署方式

基于该方式部署时，运营商可以发挥自己的融合集成能力，深入推进云边协同和云网融合，在打造连接开发者与企业用户的 5G MEC 生态系统中具有更高的话语权。

2. MEC与UPF分离部署

基于不同的边缘云各自承载，MEC 系统与 UPF 分离部署，支持分厂家建设，支持引入 IT 厂家或者自研提供 MEC 系统，并且 UPF 作为 5G 核心网元，与承载自有及第三方业务应用的 MEC 系统物理隔离也有利于提升 5G 网络的安全性。但是该方案中 MEC 系统如果提供网络流量业务链处理类服务，则这种服务不能与 UPF 共享网络，有一定的重复投资，并且部分资源受限的边缘点也很难建设，资源利用率低于集成部署的边缘云统一承载方案。MEC 与 UPF 分离部署方式如图 6.9 所示。

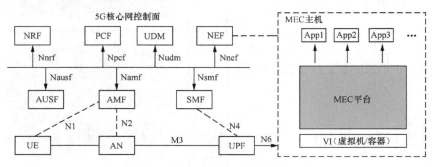

图 6.9　MEC 与 UPF 分离部署方式

基于该方式部署时，由于很多垂直行业都有自己独立的生产系统，运营商更要加强与互联网公司的合作，共同推动 MEC 生态系统的发展，实现共赢。

6.4.4　运营商 MEC 部署方案

依托于 5G 网络的流量入口和从核心到边缘的物理地址优势，电信运营商正在加快 MEC 产业实践和部署。

在运营商 5G 网络建设向云网融合方向演进的过程中，一般定义了大区 DC（集团级节点，部署骨干层设备或全国大区制的 5GC）、区域 DC（省级节点，部署省内转发面网元或者以省为单位的 5GC）、核心 DC（本地网核心节点）、边缘 DC（本地网汇聚机房）、接入局所 DC、基站机房。前面介绍的 MEC 系统级网管及 MEPM 一般部署在大区 DC 或者区域 DC。而 MEC 主机级根据不同的需求场景，为满足不同业务对时延、数据安全性和成本的要求，可选择部署在核心DC、边缘 DC 或者接入局所 DC，并与 UPF 的下沉和部署相互协同。

从具体行业端到端解决方案来看，针对不同的业务需求和用户的成本承受能力，5G+MEC 可提供灵活的解决方案，如图 6.10 所示。

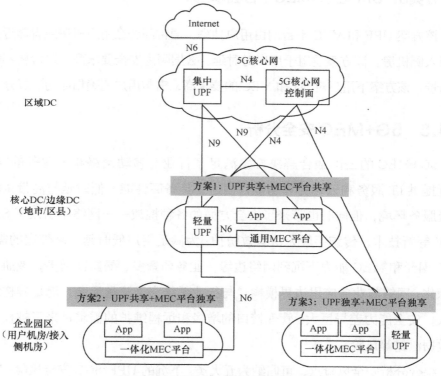

图 6.10　MEC 与 UPF 协同解决方案

方案1：UPF共享+MEC平台共享

在该方案中，UPF 和 MEC 均由多个用户共享，通常部署在运营商地市级或者区县级 DC。采用该方式对于用户而言资费更低，性价比更高；同时得益于运营商良好的机房条件，用户业务可得到更好的运维保障。

方案2：UPF共享+MEC平台独享

在该方案中，UPF 由多个用户共享，可部署在运营商地市级或者区县级

DC，而 MEC 平台为满足业务本地处理的需求，通常部署在用户机房或者靠近用户的接入侧机房，由用户独享。该方案适用于用户对时延、本地化处理要求较高和需要控制成本的场景。

方案3：UPF独享+MEC平台独享

该方案 UPF 和 MEC 平台均由用户独享，通常部署在用户机房或者靠近用户的接入侧机房。该方案适用于用户对时延、数据隔离安全要求高，对价格不敏感的场景。该方案下用户对 5G 和 MEC 的要求高，需与用户明确相应的职责分工。

6.4.5 5G+MEC 安全分析

5G+MEC 的云网融合解决方案满足了行业对移动网络和云业务的需求，就近提供 IT 服务和云端计算功能，创造了具备高性能、低时延与高带宽的电信级服务环境，但同时也带来了安全方面的各种挑战——网络中引入了 SDN、NFV 等新技术，传统手段无法有效防护；为满足用户低时延、高带宽的需求，UPF 网元和 MEC 能力下沉到网络边缘，业务场景多、暴露面增多，威胁攻击边缘化；网络与业务应用边界模糊，与行业系统交叉流量混杂，海量异构终端接入，安全能力差异巨大；管理接口的增多和远程维护的需求带来了越权访问和数据泄露等风险。

综合分析安全风险点，可归纳为五大类：下沉的 UPF/5GC 安全风险；MEC 边缘节点安全风险；MEC 与外部网络风险；MEC 业务管理平台省级汇聚层安全风险；MEC 业务管理平台集团级风险。5G+MEC 安全风险分析如图 6.11 所示。

1. 下沉的UPF/5GC安全风险

（1）UPF 与 MEC 存在横向攻击风险。如果 UPF 和 MEC 为一体机形式，还可能存在资源被挤占等风险。

（2）下沉的网元部署在用户机房，存在仿冒、非授权操作等风险，而下沉

的网元的信令面、数据面、管理面若与 5G 核心网使用相同的 VPN，且 VPN
为全连接结构，一旦被非授权接入，将可访问 5G 核心网内的所有网元，对
5GC 造成严重威胁。

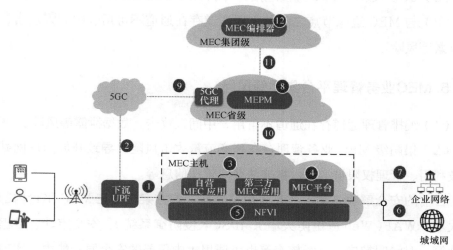

图 6.11　5G+MEC 安全风险分析

2. MEC边缘节点安全风险

（1） MEC 应用存在 App 越权访问、App 不可用、资源被挤占、用户隐私
泄露等风险。

（2）MEC 平台存在开放能力被滥用、恶意配置等风险。

（3）VI 存在隔离不当，导致资源被越权访问、非授权控制等。

3. MEC与外部网络风险

（1） MEC 与互联网的边界存在恶意访问、DDoS 攻击、数据被篡改和窃
取等风险。

（2） MEC 与企业内网的边界存在企业和园区网络出现横向攻击、恶意
攻击等风险。

4. MEC业务管理平台省级汇聚层安全风险

（1）MEPM 存在权限滥用、非授权操作等风险。

（2）5GC 代理与 5GC 直接连接，可能引入安全风险。

（3）与 MEC 边缘节点之间的管理通道存在通道不可用、中间人攻击、数据泄露等风险。

5. MEC业务管理平台集团级风险

（1）编排管理通道存在通道不可用、中间人攻击、数据泄露等风险。

（2）集团级 MEC 业务管理存在恶意流量攻击风险，导致开放门户网站漏洞被利用、管理权限被滥用、被非法获取管理信息等。

目前的安全解决方案主要是采用"外挂"式方案，即在 MEC 平台内部署防火墙、WAF（Web 应用防火墙）、IPS（入侵防御系统）、安全审计、数据库审计等，对漏洞扫描、基线核查等也可调用集中部署的安全原子能力，实现面向 MEC 边缘云的安全防护能力。

从发展方向来看，应采用能力"内生"方式，即将安全能力以 NFV 组件的方式部署在 MEC 主机上，同时打通相应的管理平台，通过灵活的网络编排实现南北向和东西向安全防护，从源头保障全流程的安全。

第 7 章

云网融合之周边保障

7.1　云网融合对网络安全的要求

随着云网融合技术的高速发展，数字技术的某些特性导致的安全风险给安全防护带来了严峻的挑战，网络世界的安全风险可以轻易"传播"到物理世界，甚至可能威胁人们的生命财产安全，传统的网络安全防护手段已经无法满足云网融合新型基础设施安全保障要求。

据统计，2021年上半年捕获恶意程序样本数量约2307万个，日均传播达582万余次，涉及恶意程序家族约20.8万个。按照传播来源统计，境外来源主要是美国、印度和日本等；境内来源主要是河南省、广东省和浙江省等。按照攻击目标IP地址统计，我国境内受恶意程序攻击的IP地址近3048万个，约占我国IP地址总数的7.8%，这些受攻击的IP地址主要集中在广东省、江苏省、浙江省等地区。

不难发现，由境外组织发起的网络攻击占比巨大，国家层面网络对抗不断升级，攻击手段不断丰富，整体网络安全形势十分严峻。在这样的环境下，云网作为"新基建"的核心数字基础设施，将面临更大的安全风险和挑战，其安全防护要求更高。

7.1.1　云网融合安全风险分析

随着越来越多的重要信息系统和业务场景逐步向云平台迁移，应用系统变得更加开放，并向更多的公众提供服务，接入网络变得更加复杂，终端分布范围变得更广且多样化，攻击技术和手段也在不断提高。

1. 安全管理风险分析

安全管理风险主要体现在人，随着云网融合规模的不断扩大，新技术的不断应用，管理人员不足、技术水平参差不齐、制度体系不够健全已经成为普遍问题。云网融合中涉及的虚拟化、大数据、移动办公等新技术、新应用，要求网络安全管理人员能充分认识到新技术可能带来的安全技术风险和安全管理风险。同时，安全管理人员网络安全意识有待提高。

2. 安全技术风险分析

随着攻击者的团伙化、攻击技术的复杂化、攻击手段的多样化，传统以防御漏洞为主的分散的安全策略在面对层出不穷的新型、持续性、高级威胁时难以帮助系统及时有效地检测、拦截攻击。

（1）攻击技术不断升级带来全新挑战

高级可持续威胁攻击（APT 攻击）是一种典型的新型攻击模式，甚至已经成为当今各国面临的主要的信息安全威胁，其造成的破坏和带来的危害远大于普通的安全事件。APT攻击图解如图 7.1 所示。

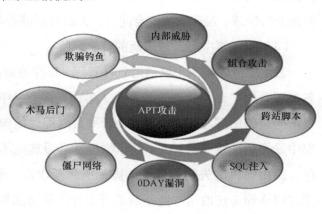

图 7.1　APT 攻击图解

APT 攻击可以绕过各种传统安全检测防护措施，通过精心伪装、定点攻击、长期潜伏、持续渗透等方式，伺机窃取网络信息系统核心资料和各类情报。事实证明，传统安全设备已经无法抵御复杂、隐蔽的 APT 攻击。在这种情况下，理论上，依靠已知特征、已知行为模式进行检测的 IDS（入侵检测系统）、IPS 在无法预知攻击特征、攻击行为模式的情况下无法检测 APT 攻击。

（2）安全边界不断扩大带来终端安全风险

在传统网络架构中，局域网是企业办公的主要方式，重要服务器和内部终端均部署在局域网内，对外互联的出口往往可控且较少。随着云网融合的快速发展，终端范围不断扩大，如移动警务、政务移动办公、网上银行等新业务场景纷纷涌现，业务移动化使很多原本只能在内网访问的业务系统不得不对互联网开放，传统意义上的安全边界已经不断外延，系统对外的暴露面不断增加，可被恶意人员利用、攻击内部系统的途径也不断增加，以终端为跳板的木马渗透、违规外联、恶意钓鱼等网络安全事件不断涌现，传统的以预防为主的安全架构面临极大挑战，安全防御手段也明显不足。

（3）局部分散的防护措施无法应对复杂的攻击手段

传统的安全防护体系仅限于安全产品的简单堆叠，没有系统、整体地规划安全体系，存在防护措施分散无序、安全策略配置不到位、重复建设严重等各类问题。同时，各种审计信息、安全措施的告警信息各自独立存放，基于单一视角无法快速、准确发现安全问题，无法及时准确掌握云网整体安全态势。

（4）业务集中上云带来新的安全风险

云上业务的隔离主要通过软件实现，软件的漏洞为攻击者提供了方便之门；各类云管理平台、业务支撑系统 / 运营支撑系统中也经常暴露出信息泄露、越权访问、跨站脚本等安全漏洞；云平台远程运维模式和身份认证机制在工程实现中暴露出严重风险隐患；共享物理基础设施的不同租户之间因分离存储、内存、路由等机制失败而导致的虚拟机跳跃攻击、侧信道攻击等案例时有发生；通过网络钓鱼窃取用户凭据后进行云计算服务跟踪和本地攻击，最终导致大量数据泄露的案例日益增多。

此外，传统网络可以通过交换机、IDS 等硬件设备进行日常监测、审计，而虚拟主机间通过硬件背板而不是网络进行通信，这些通信流量对传统的网络安全控制来说是不可见的。因此，针对云计算场景下的安全防护需要基于软件实现。

3. 安全运营风险分析

随着云网基础设施的逐步健全，网络环境更加复杂和多样，新的安全运营场景需求也在不断涌现，传统安全运营模式已经不能满足新形势下的安全事件监测、响应与闭环处置的需求。如何有效应对安全威胁动态变化、安全意识整体薄弱、安全技能相对缺乏的现状，如何能够不断加强安全运营体系的适用性、高效性、可扩展性，确保业务的连续性，已成为各云网运营商面临的重大挑战。这些挑战主要表现在以下几个方面。

（1）资产信息无法完全掌控

云网基础设施越来越复杂，范围原来越广，变化越来越频繁，安全管理员常常搞不清楚网络的具体状况，如哪些是云内资产、哪些资产是关键资产、哪些资产对外提供服务、哪些资产配置了安全策略等，无法准确掌握内部网络、资产的安全风险。在这种情况下，攻击者自由地出入敏感数据区域也无人知晓，投入了大量资金建设的安全防御体系因此也成为摆设。

（2）安全运营效率低

值得一提的是，运营过程如果只是配备了安全保障的技术工具，缺乏安全运营协同体系，则安全运营效率仍然很低。在实际运营过程中，往往会跨越多个供应商、多个运维团队，因此，管理控制方面呈现出多分支、多层级的复杂局面，传统电信网络运维与云计算业务的维护出现机房设施、人员、部门明显隔离的现象。网络复杂度不断增加导致安全运维效率更低，两者之间的矛盾在实际运维中会日趋明显。

（3）未知高级威胁考验运维人员的能力

攻击对抗技术的不断发展使越来越多由长期持续、有组织的高级威胁和未知病毒所导致的网络安全事件出现，而面对这类问题，普通运维人员往往束手无策，一旦安全事件得不到定位分析和处置，将可能造成重大损失。因此，在运营过程中，是否有及时发现问题的一线运维人员以及能进行专业分析、对问题进行定位的技术专家是安全运营能力的集中体现，也是安全运营的重要因素。

7.1.2　云网融合安全解决方案

为了应对以网络为中心到以数据为中心的变化，针对上述云网融合发展过程中存在的管理、技术和运营风险，我们应当统筹考虑云网整体安全。按照木桶原理（木桶的最大容积取决于最短的一块木板），任何一个安全环节的短板都将成为攻击者的主要目标,所以安全防护的重要目标就是提高整体云网"安全最低点"的安全保障能力,安全防护措施必须是有机的整体,是多层次纵深的防御体系,这样才能有效避免和补足安全短板。

1. 安全管理解决方案

"没有网络安全就没有国家安全",面对当今的网络安全形势,国家高度重视网络安全,不断加强监管,还成立了国家层面的、多部门协同的信息安全领导组织,并相继出台了《中华人民共和国网络安全法》《网络安全等级保护条例(征求意见稿)》《关键信息基础设施安全保护条例》等法律法规,相关配套制度和标准也在不断完善。云网融合已成为通信基础设施、新技术基础设施和算力基础的黏合剂,是新型基础设施的底座,其安全防护能力必须不断提升。

云网融合安全高效发展离不开强有力的组织保障措施。"三分技术、七分管理"说明了网络安全管理的重要性,全员网络安全意识必须不断提高,安全管理制度和安全管理责任制必须持续完善,形成由安全策略、管理制度、操作规程、记录表单等构成的全面的云网安全管理制度体系,并切实执行落地。安全管理制度体系如图 7.2 所示。

2. 安全技术解决方案

为了形成端到端的云网融合安全能力,需要构建"云、网、边、端"一体纵深的安全防护体系,实现终端、边界、网络和云内安全防护。

(1)终端安全防护

终端安全管理是一个复杂的问题,通常一个组织中的终端地理位置分散、用户水平参差不齐、

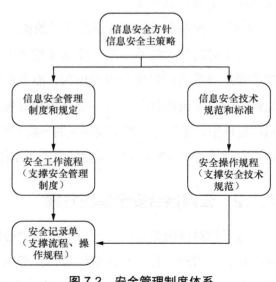

图 7.2　安全管理制度体系

承载业务不同、安全需求各异，这就决定了终端安全建设的复杂性和多元性。要根据终端用户的接入位置、所属部门、业务需要等条件来选择和执行适当的安全管理措施，既不能搞"一刀切"，又不能对用户放任自流，缺乏管控。我们深刻地认识到，终端安全既是起点也是重点，局部的、简单的、被动的防护不足以解决问题，要想解决终端安全问题，一个好的思路是建设可信终端安全保障平台，全面管理终端安全，并且能够同其他保护网络边界和网络基础设施的网络安全产品和技术结合起来，共同组成信息安全保障体系，提升组织的信息安全保障能力，对抗来自内部和外部的威胁。

（2）边界安全防护

边界是信息安全的第一道防线，所有访问内部应用的数据均会通过边界进入内网。由于云内数据的价值较高，边界所面临的安全风险越来越高。随着攻击手段的不断演进，频发突发、隐蔽性强、手段多样、实施体系化的复合型攻击已经成为当前网络边界面临的主要威胁。事实证明，每一次网络攻击的成功，都是攻击者通过技术手段数次攻破网络边界防线的结果。因此，网络边界的防护至关重要。

① 抵御 DDoS 攻击

设想这样一个场景，突然有一天，当你去上班的时候，你发现一大群陌生人挤在你公司所在的写字楼门口，他们看起来都像正常访客，但是就好像有人指使他们同一时间堵在写字楼门口，导致写字楼出入口拥挤，门禁瘫痪，你和你的同事都没办法正常上班。DDoS 攻击就基于类似上述场景实现。

DDoS 攻击者借助于服务器技术，将多个计算机联合起来作为攻击平台，对一个或多个目标发动 DDoS 攻击，从而成倍地增大拒绝服务攻击的威力。通常该攻击方式利用目标系统网络服务功能缺陷或者直接消耗其系统资源，使该目标系统无法提供正常的服务。DDoS 攻击示意如图 7.3 所示。

加强抗拒绝服务攻击的能力，通过部署抗 DDoS 攻击系统抵御边界流量泛洪类攻击。在整个数据对抗的过程中，服务提供者往往具有绝对的主动权，用户可以基于抗 DDoS 攻击系统特定的规则（如流量类型、请求频率、数据包特征、正常业务之间的时间间隔等）或基于对海量数据进行分析，进而对合法用户进行模型化，并利用这些指纹特征，有效地对请求源进行白名单过滤，从而实现对 DDoS 攻击流量的精确清洗。

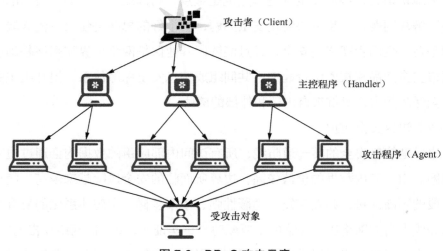

图 7.3　DDoS 攻击示意

通俗来讲，好比在写字楼入口旁边设置一个高效、快速的安检通道，一种方法是制定用户访问规则，事先约定好访客进入写字楼的规则，如携带工作证、到访的时间间隔，设置正常的业务访问规则（如流量类型、请求频率、数据包特征、正常业务之间的时间间隔等）；另一种方法则是基于指纹库进行白名单放行，对历史以来所有出入人员行为、特征记录进行分析，建立一套评判模型，如 HTTP 模型特征、数据来源、请求源等，让安检通道可以进行快速筛查和过滤，确保正常访问者进入写字楼。

② 访问控制

随着云网融合的不断发展，移动业务将大量增加，越来越多的用户通过手机访问云上业务系统，这给网络边界的有效管控带来了严峻的考验。在网络设计时保留大量的接入端口，这对于随时随地快速接入业务网络进行办公是非常便捷的，但同时也引入了安全风险，一旦外来用户不受阻拦地接入网络中，就有可能破坏网络的安全边界，由此而引入诸如蠕虫扩散、文件泄密等安全问题。

因此需要对非法客户端实现禁入，同时，需要能够对内部用户非授权就连接到外部网络的行为进行限制或检查，并对无线网络的使用进行管控。例如，门禁内置相应的访问策略，只有满足这些策略条件的用户才能进入门背后的房间（内网），一般情况下访问控制基于防火墙实现，系统基于 IP、安全域、VLAN、时间、用户、地理区域、服务协议及应用等多种方式进行访问控制。

③ 防入侵和防病毒

现今，病毒的发展呈现出以下趋势：病毒与黑客程序相结合、蠕虫病毒更加泛滥。与过去相比，目前计算机病毒的传播途径发生了很大的变化，很多病毒以网络形态进行传播，并且一旦病毒通过网络边界传入局域网内部，就会对信息系统造成破坏。因此，需要在网络边界部署病毒防护手段，在网络层进行病毒查杀，从而有效防止系统内部主机感染病毒。

（3）网络安全防护

网络作为承载业务的通道，是用户与业务系统之间的高速公路，网络的畅通、高效、可靠是充分发挥云计算作用的基础。

① 网络架构安全可靠

如果把云计算资源池比作一个城市，那么网络就是通向这栋楼的高速公路。首先，网络的带宽必须满足业务高峰的需要，换句话说，通往云的这条高速公路既要够宽，又要平整。其次，网络需要划分不同的 VPN，就像公路需要划分不同的车道，每个 VPN 拥有独立的网络资源，满足不同的 QoS 保障。再次，网络节点设备的业务处理能力必须满足业务高峰的需求，也就是说高速公路上的每个收费站必须能够处理大量的车流（转发数据包），避免拥塞。最后，容错冗余备份机制是不可或缺的，多链路、多节点能够提高网络架构的鲁棒性，确保整个网络稳定、可靠。

② 通信传输保密高效

网络协议及文件格式均具有标准、开放、公开的特征，数据在网上存储和传输过程中，不仅会出现信息丢失、信息重复或信息传送的自身错误问题，还会遭遇信息攻击或欺诈，导致最终信息收发的差异性。因此，在信息传输和存储过程中，要确保信息内容在发送、接收及保存时的一致性，并在信息遭受篡改攻击的情况下，可提供有效的察觉与发现机制，实现通信的完整性。而数据在传输过程中，为抵御不良企图者采取的各种攻击，防止遭到窃取，应采用加密措施来保证数据的机密性。

目前主流的加密算法有两类，即对称加密算法和非对称加密算法。

对称加密算法采用同一个密钥对信息进行加密和解密。例如甲、乙之间事先约定好一对密钥，当甲需要和乙通信时，甲用事先商量好的密钥进行加密，数据包到达乙后，乙用同样的密钥解密。这类算法的优点是计算量小、加密速度快、加密效率高，但其弊端是双方必须将事先商定好的密钥保存好，如果泄露，加密信息将不再安全，而且每对用户每次使用对称加密算法时都需要使用甲、乙事先约定好的密钥，这会使得收、发双方所拥有的密钥数量非常庞大，密钥管理成为双方的负担。对称加密算法示意如图 7.4 所示。

与对称加密算法不同，非对称加密算法需要两个密钥，即公开密钥和私有密钥。公开密钥与私有密钥是一对，如果用公开密钥对数据进行加密，只有用对应的私有密钥才能解密；反之亦然。简单理解：甲生成一对密钥（公钥和私钥），并将公钥向乙公开；乙使用甲的公钥对数据包进行加密后再发送给甲；甲使用自己的私钥对加密后的信息进行解密，双方完成通信。非对称加密算法的缺点是加密和解密花费时间长、速度慢，只适合对少量数据进行加密。非对称加密算法示意如图 7.5 所示。

图 7.4　对称加密算法示意

（4）云内安全防护

云作为应用和数据承载的核心，也是攻击者的目标

图 7.5　非对称加密算法示意

之一。云主机系统自身的漏洞一旦被攻击者利用，攻击者获取系统权限后将直接导致信息系统被破坏或数据泄露。因此，需建立自主、可控、可信的云内安全防护体系，为网络云上的各类虚拟网元提供与传统物理网元等效，甚至更高的安全计算环境。云内安全防护体系应主要涵盖云主机身份鉴别、云主机访问控制、云内恶意代码防范、数据备份和恢复等。

① 云主机身份鉴别

云主机身份鉴别的核心在于验证接入用户是否为合法用户，无论是网络层、主机层，还是应用层，都涉及身份鉴别。这里只以主机身份鉴别作为示例。设想一个场景，当我们打开计算机进入操作系统的时候，需要输入用户名和密码，这就是主机层（操作系统层）的身份鉴别；计算机上网需要连接 Wi-Fi，此时也需要输入密码，这就是网络层的身份鉴别；连接互联网后，打开一个网络游戏，再次输入用户名和密码，这就是应用层的身份鉴别。身份鉴别本身是一个分层级认证的概念。过于简单的标识符和口令容易被穷举攻击破解，同时非法用户可以通过网络进行窃听，从而获得管理员权限，可以对任何资源非法访问及越权操作。因此必须提高用户名／口令的复杂度，并定期进行更换，或者采取更可靠的身份鉴别措施，如短信验证、二维码、CA 证书、生物特征识别技术等。

② 云主机访问控制

云主机访问控制主要为了保证用户对虚拟机资源进行合法使用，不同的云服务用户可以自行设置不同虚拟机的访问策略。用户必须拥有合法的用户标识符，在制定好的访问策略下进行操作，杜绝越权非法操作。同时，考虑到云环境内虚拟机可能会发生迁移，其相关的访问策略必须跟随迁移。

需要额外说明的一点是，云内的访问控制与云外边界访问控制略有不同，以前面提到的写字楼为例，如果边界访问控制是写字楼的大门，云内访问控制则是写字楼内每个房间、每层楼的门，不同的公司、不同的人对门的使用策略规则各不相同，所以这里又会延伸出新的概念——虚拟防火墙，它与传统硬件防火墙功能一样，唯一不同的是虚拟防火墙是软件形式，它更加灵活、更加能够适配云内的环境。

③ 云内恶意代码防范

病毒、蠕虫等恶意代码是对云内计算环境造成危害的最大隐患，当前病毒的威胁非常严峻，特别是蠕虫病毒，一旦爆发，其会立刻向其他子网迅速蔓延，发动网络攻击、进行数据窃密。它们会占据正常业务的带宽，造成网络性能严重下降、服务器崩溃，甚至网络通信中断、信息损坏或泄露，严重影响正常业务开展。因此，除在网络层采取必要的病毒防范措施外，必须在云主机部署恶意代码防范软件进行监测与查杀，防止病毒在虚拟机之间扩散、蔓延。

④ 数据备份和恢复

如今，围绕数据加密、数据泄露，甚至诈骗等核心元素展开的网络勒索类型千姿百态。网络勒索具有匿名性、隐蔽性、便捷性等特点，深受黑客青睐。云平台内的重要业务数据、重要审计数据、重要配置数据、重要视频数据和重要个人信息等核心数据更容易成为黑客的目标。因此及时对数据进行备份和恢复十分重要。

3. 安全运营解决方案

结合安全管理制度与安全技术手段，参照 PDR［Protection(保护)、Detection(检测)、Response(响应)］模型安全运营防护策略，按照"事前预防、事中检测、事后响应"三大环节，形成一套规范有序、高效运转、快速响应的安全运营体系，提升对未知威胁感知和防御能力，有效防御各种新型攻击，满足新形势下云网安全保障工作的要求。

（1）事前积极预防，摸清资产是前提

云网融合安全运营的基础是摸清云网内信息资产的全貌，这些资产除了包括传统的网络设备、主机/服务器、安全设备，还包括 Web 应用、中间件、数据库、应用系统等。资产信息包括设备类型、域名、IP、端口、版本等，它是云网安全运营的前提和基础，而企业往往并不完全掌握这些资产信息，采用人工方式进行资产梳理对于庞大的信息系统来说既烦琐，又不全面。因此，需要对全网资产进行自动化发现，并结合业务特点，对资产的重要性等情况进行梳理，并针对这些资产进行事前预防，包括资产配置风险检测、攻击面评估、合规风险自动化评估等。

（2）事中安全检测，检测分析是核心

事中安全检测重点针对安全状态和异常信息等进行全面采集和实时监控，主动查找云网安全隐患和漏洞，及时发现入侵行为，做到安全事件的早期发现、跟踪识别、分析预测和实时预警。快速判别各节点突发安全事件的影响范围、攻击路径、攻击目的，有效支撑安全决策和应急响应。

（3）事后快速响应，闭环处置是关键

一方面，面对安全事件，快速响应和处置的能力体现在应急队伍的技术水平、应急服务网络的覆盖度、应急流程和体系的成熟度及应急响应经验和资源准备情况等诸多方面，各因素缺一不可。另一方面，云网安全运营必须进入常态化，只有定期做好安全评估、检查设备的运行状态、核查设备的配置是否满足安全防护需求、识别修复漏洞等各项日常运营工作，才能及时排查各类安全隐患，将风险扼杀在萌芽状态；否则，在重大事件发生后，就容易出现安全问题层出不穷、人员疲于应付的问题，甚至造成经济损失和人员伤亡。

7.2　云网融合对运营系统的要求

云网融合改变以往云服务、网络服务等以独立产品为主的服务思路，主推融合型产品，将服务内容由底层向上层延伸，为政府、企业、个人等提供一体化服务。运营系统就像云和网络的操作系统，是实现云网融合的重要基础，而传统的运营系统存在运营效率低、产品上线慢、业务开通周期长、用户感知差等各种问题，并不能很好地支撑云网融合全面推进，因此，应打造新一代面向云网融合的运营系统，构建一套综合、新型的云网运营管理体系，实现云网端到端协同运营。

新的运营系统应以用户为中心，优化云网交付流程，全面提升云网运营效率，优化用户体验，能够更好地支撑云网融合工作的开展；实现云网一体化管理，承接业务开通、运维及管理 3 个方面的支撑要求。

新的运营系统的运营维护和流程应贯通，计算、存储和网络三大资源的差异和隔离不再可见；从云和网各自独立的运营体系转向全域资源感知、一致质量保障、一体化规划和运维管理。

因此，首先要做到云、网、边、端相关资源的可管、可视、可控；带宽、存储和计算三大资源也应该能智能、高效、合理地分配、部署在云、网、边、端。

7.2.1 云网融合业务需求

1. 云网业务开通的需求

云网融合带来"云 + 网络"资源随选的云网业务，业务开通能力以市场为导向，实现云网业务的产品快速设计、加载、销售、交付，以用户为中心实现云网业务的差异化、定制化、自助式服务，支持优质的用户签约体验。

新的运营系统需要支撑全新云网交付流程。新的云网交付流程必须以用户为中心，具备以下特点：一是产品上线快，能够将现有的云、网资源以产品化、服务化的方式进行灵活组合，简单配置即可快速上线；二是用户灵活定制，用户可通过网上营业厅、掌上营业厅等多个渠道自主进行产品的灵活组合及定制，并可随时按需变更；三是业务开通快，优化业务开通流程，减少人工环节，提升系统自动化程度，实现一键定购、即时开通。

2. 云网业务运维的需求

面向用户和业务，构建业务 QoS 保障体系，提供端到端网络资源、业务资源视图，基于运营指标的故障精准定位、流程闭环处理、网络弹性伸缩，支持优质的用户履约体验。

新的运营系统必须能够快速定位并排除故障，为业务的持续稳定运行提供端到端的全面保障，需要具备三大能力：一是精准刻画网络状态，建立全面、完善的网络状态监控体系，实时、准确地反映网络运行状态，支撑网络故障的快速定位及排除；二是云网和融合运维，改变现有分专业、分段运维导致的责任界定难、故障排除慢等现象，通过融合的云网运营系统实现集中运维；三是自动化、智能化，在对网络进行全面监控、汇聚大量数据的前提下，引入 AI 技术，进一步实现网络自动化、智能化运维。

3. 云网业务管理的需求

面向管理层，构建云网能力评估体系，为云网资源扩容提供数据支撑。一是提供云网资源的宏观管理视图，实时、全面掌控全网运行态势；二是通过大数据分析进行业务预测，指导网络敏捷扩容，提高投资决策准确度；三是从可靠性、可用性、运行质量、运行效能等方面进行综合评价，进一步提升云网业务的管理能力。

7.2.2　行业案例

1. 国内外运营商

（1）AT&T 的 ECOMP

AT&T 于 2013 年启动 Domain2.0 网络架构重构计划，旨在通过统一的集成云实现共享、通用、同构化，通过引入 NFV、ECOMP（为实现网络转型而新设计的自动化平台）和 SDN 三大核心要素，将网络基础设施从以硬件为中心向以软件为中心转变，实现运营商定义业务向用户定义业务转变，基于云架构的开放网络，提供互联网化的连接和云服务，大幅提高业务上线速度，实现网络服务高效开通、灵活变更的能力。

为支撑下一代 Domain2.0 转型，AT&T 以"自研 + 合作"的方式构建云化、开放共享、ICT 融合的下一代运营平台 ECOMP（增强的控制、编排、管理与策略），通过自动化方式进行业务编排、资源管理和设备控制。其主要特征有设计态与运行态分离，具有基于策略控制的闭环自动化、元模型驱动的设计 / 创建平台。

（2）中国移动的 OSS4.0

2015 年 7 月，中国移动向产业界推出下一代革新网络——NovoNet，并发布《NovoNet 2020 愿景》。NovoNet 的发展理念是希望融合 NFV、SDN 等新技术，构建一张资源可全局调度、能力可全面开放、容量可弹性伸缩、架构可灵活调整的新一代网络，以适应中国移动数字化服务战略布局的发展需要，为"互联网+"发展奠定良好的网络基础。

相应地，中国移动启动了 OSS4.0 的相关规划工作，提出"面向集中化、平台化、开源化、CloudNative 目标对传统支撑架构进行重构，实现基础云化、系统弹性、数据规范、应用敏捷、能力开放、技术自主的新一代网络技术架构"。

中国移动的 OSS4.0 重点突出以下几方面的能力。

① 动态编排：增强动态资源的实时管控能力，支持对 NS、VNF 的动态编排。

② 业务能力灵活组装：灵活地组装切片、服务，为不同用户提供专网能力。

③ 平台化及能力开放：分层构建网络及网管能力、开放平台能力，支撑自研及第三方应用灵活开发部署。

④ 微服务架构：云化、微服务化架构迭代式开发，快速响应业务需求。

⑤ 集中化部署：从点到面逐步推进全网集中化，从业务标准入手，推进系统向集中化整合。

OSS4.0 系统全面支撑下一代 NFV/SDN 的全生命周期的闭环自动化管理，包括设计、编排、控制、资源管理、综合保障与分析等核心功能模块；支持软件化网络业务（如 CloudVPN、vCPE 等）的自助开通、开通所有环节通过自动化功能实现，从而更加快速地响应用户开通需求，并自动监测用户相关的网络及业务运行状况；基于策略进行端到端保障。业务端到端运营流程如图 7.6 所示。

（3）中国联通的

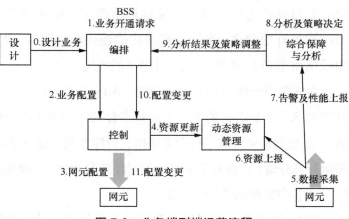

图 7.6　业务端到端运营流程

一体化网络 IT 支撑能力体系

2015 年 9 月,中国联通对外发布了《中国联通新一代网络架构白皮书(CUBE-Net 2.0)》。2019 年,以 CUBE-Net 2.0 网络架构目标为引领,中国联通开始着手规划并构造一体化网络 IT 支撑能力体系,提供端到端调度、自动部署、按需调整能力,支撑网络能力产品化运营。在 CUBE-Net 2.0 网络架构指引下,中国联通深入推动网络"四化"(云化、虚拟化、SDN 化、智能化)转型,取得了一系列技术和应用成果,并以 SA 为目标架构,建成了全球最大的共建共享 5G 网络,开展了 5G MEC、网络切片和虚拟专网等多方面的网络创新实践。2021 年,CUBE-Net 2.0 升级为 CUBE-Net 3.0,以打造连接数据与计算、提供智能服务的新一代数字基础设施为愿景,使能千行百业数字化转型和智能化升级。

中国联通的一体化网络 IT 支撑能力体系重点突出以下几方面的能力。

① 产品随选运营:业务支持用户随选,电商化的产品运营。

② 资源集约管控:资源的集约化管控和调度。

③ 能力开放:分层构建平台能力,开放平台能力支撑自研及第三方应用灵活开发部署。

④ 端到端编排:实现网络功能的协同和面向业务的编排,云化、微服务化架构业务编排快速响应业务需求。

⑤ 网络使能:主动学习用户行为特征、自动感知需求、自动分配网络资源,实现敏捷、精准的业务调度与优化,以智能化的服务手段为用户提供最佳的业务体验。

⑥ 分层基础设施管理:以通用化、标准化、集约化为原则打造通信云基础设施平台,构建分层 DC 为基础的资源池;虚拟化网元按业务需求分级部署。

(4)中国电信的新一代云网运营系统

2016 年 7 月 11 日,中国电信发布《中国电信 CTNet2025 网络架构白皮书》,该白皮书的发布标志着中国电信正式进入转型升级新战略的实施阶段。

网络重构是中国电信转型升级新战略的重要组成部分,中国电信将牢牢把握住"网络随选、弹性部署、快速配置"等行业技术发展趋势,以智能牵引网络转型，深化开源技术应用，积极引入 SDN、NFV、云等技术，构建简洁、集约、敏捷、开放的新一代云网运营系统，实现网络、IT 融合开放，为快速部署业务、提升安全能力、促进业务创新提供有力支撑，为用户提供可视、随选、自服务的全新网络体验。

新一代云网运营系统采用开源、开放的架构，通过纵向区隔、横向协同的方式引入，对于 SDN/NFV 的新设备由协同编排器实现对其业务配置与资源调度，重点针对实时、动态资源进行调控；对于传统设备则仍然由综合网管和专业网管实现业务配置功能，重点保障传统网络的稳定运行。两者之间可通过跨域的顶层编排器来实现统一运营、端到端的业务管理、网络架构的自动化管理。

① 跨专业顶层编排器：实现跨专业端到端业务的编排、全网能力开放、端到端策略管理。

② 协同编排器：实现对单专业内多厂家控制器、跨域的协同及网络服务能力的抽象提供，重点面向动态网络资源的管理与业务状态、网络原子能力封装与业务编排。

③ 控制器：用于本域内执行配置、实施策略，控制分布式模块和服务的状态。

随着云计算、大数据、SDN/NFV 等技术应用的不断发展，以及新一代运营支撑系统的实施部署，中国电信的 IT 系统与网络将从架构协同走向深度融合。基于通用硬件的云资源将逐步成为 IT 系统与网络的公共载体；基于新一代云网运营系统能够有效实现端到端的网络控制、资源提供和业务配置，并实现自助、按需、自动化、一站式的资源提供、业务开通和自助服务。中国电信新一代云网运营系统如图 7.7 所示。

2. 互联网行业头部企业

（1）腾讯蓝鲸智云体系

腾讯蓝鲸智云，简称蓝鲸，是腾讯游戏运营部"腾讯智营"下的子品牌，担负着数百款业务线上运营的使命。

腾讯蓝鲸智云体系由平台级产品和通用 SaaS 组成，平台包括管控平台、配置平台、作业平台、数据平台、容器管理平台、挖掘平台、PaaS 平台、移动平台等，通用 SaaS 包括节点管理、标准运维、日志检索、蓝鲸监控、故障自愈等，为各种云（公有云、私有云、混合云）的用户提供不同场景、不同需求的一站式技术运营解决方案。

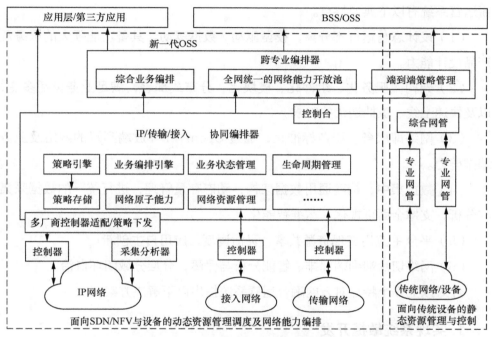

图 7.7 中国电信新一代云网运营系统

腾讯蓝鲸智云体系依托企业级 SOA、集成等理念，运用 Docker 等先进的云技术构建起全新的运维模式，致力于以"原子服务集成"和"低成本工具构建"的方式落地 DevOps，帮助运维快速实现"基础服务无人值守"及"增值服务"，并进一步通过 DevOps 的落地实现企业更全面和可持续的效率提升。

（2）阿里巴巴的"云效 2.0"

"云效 2.0"是一站式企业协同研发云，源于阿里巴巴多年先进的管理理念和工程实践，提供从"需求→开发→测试→发布→运维→运营"端到端的协同服务和研发工具支撑。"云效 2.0"将战略规划、敏捷研发、持续集成、持续交付、DevOps 等理念引入银行、保险、民航等大型企业和互联网初创企业，支持公有云、专有云和混合云的协同研发，助力企业产品快速创新迭代和研发效能升级。

7.2.3 云网融合运营系统解决方案

从国内外运营商最佳实践、国内互联网头部企业云管体系的对标情况来看，新运营系统有以下典型特点。

（1）设计态与运行态分离，模型驱动／数据驱动，具备功能强大的服务及产品设计能力。

（2）架构微服务化、组件化、模块化，分布式部署，满足业务灵活多变，以及快速上线、敏捷迭代的需求。

（3）网络即服务，服务标准化，通过 OpenAPI 开放端到端的网络及业务编排能力。

（4）数据集中，构建通用数据架构，动态存量管理，进行统一的数据采集与分析，支撑全面可视化、运维智能化。

（5）平台＋应用实现资源共享、灵活调度，应用自主创新。

（6）网络切片端到端编排、智能分析与保障，分层分域闭环自治。

针对以上 6 个特点对云网融合运营系统提出以下解决方案。

1. 实现系统敏捷开发

云网融合运营系统的平台架构将采用云原生技术，以利于应用和基础设施资源的解耦，通过定义开放标准，向下封装资源，将复杂性下沉到基础设施层，提供简洁、高效的开发环境给应用系统。云原生技术将提供统一的技术栈，形成一个动态、混合、分布式的云原生环境。

云网融合运营系统也将采用容器化部署方式和微服务架构，以增加资源供给方式的多样性。引入 DevOps 和 CI/CD（持续集成／持续部署）开发流程，以实现敏捷开发，提升开发效率，更好地满足业务流转速度快和市场环境变化大的需求。

（1）容器化部署

利用轻量级的虚拟化容器技术来包装和运行应用。容器实现应用程序的轻量级、可移植、自包含，使应用程序无须更改就能在不同系统间运行，简化云应用程序在云平台的部署。

（2）微服务架构

采用微服务架构将一个大型的软件应用程序的功能分为一系列独立的小型服务，每项功能都独立部署在容器中，使容器运行单独的任务。这些微服务可协同工作，并可以通过自动化和编排流程进行独立扩展、持续改进和快速迭代。以云管理系统为例。以前，整个云管理系统部署在一个大软件包中，使用微服务架构后，就无须将云管理系统组件部署为一个大软件包——大型单体应用程序。该大型单体应用程序被划分并部署为按用途分类的若干个较小的功能单元（运营分析、监控告警等微服务）。这样，当需要维护一个模块时，由于微服务可以独立工作，无须停用整个应用程序，也不会影响到其他功能，从而提高了云管理系统的更新迭代速度和服务质量。

（3）DevOps

采用 DevOps 和 CI/CD 自动化实现"软件交付"和"架构变更"流程，更加快捷、频繁和可靠地构建、测试、发布软件，从而更快地向用户交付应用，并不断改进产品的质量，增加服务功能，实现精益求精的发展。在整个过程中，CI/CD 都引入了持续自动化和持续监控，从而能够快速识别和处理问题与缺陷，实现敏捷开发。

总的来说，使用云原生技术是为了实现一个高效、灵活、可持续改进的云网融合运营系统，以满足快速变化的业务需求。

2. 实现网络与业务灵活编排

云网融合运营系统的核心是业务 / 网络编排器，其可被编程特性提高了业务实现的灵活机动性，业务 / 网络编排器是实现网络能力向业务能力快速转换的关键，主要通过以下几个方面实现。

（1）运营系统能力解耦

传统运营系统多采用烟囱式的封闭架构，就像黑盒子，功能之间紧耦合，难以相互配合。因此要打破这些黑盒子，对网管能力进行充分解耦，形成原子化的网络基本能力，从而使灵活编排成为可能。

（2）网络服务抽象

传统运营系统多以资源为核心进行管理，网络资源与上层产品之间的逻辑非常复杂，每个产品的推出均需要很多的开发工作，而无法通过简单的配置来完成，导致产品上线周期长。因此，需要对网络的基本能力按照业务特征、服务目标等进行适当的提炼与封装，屏蔽底层网络的一些细节，形成一个个专业域的服务能力，以更好地支撑上层产品与业务。

（3）设计与编排

在传统运营系统中，产品设计与网络服务设计分属于 BSS、OSS 两个不同的域，彼此之间缺乏标准化的映射体系，导致理解与实现很容易产生偏差。因此必须打通 BSS、OSS 之间的壁垒，建立标准化的产品与网络服务映射体系，更好地实现两者之间的衔接，从而支撑产品的灵活配置，快速上线。

编排是指按顺序执行指定的流程，以达到自动化运行的目的。编排在一个较高层面上进行，并同时提供基础设施、网络和应用的端到端视图。

3. 数据共享助力智慧运营

现有云网数据分散在各个平台，存在资源不准确、不同步、不能充分共享等问题，极大地阻碍了云网一体化运营维护的进展。因此需要建设云网基础数据共享平台，对各类基础数据进行采集与汇聚，建立跨域融合的云网大数据湖，并借助大数据、AI 等对数据从不同纬度、不同视角进行深度挖掘与分析，为服务编排、运营维护、用户体验、资产价值等上层应用提供数据支撑。

7.3　云网融合对数据中心的要求

当前，云计算、AI、大数据等新一代信息技术快速发展，传统产业与新兴技术加速融合，数字经济蓬勃发展。算力基础设施作为各个行业信息系统运行的算力载体，已成为经济社会运行不可或缺的关键基础设施，在数字经济发展中扮演至关重要的角色。

在国家重点战略工程"东数西算"的带动效应下，以算力为核心的数字信息基础设施进入新一轮建设周期，成为新型基础设施建设的重点。发展算力基础设施对于我国数字经济发展支撑意义重大。当前，数据中心已成为支撑各行业"上云用数赋智"的重要新型基础设施。全国一体化的数据中心布局建设可以扩大算力设施规模、提高算力使用效率、优化资源配置，更好地赋能数字化发展。

7.3.1　数据中心面临的问题

随着国内外互联网、通信行业的迅猛发展，数据的处理、交换任务及存储量也随之增长，数据中心的建设量和建设规模也不断扩大，数据中心的土地、电、水、材料等资源消耗量及其在社会整体消耗量中所占比例也逐年攀升，同时，数据中心在资源利用过程中也存在如空置率高、能源利用效率低等诸多问题。如果不加以控制，数据中心对资源的过度消耗将越来越大，数据中心的运维成本将在几年内超过数据中心的自建成本。而建筑作为数据中心最重要载体和基础设施，其规划、设计、选材、建造决定了数据中心后续节能技术的选用及改建扩容能力。

7.3.2　绿色数据中心建设要求

云网融合及后续算力网络对数据中心提出了更高的要求，尤其还要考虑绿色发展的要求，数据中心是碳排放的主要对象，未来数据中心的建设要考虑合理布局和绿色发展。

2022 年 11 月，工业和信息化部会同国家发展和改革委员会、商务部、国家机关事务管理局、中国银行保险监督管理委员会、国家能源局启动 2022 年度国家绿色数据中心推荐工作，在生产制造、电信、互联网、能源、金融、电子商务等数据中心重点应用领域遴选一批能效水平高且绿色低碳、布局合理、技术先进、管理完善、代表性强的国家绿色数据中心。其评价指标主要侧重以下 4 个方面。

- 一是明确能源利用高效导向，进一步加强能效对重点领域低碳发展的引导，提高了对国家绿色数据中心 PUE 的要求；同时，引导数据中心提高可再生能源电力利用水平。

- 二是优化绿色低碳发展指标设置，对于余热余冷利用水平、水资源利用水平、绿色采购水平、绿色运维水平、绿色化改造提升情况、绿色公共服务水平等指标根据最新发展情况予以优化。

- 三是引导提高算力算效水平，首次对算力资源利用、算力能效、单位信息流量综合能耗下降等提出要求。

- 四是落实对数据中心科学布局及集约建设战略要求，鼓励在风光资源富集、气候适宜等地区布局建设，鼓励集约建设。

7.3.3 数据中心节能

1. 场地规划节能措施

场地内各建筑物分散穿插布置，能够保留在场地内回旋，形成自然通风条件。另外，可以考虑在场地空置土地上辅树木、草地等绿化物，利用植被等自然条件形成场地微气候，营造节约能源的生态小环境，实施要点如下。

（1）在设计阶段就要对场地内外可能的噪声源进行预测及模拟分析，并对噪声源采取有效措施，使场地内环境噪声符合国家现行的《声环境质量标准》（GB 3096—2008）的规定。

（2）在设计阶段还要对场地内风环境进行模拟，使其有利于室外通风。

（3）绿化物要选择适宜当地气候和土壤条件的乡土植物，且采用包含乔木、灌木的复层绿化。

（4）要采用垂直绿化等多种方式优化场地内景观设计，主要景观种植区还要采用适应当地气候和土壤的植物。

（5）绿化灌溉、景观用水、浇洒道路用水、洗车用水要优先考虑采用雨水、再生水。其水质应符合国家标准《城市污水再生利用　城市杂用水水质》（GB/T 18920—2020）的规定；景观用水的水质应符合国家标准《城市污水再生利用　景观环境用水水质》（GB/T 18921—2019）的规定。

2. 建筑设计节能措施

（1）建筑平面

建筑平面的规划布局和单体平面设计要有利于减少夏季的太阳热辐射，还要利用冬季日照并避开冬季主导风向，自然通风。总体规划设计应充分利用水体和绿化等自然资源进行多方位的节能设计。

（2）门窗

门窗要严格按照国家、地方相关建筑节能参数进行设计。

机房要少开窗或不开窗，各朝向的窗墙面积比要满足国家节能标准的相关要求。门窗的窗框宜采用隔热金属型材，窗框的传热系数 $K \leqslant 5.0\mathrm{W}/(\mathrm{m}^2 \cdot \mathrm{K})$，外窗的传热系数 $K \leqslant 2.4\mathrm{W}/(\mathrm{m}^2 \cdot \mathrm{K})$，其可见光透射率大于 60%。

（3）墙体、屋面等围护结构

建筑设计要贯彻执行国家公共建筑节能设计的相关标准，对屋面、墙体要进行保温隔热设计处理，在减少能源消耗的基础上确保良好效果。外墙（包括非透光幕墙）的传热系数 $K \leqslant 1.0\mathrm{W}/(\mathrm{m}^2 \cdot \mathrm{K})$；屋面的传热系数 $K \leqslant 0.70\mathrm{W}/(\mathrm{m}^2 \cdot \mathrm{K})$；地面的热阻 $R \geqslant 2.0\mathrm{m}^2 \cdot \mathrm{K}/\mathrm{W}$。

要综合考虑性能、价格因素，积极选用各类新型墙体材料和散装水泥等新型环保节能建筑材料。

3. 给排水节能措施

要最大限度地利用市政水压进行直供水，加压供水区域宜采用变频恒压供水装置，水泵要采用高效节能型产品。

要选用节水型卫生洁具及配件。卫生间坐便器宜采用容积为 6L 的冲洗水箱；公共卫生间要采用感应式水嘴和感应式小便器冲洗阀；蹲便器宜采用自闭式冲洗阀。

水池、水箱溢流水位均设报警装置，在进水管阀门出现故障时，防止水池、水箱长时间溢流排水。

4. 空调系统节能措施

空调要采用高效节能的绿色制冷系统，如采用冷冻水空调和自然冷却等措施。

（1）水侧自然冷却

要充分利用自然冷源，利用过渡季节或冬季较低的室外气温，由冷却塔及板式换热器提供冷源，缩短机械制冷使用时间，降低能源消耗和运维费用。基于末端精密空调安装空间及采用封闭冷通道的方式，冷冻水供水温度可提高至15℃。

（2）冷冻水空调

冷冻水空调系统采用高效离心式冷水机组（COP ≥ 7.0），其特点是制冷量大并且整个系统的能效比高。

（3）冷冻水温度与制冷主机

冷冻水空调系统供水／回水温度提高到15℃～21℃，减少形成大量冷凝水的情况，避免凝结、加湿同时进行，消耗冷量，降低离心冷水机组功耗，同时延长自然冷却运行时间，提高空调系统整体的运行效率。

（4）采用变频电机节约能源

① 变频冷水机组。冷水机组采用变频电机并进行相应的特殊设计，节能效果非常明显。

② 变频冷却塔。冷却塔采用变频电机，可以在部分负荷和满负荷的不同气象条件下实现节能效果。

③ 变频水泵。冷却水和冷冻水的水泵由于常年运转，耗能惊人。变频水泵可以在部分负荷时通过降低频率减少水的流速来节能。

④ 调速风机。空调末端可采用调速风机，调速风机一般根据回风温度控制风机的功率，若回风温度较低，就降低调速风机的功率来减少风量；若回风温度较高，就提高调速风机的功率来增加风量。

（5）优化气流组织

① 提高回风温度

空调回风温度提高至28℃～31℃（传统机房回风温度为26℃），可降低空调系统运行能耗。

②封闭冷通道

冷、热气流要完全隔离（另外要求机柜配盲板，减少冷热气流混合），达到"先冷设备，再冷环境"的目的，并配备风量可调地板风口或变换风量地板风机，保证不同功耗设备散热的需要。

5. 电气节能措施

走廊、楼梯间、门厅等公共场所的照明宜采用集中控制，并按建筑使用条件和天然采光状况采取分区、分组控制措施。

（1）在选取照度标准值时，要在设计中根据不同功能要求和不同的标准要求选取合适的照度标准值，并保证照明功率密度值符合《建筑照明设计标准》（GB 50034—2013）的相关规定。

（2）室内照明部分要选用高效节能的光源、灯具和镇流器。照明光源的选择要以高效节能荧光灯或 LED 光源为主。灯具多选用开启式或半开启式直接型配光灯具（所选灯具的光输出：敞开式不小于 75%，格栅灯具，双抛物面式不小于 60%，铝片式不小于 65%）。镇流器的选择至关重要，镇流器分为两种，一种是功耗电感镇流器，自身功耗小，可靠性高，无电磁污染；另一种是高频电子镇流器，功耗更小，可提高光源光效，发光稳定，无频闪，无噪声，有利于节能和改善视觉效果，它在降低谐波量和电磁辐射、提高可靠性方面有较大改进，并逐步成为荧光灯的主要配套产品。

（3）室内照明系统的电容补偿器的选择，要根据使用条件采取集中或分散的电容补偿措施，目的是提高整个系统的功率因数。

（4）室外照明光源的选择，如红线内的道路及庭院照明、景观照明全部选用太阳能灯具，首选小功率的金属卤化物灯或 LED 灯，次选紧凑型荧光灯和细管型荧光灯。室外照明灯具的选择在满足眩光限制条件下，首先选用效率高的敞开式直接型照明灯具。根据不同的现场状况、功率要求，选用光利用系数高、具有光通量维持率高的灯具，如石英玻璃涂膜的灯具反射罩和保护罩、镀过红外反射膜或经过阳极氧化处理的铝反射罩、镀过光触媒膜的反射罩和保护罩、加装了活性炭过滤器的灯具等。

（5）室外照明系统节能控制器的选择目前有3种，即可控硅降压型照明节电装置、自耦降压式节电装置、智能照明控制器。可控硅降压型照明节电装置的缺点是出现大量谐波，对电网形成谐波污染，尤其不能用于有电容补偿的电路中。自耦降压式节电装置的缺点是当电网电压波动时，自耦变压器输出的电压也会上下波动，无法保证照明的工作电压处于稳定状态。因此，宜选用智能照明控制器。

（6）灯具的智能控制与自然光的利用。在白天能利用自然光源的时候，要尽量关闭不必要的耗电光源。所有公共部分宜采用楼宇集中控制方式，便于根据实际情况进行分区、分回路或分时段控制；在重要场所宜采用红外感应控制的红外控制开关和超声波控制开关节能装置。当在安装控制开关的场所有人时，红外线或超声波传感器发出信号，将灯自动打开；而人离开该场所一定时间后（可设定时间范围），无人进入时，红外线或超声波传感器发出信号，控制灯自动关闭。其他场所在回路上多设置控制点，以分散控制为主；在楼梯间宜采用声控开关。建筑物夜间景观照明和室外照明可采用集中遥控的控制方式，通过BA（建筑物自控）或智能照明控制可进行多场景、多时段、多分区的自动控制，并结合定时开关、光控开关等进行自动控制。

（7）动力控制部分。节能控制基于建筑设备监控系统的检查、控制功能实现。在设计时，电气专业设计人员配合设备专业人员合理选择水泵及风机的电动机、配合建筑专业人员合理选择电梯设备，以实现降低能耗的必要条件；做到从设计入手，尽量合理配备，尽量采用变频电机，对水泵、风机等用电设备实施自动控制措施，从而减少空载运行时间，以节约能源。

（8）能耗管理系统。设置能耗管理系统的具体方法为在不同类型的动力、照明配电箱中增加可远程传送的计量仪表，并设置集中监控工作站，用于处理、分析收集到的数据，并针对异常情况给出节能优化建议。

（9）选用非晶合金变压器设置。非晶合金变压器绕组容量越低，材料消耗越少，成本越低。非晶合金变压器的铜损失和铁损失低，效率较高；质量轻、体积小、占地面积小；节能效果明显，环保效应强，综合使用成本低，运行稳定，安全性能高。

6. 通信工艺节能措施

（1）积极推进通信设备标准化，在网络建设各环节实现节地、节材、节能。制定通信设备体积、质量和功耗方面的技术规范，统一制定设备配置模型，确定主设备节能的近期目标和远期目标，推动设备机架标准化；推动设备供应商按照网络需求进行产品研发，节约材料、简化工艺，实现网络设备"健康瘦身"，以满足公司总体节能的目标要求。

（2）积极推进通信主设备节能，建立设备节能分级体系。按照通信设备中的交换设备、传输设备、小型计算机及存储设备等各类主设备能耗，建立节能分级体系；设备集中采购时要优先考虑低功耗、高集成度、高能效比的设备，减少单位用户通信设备的占地面积。针对服务器和存储设备等 IT 产品，强化设备使用环境的论证工作，加大节能降耗工作力度，推广设备的标准化配置。

（3）通过对设备位置摆放的研究，减少机房制冷量或提高制冷效果，达到节能目的。

综上所述，通过采用以上措施和方案，项目的建设应严格遵守国家颁布的各项节能规范及地方政府提出的能耗控制指标规定，配合企业推行节能规划，有效地降低能耗水平。

7.3.4　数据中心相关指标的测算和考量

1. PUE测算

数据中心 PUE（电源使用效率）已经成为国际上比较通用的数据中心电力使用效率的衡量指标。PUE = 数据中心总能耗 /IT 设备总能耗，PUE 是一个比率，越接近 1 表明数据中心能效水平越高、绿色化程度越高。

数据中心总能耗 = 数据中心 IT 设备总能耗 + 制冷系统总能耗 + 空调末端

总能耗 + 配电系统总能耗 + 其他设备（包括照明、电梯、通风、能效管理系统等）总能耗

其中，IT 设备总能耗 = 所有机房 IT 设备总能耗 + 传输总能耗

2. WUE测算

数据中心水分利用效率（WUE）是评价数据中心用水状况的指标，WUE=数据中心水资源的全年消耗量 / 数据中心 IT 设备全年耗电量，是数据中心水资源全年消耗量与数据中心 IT 设备全年消耗电量的比值，单位为 L/（kW·h）。耗水量主要包括两个方面，即空调水系统补水和数据中心内人员的生活用水。

3. CUE测算

CUE(碳使用效率) 也已经成为绿色数据中心另一个重要的指标。它是一个度量单位，用于测量数据中心每天的碳使用量。

CUE= 数据中心整体能源消耗的二氧化碳排放等同物 /IT 的总体能耗，其也可利用 PUE 和能源的碳强度系数的乘积来进行计算。因为 PUE 是无量纲常数，所以 CUE 得出结果是每千瓦时多少克二氧化碳。最完美的 CUE 值是 0，这意味着在数据中心运营中没有产生任何碳排放，而且同 PUE 一样，CUE 也没有理论最大值。CUE 能够帮助数据中心的管理人员更好地了解基础设施产生的温室气体排放量及其影响。

第 8 章

云网融合之行业发展

8.1 云网融合行业解决方案

8.1.1 数字政府

1. 数字政府场景概述

我国政府信息化建设经历了无纸化办公、电子政务、"互联网 + 政务服务"、数字政府等多个阶段。数字政府是在政府信息化的基础上适应国家治理现代化演变生成的新模式。我国的政务服务"指尖办"、政务协同办公平台、数字党建系统等创新业务，助力数字政务的落地，进一步推动政务服务、社会治理、协同办公不断走向智能化、精准化和科学化，逐步实现善政、兴业、惠民新局面。浙江省"最多跑一次"改革、江苏省"不见面审批"改革、广东省"粤省事"移动政务服务平台的推出，山东省"24 小时不打烊"网上政府等都是数字政务建设深入推进的典型成果。

当前，数字政务建设已经从探索和萌芽阶段转向纵深和高效建设的阶段，数字政务的场景落地也得到各界重视，作为政府运行形式的一种新模式，数字政务发展至今，其核心场景可以总结为"三张网"，即政务服务"一网通办"、城市治理"一网统管"、政府运行"一网协同"。以"三张网"为核心构筑的数字政府体系是政府管理和服务模式的创新，也是数字政务得以满足人们现实需求的抓手。

2. 业务需求分析

新一代数字政府对网络基础设施的关键诉求是集约建设、云网融合、泛在智联、精准监管。统筹整合现有政务云资源，构建全国一体化政务云平台体系，实现政务云资源统筹建设、互联互通、集约共享，同时，提高电子政务外网移动接入能力，强化电子政务外网服务功能，统筹建立安全高效的跨网数据传输机制，有序推进非涉密业务专网向电子政务外网整合迁移，是当前数字政府建设的重点。

3. 云网融合解决方案

云网融合在数字政府中扮演着重要的角色，它是实现政府数字化转型的关键因素之一。通过云网融合，数字政府可以更好地发挥其行政职能，提高公共服务的效率和质量。

云网融合下的政务外网采用标准的 SDN 架构，将网络与云计算平台、应用等整合，实现资源共享和高效协同，打通了部门间专线的壁垒，实现了跨部门、跨地域的数据共享和业务协同，消除了信息孤岛现象，提高了政府服务效率和质量，此外，政府可以更好地管理和调度资源，提高资源的利用效率和共享程度。

通过建设"管""控""析"三位一体的云网融合的控制中枢和智能大脑，实现计算存储资源共享、网络全域覆盖、端到端的业务编排。面向用户，统一门户，真正做到"一次登录、一键发放、一体保障、一站运维"。结合大数据分析与 AI 学习能力，抓取网络实时快照，离线建模，实现网络的智能洞察、智能仿真与智能排错，在保证业务质量的同时，能够实现流量按需调度，做到网随云动，业务路径最优，实现数字化网络智能升级。

云网融合下的政务外网连接政务云及终端用户，打通各部门政务业务。通过政务外网，用户一键入云，实现政务业务的快速访问，用户进一张网能办全部事，真正做到政务服务"一网通办"、城市治理"一网统管"、政府运行"一网协同"。

基于云网融合的政务外网，数字政府可以更好地发挥其行政职能，提高公共服务的效率和质量，提高政府的竞争力和适应能力。

8.1.2　智慧医疗

1. 智慧医疗场景概述

智慧医疗通过更深入的智能化、更全面的互联互通、更透彻的感知，实现居民与医务人员、医疗机构、医疗设备之间的互动，构建基于无所不在的全生命周期医疗服务与公共卫生服务的国民健康体系。

AI 医疗影像、AI 辅助诊疗、手术机器人、精准医疗、3D 器官打印、虚拟现实、远程医疗等正逐步被应用在医疗服务中。越来越多的患者希望能够在就诊过程中得到更加高效、便捷、舒适的医疗服务。

2. 业务需求分析

（1）全面感知。借助 RFID（射频识别）技术、条码技术、医用传感器技术对医患、医疗器械、医药等进行标识与智能识别。

（2）安全传输。医疗数据可通过互联网、无线网络、无线传感网等网络进行传递，有效交互。

（3）共享协作。联网的医疗机构分工协作、资源共享、互联互通。

（4）智能处理。感知的医疗数据会通过数据挖掘技术、云计算技术等进行处理。

3. 云网融合解决方案

搭建智能交互、智能联接的基础底座，赋能智慧医疗。云网基础设施包含医疗云数据中心、医疗城域网、医疗园区网、医疗云采集点。

（1）医疗云数据中心包含双活数据中心、云平台、安全平台等，为智慧医疗提供网络、计算、存储、安全防护等服务。

（2）医疗城域网用于实现卫生局与医院之间、医院与医院之间、医院与群众之间数据交换、信息共享。

（3）医疗园区网包含医疗园区基础网络、无线医疗等，是医疗数据收集、下发的主要实现系统。同时，它是医疗机构实现医疗办公、移动医疗、医疗物联网应用、医疗无线应用的基础承载平台。

（4）医疗云采集点是智慧医疗的感知节点，可有效采集、分发、存储、计算医疗业务数据，使医疗业务更便捷、高效。医疗云采集点支持有线、无线等灵活的接入方式。

智慧医疗业务包括智慧医疗前勤业务、智慧医疗后勤业务两大类。智慧医疗前勤业务主要是指医疗机构面向患者、公众及自身办公开展的业务。智慧医疗后勤业务主要是指医疗机构面向医疗园区管理等方面开展的支撑业务。

8.1.3　智慧教育

1. 智慧教育场景概述

随着全球教育信息化战略推进和教育投入持续稳步增加，各国的教育信息化建设取得了重大进展，教学水平持续提升。追求教育公平和质量、教育创新、个性化教育、能力培养已成为当今教育的共同主题。基于第五代通信网络技术、互联网、物联网、云计算、大数据、AI 等技术打造智能化、感知化、泛在化的智慧教育新模式成为教育建设主旋律。

各教育机构、学校对智慧教育的推进实施必将产生对教育应用、网络、智能终端的更大需求，这些需求将带动整个产业链的大发展。

教育行业的云网融合趋势体现在教育信息化行业政策、教育信息化需求、教育终端通信能力、无线技术等方面。未来，"智慧教育 + 云网"的持续创新将促进教育信息化建设，切实服务于教育业务，最终辅助智慧教育走向智能化、感知化、泛在化。

2. 业务需求分析

校园监控、远程互动教学、直播、AR/VR 教学、远程巡考、AI 大数据分析等智慧教育典型应用场景对 5G 网络的带宽、连接数量、时延、可靠性和云边协同等有着不同的需求。

针对教育业务需求，接入多种形态的智联终端和教育装备可构建全连接教育专网；部署整合计算、存储、AI、安全能力的教育边缘云可提供具备管理、安全等能力的应用使能平台，建设智慧校园并打造多样化教育应用。

3. 云网融合解决方案

智慧教育云平台提供基础环境，现有信息化系统的云化部署，形成校园的云边服务新模式；网络侧主要利用校园现有的基础网络资源，使不同终端通过 5G 网络快速灵活接入。

智慧教育云平台主要包括 5 个层级架构，分别为基础设施层、数据支撑层、平台能力层、业务应用层、用户连接层，如图 8.1 所示，具体如下。

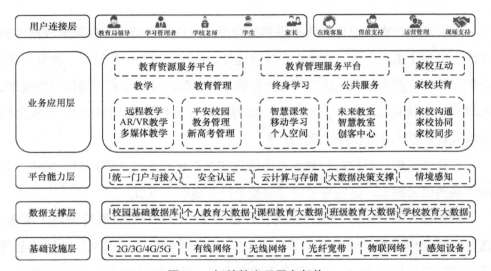

图 8.1　智慧教育云平台架构

教育行业场景下细分业务的解决方案如下。

（1）校园双域专网

师生访问数据均送至校园内网，校园内网进行公网 / 私网分流。

（2）智慧安防

智慧安防通过有线网络、5G 无线网接入、云平台实现学校重点区域监控视频本地汇聚，形成校园监控联动平台，在实现逐级实时监控调用的同时，满足应急场景的指挥与联动。

（3）5G+VR 教学

VR/AR 技术具有激发学习动机、创设学习情境、增强学习体验、感受心

理沉浸、跨越时空界限、动感交互穿越和跨界知识融合等多方面的优势。VR
设备加载 5G 网络，使 VR 设备可随身携带，实现可穿戴化，学生可以边玩边学，
突破线下场所的限制，真正实现随时随地、沉浸式、趣味性学习；可实现教学
内容、图像展示与语音解说同步，与以往平面课件展示的教材内容不同，这种
新颖的模式使抽象复杂的内容可视化、形象化，给人以身临其境的感觉。

（4）5G+ 远程巡考

5G+ 远程巡考解决方案利用 5G 的高带宽、低时延特性采集考试 4K/8K 巡查
超高清视频数据，利用 5G 的边缘计算特性，对采集的海量视频信息资源进行结构
化分析，以实现相关的目标检测和跟踪、人物识别、动作识别、情感语义分析等功能，
提升考场巡查 AI 行为判断的核心能力，实现考生监控视频作弊行为的智能判断。

（5）实景仿真可视化引擎

实景仿真可视化引擎是基于二维、三维 GIS（地理信息系统）技术与游戏级引
擎深度集成的可编程、可扩展、可定制的数字孪生开发平台，为上层应用提供二
次开发接口。平台的可视化界面设计简单易用，支持高清影像、地形、倾斜摄影、
人工模型、BIM（建筑信息模型）等多种海量 GIS 空间数据的本地及在线浏览、查
询，支持空间分析、态势标绘、场景构建等多种功能，同时结合游戏级引擎渲染
能力，提供炫酷、逼真的可视化效果与沉浸式交互体验。平台可实时引接并播放
监控视频、无人机采集的图片影像数据、激光点云数据等，满足各类数字孪生
应用的虚实对接需求，可视化引擎可广泛用于智慧城市、科研教育、模拟仿真、
应急保障、太空态势等多个行业。实景仿真可视化引擎建设涉及的三维 GIS 技
术、实景三维技术和虚拟仿真技术可与 5G 技术、AI 技术、大数据技术、BIM
技术、移动互联网技术等进行深度融合，结合野外教学实习基地、化石标本数
据库、数字地质博物馆、地质灾害、生态环境、3S 数据等现有数据基础，协
助实现教学模拟仿真，助力教学工作，实现 "5G+ 生态文明" 教育示范建设。

（6）5G+AI 教学评测

AI 摄像头抓取超高清图片，利用 5G 高速、实时回传，对学生课堂行为进
行实时分析，形成学生个人行为分析报告。5G+AI 教学评测解决方案利用课堂

参与度、教师行为报告、学生行为报告等综合评测教育教学质量。

8.1.4 智慧金融

1. 智慧金融场景概述

金融行业一直是对信息化和技术化变革较为敏感的领域。互联网时代的信息化发展催生了互联网金融,而当下新技术的热潮又正在促使金融行业进入数字化时代,"智慧金融"成为金融行业转型的风向标。随着金融与数字化的结合,第三方支付平台给金融行业带来了革命性的影响。"数字货币"、众筹平台、机器人投资顾问、大数据分析和算法驱动的交易策略的发展,深刻影响着人们支付、存储和管理财富的方式。融合了区块链、人工智能、大数据、云计算、生物识别等前沿科技元素的智慧金融已成为金融机构发展的必然趋势。

根据金融服务环节划分,智慧金融包括以下服务场景:在前台,智能营销和智能客服提升金融服务的用户体验,使服务更人性化、多样化;在中台,智能投顾、智能投资、智能投保理赔等服务支持各类金融服务的分析和决策,使分析决策更高效、智能;在后台,智能风控和智慧运营可以更好地进行风险识别和防控,使管理更精细化。

2. 业务需求分析

以线下为基础,依托 5G 高带宽、低时延特性将 AR(增强现实)、MR(混合现实)等视觉技术与银行场景深度融合,实现实体网点向多模态、沉浸式、交互型智慧网点升级;借助流动服务车、金融服务站等强化网点与周边社区生态交互,融合教育、医疗、交通、社保等金融需求,打造"多项服务只需跑一次"的社会性金融"触点"。

以线上为核心,构建手机银行等新一代线上金融服务入口,持续推进移动金融客户端应用软件、API 等数字渠道迭代升级,建立"一点多能、一网多用"的综合金融服务平台,实现服务渠道多媒体化、轻量化和交互化,推动金融服务向云上办、掌上办转型。

以融合为方向，利用物联网、移动通信技术突破物理网点限制，建立人与人、人与物、物与物之间智慧互联的服务渠道，将服务融合于智能实物、延伸至用户身边、扩展到场景生态，消除渠道壁垒、整合渠道资源，实现不同渠道无缝切换与高效协同，打造"无边界"的全渠道金融服务能力。

3. 云网融合解决方案

建设安全泛在的金融网络。积极应用分段路由、软件定义网络等技术，优化建设高可靠冗余网络架构，实现网络资源虚拟化、流量调度智能化、运维管理自动化，着力提升金融网络鲁棒性和服务能力，为金融数字化转型架设通信高速公路。综合运用 5G、NB-IoT、RFID 等技术打造固移融合、宽窄结合的物与物互联网络和服务平台，实现移动金融终端和固定传感设备统一接入、管理和控制，为数字信贷、数字风控等金融业务提供海量物联网数据支撑，助力线上线下、内外部多渠道融合互联，促进云管边端一体化协同发展。充分发挥区块链技术低成本互信、数据不易篡改、信息可追溯的优势，借助分布式账本、智能合约、共识机制等手段解决互联网存在的数据安全性、完整性、可信性问题，为供应链金融、贸易金融等参与主体多、验真成本高、交易流程长的金融场景提供底层基础支撑。

布局先进高效的算力体系。稳妥推进信息系统向"多节点并行运行、数据分布存储、动态负载均衡"的分布式架构转型，为金融业务提供跨地域数据中心资源高效管理、弹性供给、云网联动、多地多活部署能力，实现敏态与稳态双模并存、分布式与集中式互相融合。围绕高频业务场景开发部署智能边缘计算节点，打造技术先进、规模适度的边缘计算能力，实现金融业务边缘侧数据的筛选、整合与处理，有效释放云端压力、快速响应用户需求。为金融数字化转型提供更为精准、高效的 AI 算力支持。积极采用多活冗余技术构建高可靠、多层级容灾体系，满足日常生产、同城灾备、异地容灾、极端条件能力保全等需求，提升金融数据中心纵深防御能力，逐步形成高可用数据中心格局。

8.1.5　智慧园区

1. 智慧园区场景概述

智慧园区将云计算、大数据、物联网、AI、5G、数字孪生等新一代信息技术与产业深度融合，集成园区制造资源与第三方服务能力，实现资源共享、产业联动发展、环境实时感知、事件全程可视、生产自动适应、设备全时利用、社群价值关联，推动产业价值链延伸，提升园区智能化管理和社会化集成能力。

智慧园区利用"集成联动、互联互通、节约资源、数据共享"的"集约化"管理理念，实现园区管控系统自动到智能再到智慧的跨越发展，并逐步接入视频监控、门禁、考勤、入侵报警、会议、信息发布及车辆管理等系统，通过手持终端 App 引入智能控制等功能对系统进行集中展示和远程监控，实现园区的分权分域管理，改变传统的园区安全检查模式，从而形成现代化园区安全管理新理念。

2. 业务需求分析

智慧园区的需求主要集中在 3 个方面，一是基础网络覆盖，二是园区管理信息化，三是安全生产。

园区基础网络架构为适应信息化技术的发展不断完善，网络带宽不断加大，从有线过渡到有线与无线融合，从大网过渡到专网，对网络的安全性要求越来越高。

管理信息化不断推陈出新，需要更贴近工作流程、应用性更强、更综合的新型管理信息化产品，管理园区内的资源、设施、环境、企业，维持园区的安全高效运作。

安全生产需要将传感、通信、控制、视频等技术进行整合，实现园区生产安全状况的感知，完成各子系统间协同运作、资源共享，并对突发事件进行系统联动、集中调动、统一指挥。

3. 云网融合解决方案

智慧园区依托于云、大数据、物联网等技术，基于一张脸、一张卡实现园区用户数字化管理，打造用户高效运营信息化平台。

智慧园区充分利用 RFID、移动通信网络、光纤网络等多种网络互联，实现物与物、物与人、人与人的各种互联，以及泛在、融合、智能的网络。各种智能化、信息化应用为园区工作人员的日常生活等各个方面提供周到、方便、安全、贴心的信息化服务。

针对园区相关业务需求，可引入云资源池实现智慧园区平台的部署和园区平台云化部署；以传输专线接入的方式完成对园区异地分支机构远程监管技术验证；在园区部署 5G 专网，满足用户数据不出园区的业务需求。

（1）组网方案

① 固网入云

在园区数据承载网络覆盖的基础上，园区外用户终端通过专线网络接入，经网络与云平台互联，在数据承载网络上开通入云专线链路，实现专线业务入云。

② 无线网入云

园区通过 5G 接入专网用户，实现 5G 虚拟专网功能在园区的应用，满足用户关键数据不出园区的业务需求。

（2）业务解决方案

在园区内部署云平台、管理平台及业务系统，实现园区内车辆、安全、会议、物业、信息发布、生产制造等业务的智慧化。

8.2　云网融合典型案例

8.2.1　政务云典型案例

1. 项目背景

某省级政务服务平台是由政府服务管理办公室主导建设的政务云项目。作为全省政务服务的总枢纽，该项目肩负着为全省各地区、各部门提供统一门户，实现全省一体化政务服务平台的任务。省级政务服务平台项目存在如下需求。

（1）解决地域、设施限制导致的信息交互问题，实现跨地区、跨部门、跨层级政务服务的信息共享和业务协同。

（2）解决基础支撑不足问题，提升公共服务的供给效率和质量，提高政府服务整体效能。

（3）提高政务服务平台的安全性和稳定性，以应对来自互联网及政务外网的接入需求及安全威胁。

2. 解决方案

省级政务服务平台包括业务系统和政务云平台两部分。业务系统有工作门户系统、移动端应用系统、网上政务服务评估系统、用户体验监测系统、政务服务事项管理系统、电子监察系统、统一身份认证系统、统一电子印章系统、电子证照共享服务系统、资源共享服务中心、大数据分析系统和安全运维保障等业务系统；承载相关系统的政务云平台包含计算资源、存储资源、网络资源、云安全、传输线路、托管机柜等基础设施。政务云平台采用云网融合解决方案，提供机房、计算存储资源、备份、云管理、云安全、网络专线等服务能力，以及端到端一站式解决方案。

某省级政务服务平台架构如图 8.2 所示。

云网融合为政务云的建设和管理提供全面支撑，具体体现在以下几个方面。

（1）高质量网络连接。通过部署云专线、云调度等产品帮助政府部门接入云资源池，实现点到点组网，满足 IT 上云、私有云扩容和容灾备份需求。通过 SDN 技术，实现对多设备形态和异网接入支持，提高网络和业务稳定性。

（2）统一资源管理。在政务外网公共区与互联网区部署云服务监管平台，并通过云管实现对各级部门计算资源、存储资源、网络资源的统一管理、监控和运维，简化运维流程，提高管理效率。

（3）安全合规体系保障。围绕等级保护三级要求构建安全体系，以态势感知为核心，构建"端、边、网、云"基础安全防护体系。

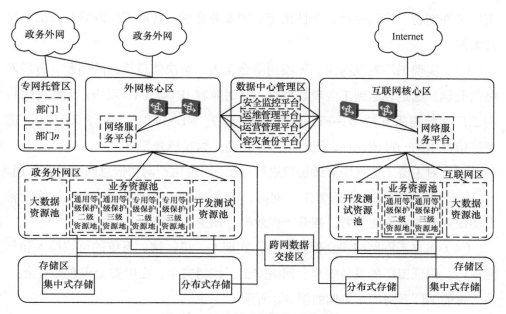

图 8.2 某省级政务服务平台架构

3. 方案效益

省级政务服务平台依托云网安一体化解决方案,自上线以来一直保持稳定运行;通过云网融合部署,能够满足异地接入、多用户、高并发等服务需求,已初步实现"一网通办、异地可办"的政务服务目标。

8.2.2 智能工厂项目案例

1. 项目背景

智能工厂利用工业物联网、SDN、IPv6 等技术实现工业场景下人员、设备、物料、产品的海量互联,为工厂实现智能生产、协同制造和柔性制造提供网络支撑。

2. 解决方案

在制造业工厂内进行网络的建设和升级改造,建设完成后的网络能够满足工厂柔性制造、协同生产、个性化定制的业务需求。智能工厂网络升级的解决方案如下。

（1）实现工厂有线网络、无线网络全覆盖，解决信息孤岛的问题。有线网络的时延、稳定性达到工业现场要求，同时兼容 IPv4/IPv6 双栈。无线网络根据工厂实际需求支持 Wi-Fi、RFID、4G/5G、NB-IoT、LoRa、ZigBee、蓝牙等信号中的一种或几种，无线信号质量高，满足场景要求。

（2）对主流工业现场总线协议进行适配，实现生产网和信息网的融合互通。

（3）基于 SDN 技术部署工厂网络，向上对接工厂云平台，实现网络设备自动配置和业务快速部署，提升产线效率，减少人力投入。

（4）建立工厂网络安全保障系统，实现人、机、物、系统的可控接入和行为审计，保证工厂的设备安全、网络安全、控制安全、应用安全和数据安全。

智能工厂云网融合架构如图 8.3 所示。

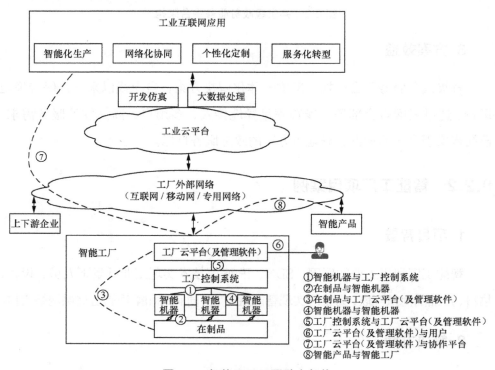

图 8.3　智能工厂云网融合架构

3. 方案效益

智能工厂网络的建设实现了人、机、物、系统的高性能泛在互联，以及工业数据的充分流动和处理。

8.2.3　智慧医院项目案例

某市某医院共设有东院区、西院区、南院区 3 个院区。近年来随着医疗业务发展，院内信息化应用越来越丰富，医院原有的机房建设空间规模、硬件资源逐渐无法适应医院信息化业务发展需求。该医院信息化建设需尽快构建包含核心业务系统的高可用及容灾平台，需建设集约化、面向全院、覆盖分院的智慧医院分布式云平台。

该医院要求应用系统上云，并要求核心系统符合"两地三中心"双活数据中心建设标准，通过专网实现园区之间互联，提供平台数据容灾备份、平台托管，远程影像诊断、会诊、医院 PACS（影像存储与传输系统）数据容灾备份，医院的 HIS/LIS/RIS（医院信息系统 / 实验室信息系统 / 放射信息系统）数据容灾备份，云 PACS，医院灾难恢复等服务。

1. 医院云平台设计

医院云平台资源池纵向部署包括 3 个层次，分别为网络层、计算层、存储层。

（1）网络层部署网络交换、汇聚、路由、安全防护、负载均衡等功能。

（2）计算层提供各类计算能力，包括 x86 虚拟服务器集群、x86 物理服务器集群，一般以集群方式部署，集群内资源使用同一共享平台存储，可实现统一调度。

（3）存储层部署采用磁盘阵列方式，通过 IP 网络等与计算层的计算集群连接。

该医院云资源池总体架构如图 8.4 所示。

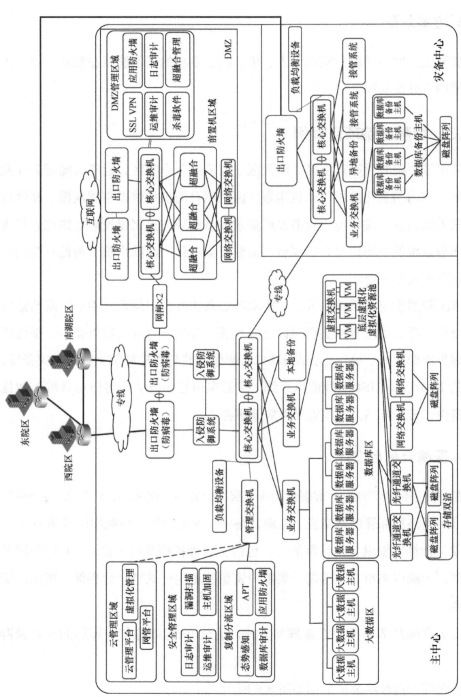

图 8.4 某医院云资源总体架构

2. 专网建设方案

医院平台网络资源池采用扁平化网络架构；主数据中心、灾备数据中心与该医院各院区之间通过 OSPF（开放最短路径优先）动态路由实现网络互联，其网络互联的逻辑架构如图 8.5 所示。

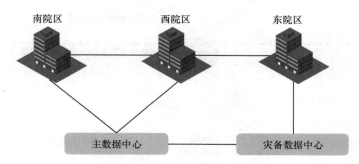

图 8.5　网络互联的逻辑架构

网络互联的逻辑架构分为 5 个部分，即 3 个院区、2 个数据中心，主数据中心用于承载医院全部上云业务，灾备数据中心用于承载灾备业务，3 个院区均互联至主数据中心，进行上云业务运行（其中东院区使用绕行至西院区访问主数据中心）。

业务上云的最终目的是通过云计算技术将各类基础设施资源进行整合，构建通用的各类资源池（计算资源池、网络资源池、存储资源池），并通过云平台实现统一管理、按需分配、弹性调度，为上层各类业务系统提供一体化的支撑平台。

3. 院区网络规划

为保证业务迁移上云后能正常运行，医院院区网络的建设必须满足如下要求。

（1）院区中存在大量的哑终端，无法修改 IP 地址或者修改 IP 地址工作量巨大，所以尽量不要更改原有院区终端的 IP 地址。

（2）数据库等关键业务从院区迁移至云中心后，尽量保证 IP 地址不更改，或者有少量更改。

（3）院区和云中心的互联网络必须是主、备两条链路，且不是同一条光纤线路，以保证一条线路出现故障后能快速切换至备用链路。

西院区改造方案如图 8.6 所示。

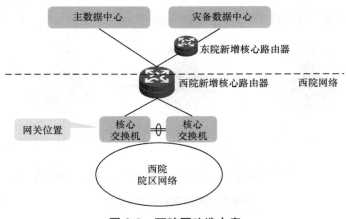

图 8.6　西院区改造方案

西院区是该医院原有业务的主用院区，承载大部分的业务，原有网络中只有核心交换机，两台交换机堆叠成一台交换机，用于网关和 DHCP（动态主机配置协议）服务器，下挂网络为大二层 VLAN，所以在西院的院区改造中，保持原有院区网络和网关位置不变，新增核心路由器用于和云中心互联，部署 IP 地址和路由保证三层可达。

新增的核心路由器，部署两条链路：主用链路接入主数据中心，备用链路接入东院核心路由器，通过东院核心路由器转接至灾备数据中心，通过路由收敛的方式进行选路和主备切换。

东院区改造方案如图 8.7 所示。

东院区原有网络的网关在西院的核心交换机上，业务上云后需要将原有网络的网关迁移至东院新增的核心路由器上，同时在核心路由器配置二层端口用于东院院区网络二层接入。

新增的核心路由器部署两条链路：主用链路通过西院核心路由器转接至主数据中心，备用链路直接接入备灾数据中心。

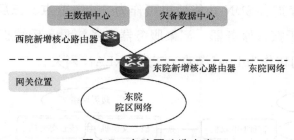

图 8.7　东院区改造方案

南院区改造方案如图 8.8 所示。

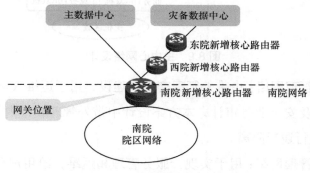

图 8.8　南院区改造方案

南院区的改造和东院类似，其原有网络的网关在西院的核心交换机上，业务上云后需要将原有网络的网关迁移至南院新增的核心路由器上，同时核心路由器配置二层端口用于东院区网络二层接入。

新增的核心路由器部署两条链路：主用链路直连至主数据中心，备用链路经过西院新增核心路由器和东院新增核心路由器跳转后接入备灾数据中心。

主中心网络设计如图 8.9 所示。

主中心的网络分为 5 个部分，分别为边界网络、主机区域、带外管理网络、带内管理网络、灾备网络。

（1）边界网络：核心交换机连接边界防火墙，实现边界网络打通，在后续扩容 SDN 时，核心交换机用于 Spine 节点，边界防火墙用于 Border 节点。

（2）主机区域：核心交换机用于业务汇聚，汇聚云平台流量，实现云内无阻塞交换，后续扩容 SDN 功能后也可作为 Spine 节点、三层 VxLAN 网关；ToR 交换机用于接入服务器，汇聚服务器业务流量，后续扩容 SDN 功能后 ToR 交换机也可以作为 Leaf 节点、二层 VxLAN 网关。

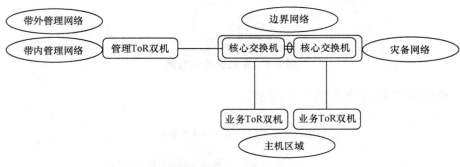

图 8.9　主中心网络设计

（3）带外管理网络：由带外管理交换机建设，用于运维人员对底层设备的管理运维，以及安全业务审计，本方案设计中带外管理和带内管理设备复用，通过 VLAN 进行逻辑隔离。

（4）带内管理网络：用于实现云服务管理和运维，给用户分配云服务；带内管理设备全部采用双机部署方式，即将两台交换机堆叠，虚拟成一台交换机实现设备高可靠性。

（5）灾备网络：主要采用两级组网架构，核心交换机使用万兆交换机，接入交换机使用千兆 ToR 交换机实现网络搭建。

第 9 章

云网融合之未来发展

"Everything over Cloud"成为趋势,"一切业务由云提供,云提供一切业务"正走向现实。数字经济的底座从以连接为主的网络基础设施向云网融合的数字信息基础设施加速演进。云网融合已经走过了云和网相互协同满足数字经济发展需求的初级阶段,正在向云网融合的第二阶段演进,这一阶段的特征是云计算整体规模增加,边缘计算日渐丰富,云边协同效应体现,云网架构逻辑上融为一体。下一阶段是云网深度融合阶段,云网架构打破彼此边界,融合为统一的算力网络。

9.1 算力网络

1. 什么是算力

侠义的算力是指设备每秒处理的信息数据量。算力广泛存在于手机、个人计算机、超级计算机等各种硬件设备中,没有算力,这些软硬件就不能正常使用。算力可分为以下3类:高性能计算,即"超算";人工智能计算,主要用于处理人工智能应用问题;数据中心提供的计算能力,数据中心通过云计算的方式提供算力的公共服务。这3类算力能整体反映出一个国家的算力能力。

广义的算力包括计算能力(基础算力、智能算力、超算算力)、计算的环境(包括数据中心、计算承载网络等),以及其上承载的应用(SaaS层的应用等)。

近年来,我国数字经济蓬勃发展,从技术层面的角度来看,数字基础设施的发展成为推动中国数字经济发展非常关键的驱动力。随着数字化与智能化进程加快,对于算力的要求也越来越紧迫。算力成为全球技术创新竞争的焦点领域。

算力作为释放数据优势、推动数字经济创新发展的重要数字基础设施,已经被纳入国家战略规划。《"十四五"信息通信行业发展规划》明确提出,到2025年数据与算力设施服务能力显著增强,形成数网协同、数云协同、云边协同、绿色智能的多层次算力设施体系,算力水平大幅提升,人工智能、区块链等设施服务能力显著增强。

2. 算力正在从单点向网络布局

目前我国算力呈现点状分布，随着信息基础设施的演进，资源供给模式从单点资源、单点应用，向多层次资源池协同计算发展，未来将结合网络等资源形成一体化供给模式。点状分布的算力通过网络和调度策略进行连通和资源调度。因此对算力的智能调度就形成了算力网络。

首先，边缘计算的增加引发了算力资源调度的思考。随着 5G、边缘计算等技术发展与落地实施，计算、存储与网络等多维资源的一体化供给成为新的发展趋势。高并发、低时延业务的下沉成为趋势，非低时延业务是下沉到边缘缩短传输距离，还是集约部署降低传输网络成本，涉及资源的最优部署和调度策略问题，需要进行算力网络的统筹部署。

其次，从数字化应用的发展来看，目前企业应用逐步走向混合云模式，即便是单点机构的应用部署也有部署到多云的情况，这就必然出现多点计算之间的调度等问题。从个人和家庭的行业应用来看，随着 AR/VR/ 视频通信 / 自动驾驶等应用的普及，边缘计算会逐步增加，云边调度需求越来越多，对算力网络的要求也越来越高，需要考虑算力资源的最优调度问题。

最后，随着应用在不同资源池的部署，资源池之间流量越来越多，传统从接入到汇聚，再到核心的垂直网络架构无法满足东西向流量增长的调度需求，网络架构需要随着数据流动而改变，网随云动满足资源调度需求。

3. 什么是算力网络

算力网络不是一项具体的技术，也不是一个具体的设备。从宏观来看，它是一种思想、一种理念；从微观来看，它是一种架构与性质完全与目前通信网络不同的网络，是一种以算力为中心的网络。随着云网融合的演进，更多的服务部署到算力基础上，因此，未来的网络是以算力为中心的算力网络。

算力网络的核心目的是为用户提供算力资源服务。但是它的实现方式与"云计算 + 通信网络"的传统实现方式不同，而是将算力资源彻底"融入"通信网络，以一个更整体的形式提供最符合用户需求的算力资源服务。

针对算力网络的定义有多种。

（1）中国电信认为，算力网络是一种架构在 IP 网之上，以算力资源调度和服务为特征的新型网络技术或网络形态，是一种根据业务需求，在云、网、边之间按需分配和灵活调度计算资源、存储资源及网络资源的新型信息基础设施，是实现云、网、端统一管控的新型网络架构，是云网融合体系中的一种关键技术，其通过网络控制面（包含集中式控制器、分布式路由协议等）分发服务节点的算力、存储、算法等资源信息，并结合网络信息和上层应用（如 6G 应用或 6G 网络功能单元等）需求，提供最佳的计算、存储、网络等资源的分发、关联、交易与调配，从而实现整网资源的最优化配置和使用。

（2）中国移动认为，算力网络是以算为中心、网为根基，网、云、数、智、安、边、端、链（ABCDNETS）等深度融合，提供一体化服务的新型信息基础设施。算力网络的目标是实现"算力泛在、算网共生、智能编排、一体服务"，逐步推动算力成为像水、电一样可"一点接入、即取即用"的社会级资源，实现"网络无所不达、算力无所不在、智能无所不及"的愿景。

（3）中国联通认为，算力网络是指在计算能力不断泛在化发展的基础上通过网络手段将计算、存储等基础资源在云、边、端之间进行有效调配，以此提升业务服务质量和用户的服务体验的网络。算力网络是云化网络发展的下一个阶段，支撑云网融合由 1.0 走向 2.0。

（4）华为公司认为，算力网络包含"算""网""脑" 3 个组件。"脑"不仅帮助"算"和"网"实现简单的协同、融合、共生，还帮助"算"实现高效分布和使用率提升，帮助"网"面向算力实现高度自治，"脑、算、网"三位一体的架构将成为指导未来算力网络架构的核心。

（5）中兴公司认为，算力网络作为新型信息基础设施能够根据业务需求，在云、网、边之间按需分配和灵活调度计算资源、存储资源，通过网络将各类分布和泛在的算力协同连接成池，提供最佳的资源分配及网络连接方案，从而实现整网资源的最优化使用。

（6）中国通信标准化协会认为，算力网络是面向算网融合演进的新型网络架构，通过算力资源与网络资源状态的协同调度，将不同应用的业务通过最优路径调度到最优的计算节点，使用户体验最优的同时，保证运营商网络资源和计算资源利用率最大化。

（7）ITU-T 认为，算力网络是一种通过网络控制面分发服务节点的算力、存储、算法等资源信息，结合网络信息，以用户需求为核心，提供最佳的计算、存储、网络等资源的分发、关联、交易与调配，从而实现整网资源的最优化配置和使用的新型网络。

从以上算力网络的定义来看，算力网络是云网融合持续演进的美好愿景。算力网络应该具有以下要素。第一个要素是算力，算力网络是对算力资源的调度。第二个要素是网络，网络是实现要素流通的路径，包括传输网络和承载网络。第三个要素是调度系统，即实现算、网资源控制的中枢，能够探知算力和网络的相关信息，实现资源的最优调度。

算力网络好比电网，算力好比电。电力时代，人类构建了一张"电网"，有了电就可以用电话、洗衣机、电饭煲、电风扇、电视机；到了 AI 时代，有了算力，自动驾驶、人脸识别、元宇宙等得以实现。总体来看，算力网络需要满足以下 4 个特征。

（1）资源抽象

算力网络需要将计算资源、存储资源、网络资源（尤其是广域范围内的连接资源）及算法资源等抽象出来，作为产品的组成部分提供给用户。

（2）业务保证

以业务需求划分服务等级，而不是简单地以地域划分，向用户提供诸如网络性能、算力大小等业务，屏蔽底层算网资源的差异性（如异构计算、不同类型的网络连接等）。

（3）统一管控

统一管控云计算节点、边缘计算节点、网络资源（含计算节点内部网络和广域网络）等，根据业务需求对计算资源及相应的网络资源、存储资源等进行统一调度。

（4）弹性调度

实时监测网络和算力资源情况，获取业务流量，动态调整算力资源和路径等，完成各类任务高效处理和整合输出，并在满足业务需求的前提下实现资源的弹性伸缩，优化算力分配。

9.2　算力网络技术和架构

1. 算力网络面临的技术问题

目前，算力网络面临的技术问题表现在算力的度量、算力的感知、算力路由、算力交易和算力编排等方面。

（1）算力的度量尚未有统一的算力度量单位，业界衡量算力大小通常采用FLOPS（每秒浮点操作数）、TOPS（每秒万亿次操作），如超级计算机。在现有应用案例中，算力度量以虚拟机、容器等粗粒度的衡量单位为主，因此需要加强对算力度量与建模方向的研究，寻找简化、通用的算力度量与建模方向。

（2）算力的感知指在算力进行统一度量与标识的基础上捕捉业务算力需求信息及算力资源信息的技术，从而为算力网络调度编排提供基础，实现资源配置的最优化。算力的感知建立在对算力资源指标实时获取上。目前算力感知概念尚未形成共识，技术路线尚未统一，6GANA 等前瞻技术研究组织正在推进基于意图网络的业务需求感知。算力感知技术在初期只能通过 AI 算法实现网络弱感知，在相关技术发展后，将实现网络强感知。

（3）算力路由指将网络资源信息与算力资源信息进行有机整合，通过某种方式进行分发，以实现全网资源信息的通告，从而让算力网络最优匹配。目前，算力路由包括集中式、分布式及混合式 3 种。集中式路由包括基于 SDN/NFV 的算网编排管控及基于域名解析机制的编排管控，分布式路由的实现基于 CFN（内容转发网络）等协议，由于需要对现有网络设备进行升级，因此对网络影响较大。混合式是集中式和分布式协同的算力网络部署方式，算力网络管理编排层维护全局静态算力和网络拓扑信息，算力资源和网络资源实时状态信息由算力路由层节点维护，在算力路由节点实现算力网络协同调度。

（4）算力交易是指将算力提供方的各类算力资源按需提供给算力消费方，包括但不限于算力提供方的资源接入，对算力消费方的资源需求和各类业务、应用场景需求的解析等，为算力使用方匹配最佳资源。算力交易需要构建以"用户需求"为核心的算力网络交易平台，通过平台完成用户需求的解析，选址用户接入的资源，进行消费定价、计价和管理。

（5）算力编排是指根据交易合约快速分配资源，如分配虚拟机／容器、构建 VPC、建立网络连接等，并且需要在合约完成后快速收回资源，以及及时更新资源信息。

2. 算力网络的整体架构

目前，算力网络的架构有多种，但较为通用的算力网络架构分为算力服务层、算力平台层、算力资源层、算力路由层、网络资源层，如图 9.1 所示。

算力服务层基于分布式微服务架构，支持应用解构成原子化功能组件并组成算法库，由 API 网关统一调度，实现原子化算法按需实例化。

算力平台层将算力资源抽象描述成算力能力模板，并对算力资源进行性能监控，将算力资源的感知、度量和 OAM（操作、管理、维护）信息等通知给算力路由层。

算力资源层主要提供各类算力和存储资源，包括通用算力、智能算力、超算算力以及未来可能出现的前沿算力等资源。算力资源以数据中心为载体，以算力资源池为算力供给实体，通过算力网络在算力平台的统一调度下为上层提供算力服务。

算力路由层综合考虑网络状况和计算资源状况，将业务灵活、按需调度到不同的计算资源节点中。

网络资源层提供算力调度和承载网络，与目前的承载网络架构类似，但更加扁平化，与计算的联系也更加紧密。

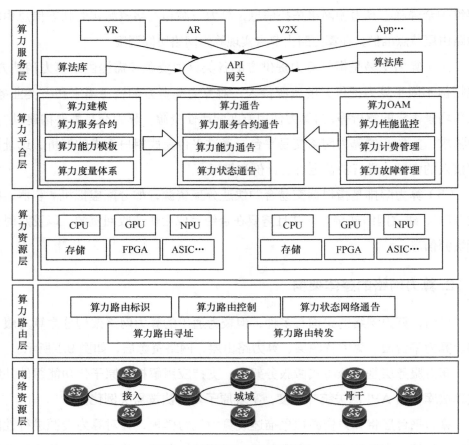

图 9.1　算力网络的整体架构

3. 算力网络的调度方式

在算力网络发展初期算力资源不太复杂时，以集中式调度为主，随着算力节点增多，中后期以更加灵活的分布式调度为主。

（1）集中式调度

集中式调度将算力资源作为寻址信息映射在报文头部，通过网络的集中控制器分发计算节点的算力信息，将云、边、端的算力进行协同。

首先，各计算节点向集中控制平台上报本节点剩余的算力资源，当租户有计算需求时，向集中控制平台发起算力申请及对时延的要求等，平台计算出各计算节点到租户的多条路径及各路径的时延，然后根据租户所能满足的时延指标要求计算最优方案，分配并建立相应的网络连接，在对应的计算节点上部署租户所需的应用，为租户提供服务。集中式算力调度示意如图 9.2 所示。

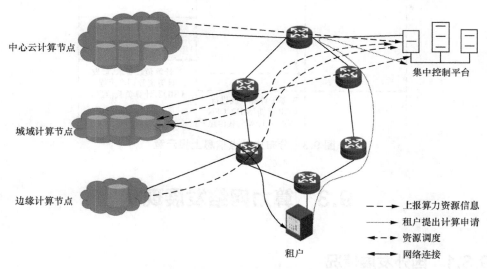

图 9.2　集中式算力调度示意

（2）分布式调度

分布式调度将修改现有的 IP 包头，构建面向算力寻址的新报文，算力网络之间通过信令协商资源。在分布式调度中，节点计算能力状况和网络状况作为路由信息发布到网络，网络基于虚拟的服务 ID 将计算任务报文路由到最合适的计算节点，实现用户体验最优、计算资源利用率最优、网络效率最优。边缘计算是分布在网络中的节点，分布式调度算力网络通过网络内建计算业务动态路由的能力拉通网络中各分散的节点，实现边缘计算成网。分布式节点信息上报示意如图 9.3 所示。

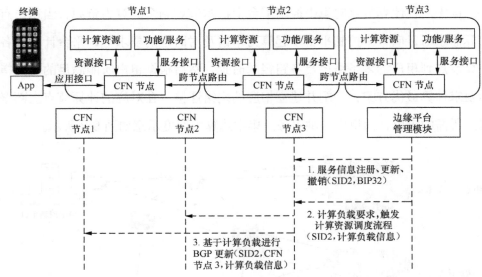

图 9.3　分布式节点信息上报示意

9.3　算力网络发展现状

9.3.1　国外发展情况

2018 年欧盟委员会提出"欧洲高性能计算共同计划"，2021 年 3 月欧盟委员会发布了《2030 数字指南针：欧洲数字十年之路》，拟到 2030 年累计部署 10000 个边缘计算节点，为 75% 的欧盟企业提供云计算、大数据和 AI 服务。

日本于 2019 年启动新一代国产超级计算机计划，投入约 1300 亿日元打造全球速度最快的超级计算机。

美国于 2020 年 11 月发布《引领未来先进计算生态系统：战略计划》，设想了一个未来的先进计算生态系统，并将先进计算生态系统作为国家战略性资产。

算力已经成为全球战略竞争新焦点，是国民经济发展的重要引擎，全球各国的算力水平与经济发展水平呈现显著的正相关关系。

9.3.2 国内发展情况

1. 国家政策层面

算力已经成为全球主要国家的战略选择，算力经济已经成为全球战略竞争新焦点。近年来，我国高度重视算力产业发展，加强统筹布局，完善顶层设计。

2021 年 12 月，国务院印发《"十四五"数字经济发展规划》，在"优化升级数字基础设施"方面明确要求推进云网协同和算网融合发展；加快构建算力、算法、数据、应用资源协同的全国一体化大数据中心体系。在京津冀、长三角、粤港澳大湾区、成渝地区双城经济圈、贵州、内蒙古、甘肃、宁夏等地区布局全国一体化算力网络国家枢纽节点；加快实施"东数西算"工程，推进云网协同发展，持续推进绿色数据中心建设，加快推进数据中心节能改造，推动智能计算中心有序发展，打造智能算力、通用算法和开发平台一体化的新型智能基础设施。

2022 年 1 月，国家发展和改革委员会召开新闻发布会，宣布国家发展和改革委员会联合中共中央网络安全和信息化委员会办公室、工业和信息化部、国家能源局批复同意在内蒙古、贵州、甘肃和宁夏 4 个"节点"启动建设国家枢纽节点，同时联合有关部门深入论证京津冀、长三角、粤港澳大湾区、成渝 4 个"节点"的建设方案。

随着经济社会加速转型，不仅发达地区、大型城市要加快推进算力基础设施建设，中小城市的算力网络建设也刻不容缓。工业和信息化部、国家发展和改革委员会联合印发的《关于促进云网融合 加快中小城市信息基础设施建设的通知》明确提出要增强中小城市网络基础设施承载和服务能力，推进应用基础设施优化布局，建立多层次、体系化的算力供给体系。

在国家相关政策的指引下，我国正在大力推进算力供给体系建设，打造面向数字经济发展需要的新型算力产业格局，为各行各业的数字化转型奠定坚实的"算力底座"。

2. 标准化层面

在国际标准方面，中国电信和中国移动均积极参与算力网络相关的国际标准的制定。中国电信研究院专家雷波带领的研究团队推动 ITU-T 开启了 Y.2500 系列编号，形成了以中国电信牵头的算力网络框架和架构（Y.2501）为首个标准的算力网络系列标准。中国移动还牵头建立了包含 5 个标准的算力网络国际标准体系，覆盖 IMT-2030(6G) 及未来网络、NGN(下一代网络)、新型计算等技术领域，涉及需求、架构、服务保障、信令协议和管理编排方向。同时，中国移动联合多家单位推动成立 Computing in Network Research Group，面向数据中心内部，研究网络设备集成计算能力的需求和应用场景。2022 年 3 月，中国移动在 IETF 第 113 次会议中牵头发起 CAN(算力感知网络) 的 BoF(一种用于图像和视频检索的算法)，推动算力感知和算力路由在需求、应用场景等方面达成共识。

在国内标准方面，中国通信学会、CCSA、网络 5.0 联盟、IMT-2030(6G) 推进组等行业组织和产业联盟纷纷启动算力网络相关标准的制定。从 2021 年 4 月～ 2022 年 6 月，CCSA TC3(网络与业务能力技术工作委员会) 通过了算力网络总体技术要求、算力路由协议技术要求和算力交易等立项。TC1(互联网与应用技术工作委员会) 通过了泛在计算总体技术要求、泛在算力调度管理技术要求和算力度量等立项，初步建立了算力网络行标体系。IMT-2030(6G) 网络技术工作组已正式启动 6G 网络中的算网一体需求和关键技术研究。工业互联网产业联盟和 ODCC(开放数据中心委员会) 也已完成算力网络相关项目立项，涵盖面向工业互联网的算力网络技术、可编程算力路由网关等方向。

在开源方面，中国移动在 Linux 基金会、OpenInfra 基金会等多个开源社区致力于推动算力网络开源社区与标准的协同，并推动开源社区关注算力网络在演进过程中对技术创新的新需求。

3. 落地实施层面

（1）科研机构率先构建算力网络

在国家"东数西算"工程与全国一体化算力网络的布局下，鹏城实验室按照国家有关部委规定推动算力网络计划落地实施，建设了一张算力网络。该算力网络可弹性地满足全网范围内的算力需求，通过全网算力、数据和生态的汇聚与共享，实现泛在算力协同、绿色集约布局、全网交易流通，从科研创新、应用孵化、产业汇聚、人才发展等多方面助力各地高质量发展。2022 年 6 月，中国算力网正式上线，标志着中国算力网计划的全面展开，截至 2022 年 9 月，已有武汉、西安、济南、青岛等 20 个"节点"接入中国算力网。其中，西安未来 AI 计算中心是西北首个大规模 AI 算力基础设施，其基于昇腾 AI 基础软硬件平台建设，已建成 AI 算力达到 300P，截至 2022 年 8 月，西安未来 AI 计算中心已适配完成平台上线 88 家，算力使用率达 98.31%，孵化了 120 个 AI 创新解决方案，同时，东北首个 AI 计算中心——沈阳 AI 计算中心于 2022 年 8 月正式上线，一期上线规划 100P，后期将扩容至 300P 算力。

（2）国内运营商正在加快算力网络研究和布局

① 中国电信的算力网络研究和布局

中国电信认为算力正成为推动数字经济高速发展的重要生产力。中国电信原总经理李正茂提出了算力时代三定律：一是时代定律，算力就是生产力；二是增长定律，算力每 12 个月增长一倍；三是经济定律，算力每投入 1 元，带动 3～4 元 GDP 的经济增长。

中国电信正在推进云网融合向 3.0 演进，即全面推进云、网、大数据、AI、安全、DC、算力、绿色等多要素布局。云网融合实施架构包括提供安全可控、AI 内生、绿色低碳的算力，也包括提供灵活连接、确定体验、可视可管的网络。

随着算力时代的到来，中国电信还提出四大举措，打造算力时代基石。

举措 1：布局四级 AI 算力架构。中国电信已布局"核心 + 省 + 边缘 + 端"四级 AI 算力架构的网络，为行业提供算网数智等多要素融合的 AI 服务。

举措 2：基于算力网络，实现云网一体。云网一体可通过"云调网"与"网调云"两种技术路线面向用户实现云网业务的统一受理、统一交付、统一呈现，同时实现云业务和网业务的深度融合供给，满足用户一体化、多样性的服务需求。未来，中国电信一方面通过公有云、边缘数据中心、企业边缘站点等分布式云布局实现云调网；另一方面，通过构建新型算力网络实现网调云。

举措 3：研究算力标识度量技术，实现算力标准化。硬件能提供的算力是多少？业务需要的算力如何匹配？为了解决算力在实际应用中的难题，中国电信提出将不同芯片所提供的算力通过度量函数映射到统一的量纲；通过将用户多样化的需求映射为实际所需算网资源，从而实现按需服务；通过对不同算法的算力需求进行度量，有效调用算法所需的算力。

举措 4：探索算力感知路由技术，实现算力最优。中国电信研发的算力感知路由技术可通过算力因子与网络因子基于用户接入位置、云位置及负载信息，应用质量保证要求，为用户带来最优效率、最优体验、最优成本。中国电信自研的算力网关设备在 2022 年年底已具备现网落地部署能力，为算力网络示范验证、现网试点提供了支撑。

中国电信一方面积极推进国际和国内算力网络标准化，另一方面也在加速推进算力网络落地实践。典型的案例是算力网络增强 5G 定制网、提升天翼视联网资源利用率、打造分布式算力路由。

- 2020 年年底，中国电信发布 5G 定制网。5G 定制网具备网定制、边智能、云协同、应用随选四大特征，可基于融合协同的综合解决方案，为行业用户打造一体化定制融合服务。中国电信推出的"致远""比邻""如翼"三类定制网服务模式，可满足不同行业用户信息化转型升级过程中端到端的数字化需求，实现"云网一体、按需定制"。为了进一步提升定制网能力，中国电信携手华为等合作伙伴成立了运营商 5G 融合应用开放实验室（5G OpenLab），通过联合创新中心、合作伙伴发展中心、集成验证中心、解决方案赋能中心，推动产业发展。

- 算力网络提升天翼视联网资源利用率。天翼视联网作为全球最大的运营商级别的视频回传和处理网络之一，需要强大的资源支撑。但传统的"运力路由"只能实现业务就近接入云，易造成云池间负载不均、整体利用率低等问题。中国电信通过天翼视联网建设实现网络可感知云资源负载、链路使用率，为用户选择最合适的云，视频云资源利用率可提升 30%。

- 打造分布式算力路由，实现算力资源统一管理。中国电信已经建设了大量算力"发电厂"——数据中心规模达 40 万个机架，在八大枢纽节点布局算力资源。算力资源调度管理则通过算力网络交易管控原型系统、编排控制器、算力网关等构建分布式算力路由，初步实现对多方、跨域算力资源的统一运营、智能管控、协同调度。

② 中国移动的算力网络研究和布局

中国移动从2018年开始布局算力网络创新技术研究，2021年进行算力网络的定义、目标、体系架构等系统性设计，形成中国移动算力网络发展理念。2022年6月，中国移动发布《算力网络技术白皮书》。

中国移动提出算力网络有三大要点，即以"算"为中心、以"网"为根基、ABCDNETS（网、云、数、智、安、边、端、链）深度融合。

- 以"算"为中心，对于中国移动来说是向新型信息服务提供商转型的一次重大选择。一方面，算力是数智服务的核心。信息网络发展的本质是以网络为核心的信息交换和以算力为核心的信息数据处理；算力已成为信息社会的核心生产力，决定了数字经济发展速度和社会智能发展高度；提供以算力为载体、融合多要素的新型信息基础设施是对运营商提供数智服务的必然要求；另一方面，云向"算"演进，"算"更立体泛在。算力基础设施内核上形态异构，包含x86/ARM等通用算力、ASIC/FPGA/GPU/DPU/NPU等专用算力（异构空间）；逻辑上立体分层，包含中心、边缘、端侧三级算力（逻辑空间）；物理上跨越东西，包含不同地域的数据中心（物理空间）。

- 网是运营商的核心优势，是连接用户、数据与算力的主动脉，与算力不断深度融合。网络连接云、边、端泛在的算力资源，满足新型业务需求；突破后摩尔定律时代单点算力极限，实现算力集群优势；感知算力、承载算力，实现网在算中，算在网中。

- 算力网络通过网、云、数、智等多原子的灵活组合，实现算力服务从传统简单的云网组合服务向多要素深度融合的一体化服务转变，赋能生活提供服务新体验，赋能行业打造服务新模式，赋能社会开创服务新业态。

中国移动深度分析了算力网络的10大技术发展方向，同时重点聚焦32大核心技术，横向映射三层体系架构，纵向打通技术栈，形成算力网络核心技术体系，推动技术簇成熟。

中国移动算力网络包含三层体系架构，分别是算网一体的基础设施层、融数注智的编排管理层和融合统一的运营服务层。

基础设施层主要包括算力度量、算力抽象、算力卸载等算力技术，G-SRv6、智享 WAN、OXC、400G 等网络技术，算力路由、在网计算等算网一体原创技术，旨在打造灵活敏捷、算网融合、智能高效的算网基础设施；编排管理层主要包括一体编排、数据感知、泛在调度等技术，构建融数注智的算网大脑；运营服务层包括算力交易、数据流通、意图感知等技术，旨在打造一体化运营服务体系和新型商业模式。

算力网络的建设并非一蹴而就，需要分阶段逐步实现，中国移动提出了算力网络"三步走"的规划，具体如下。

第一步实现泛在协同，重点打通云网融合断点，通过协同算网服务入口实现资源互调，满足用户一站开通需求。

第二步实现融合统一，重点打破传统的算力和网络相互割裂的局面，构筑融数注智的"算网大脑"，实现多要素融合的一体化编排、调度、管理、优化，同时尽快构建算网统一运营平台，加快算力并网、数据流通等新业务、新模态的发展。

第三步实现一体内生，通过系统性布局算力网络的前沿技术研究，实现算网一体的全新发展和服务模式的创新，构筑自主可控的算力网络技术体系。

中国移动还提出了算力网络三重愿景，即网络无所不达、算力无所不在、智能无所不及。这也正是云网融合的目标。针对"算"，中国移动认为应该加快构建分布式云。一方面，构筑"东数西算"一体化数据中心，中国移动目前已形成"4+3+X"数据中心全国布局，未来会进一步呼应"东数西算"，完善数据中心领域的布局。另一方面，打造融合统一边缘云，这主要包括 4 个统一：统一运营入口、统一能力平台、统一管理体系、统一基础设施。

针对"网"，中国移动构建无所不达的智能网络。一方面优化布局，由过去的以地域为中心的架构布局，向以算力为中心的架构布局逐渐调整；另一方面进行带宽提升，最大限度地提高吞吐量、降低时延，同时优化路由结构，实现大算力节点之间直达。与此同时，引入新的技术构建自制网络——引入中国移动创新的 G-SRv6 技术构建统一的协议底座，通过网络切片、随流检测技术，保障算力互联，满足确定连接服务；通过新一代 SD-WAN 技术构筑云网协同、高效分发算力服务的基础设施。

在"算"和"网"融合发展过程中，必将产生大量的跨领域融合技术和原创技术。中国移动致力于打造算网一体的原创技术策源地，构建面向算力网络的技术图谱，并重点针对十大核心技术开展技术攻关，包括存算一体、算力度量、算力卸载、算力原生、算力路由、算网感知、在网计算、算力并网等。

中国移动已联合产学研各方成立多样性算力联盟，开展协同攻关，在算力路由、算力原生等多个方向上实现技术突破，并积极参与构建国际标准体系，牵头多项国际及行业标准。

③ 中国联通的算力网络研究和布局

中国联通也在积极布局自己的算力网络。2019 年 11 月，中国联通发布《中国联通算力网络白皮书》；2021 年 3 月，中国联通发布了《中国联通 CUBE-Net3.0 网络创新体系白皮书》，CUBE-Net3.0 致力于打造连接数据与计算、增强网络内生能力、提供智能服务的新一代数字基础设施；2020 年 11 月，中国联通成立了国内第一个算力网络产业联盟；2021 年 9 月，中国联通研究院、广东联通和华为公司共同成立了算力网络联合实验室。

在促进算力网络发展方面，中国联通主要采取以下举措。第一，强化算网协同编排能力和算网能力封装建设，加快构建云、网、边一体化的能力开放调度体系。第二，根据国家"东数西算"战略要求，优化布局形成"5+4+31+X"新型数据中心格局。第三，打造全光网络底座，完善面向用户与算力双核心的公众互联网、支持多云生态的产业互联网及面向边缘算力接入的本地综合承载网。第四，持续推进网络技术演进，加快 SRv6 等 IPv6+ 创新技术应用部署，开发算网一体创新服务产品，形成差异化的算力网络产品优势。在算力网络定义和布局上，中国联通更多地考虑了自身的网络优势。

参考文献

[1] 中国电信集团有限公司 . 云网融合 2030 技术白皮书 [R]. 2020.

[2] 中国移动通信集团有限公司 . 中国移动十四五网络演进技术白皮书 [R]. 2021.

[3] 中国移动通信集团有限公司研究院 . 算力感知网络技术白皮书 [R]. 2019.

[4] 中国联合网络通信有限公司研究院 . 中国联通 CUBE-Net 3.0 网络创新体系白皮书 [R]. 2021.

[5] IMT-2020（5G）推进组 . 5G 核心网云化部署需求与关键技术白皮书 [R]. 2018.

[6] 赫罡，苗杰，童俊杰 . 5G 核心网技术演进及挑战 [J]. 中兴通讯技术，2020, 26(3): 23-26.

[7] 杨文强,王友祥,唐雄燕,等 . 面向云原生的 5G 核心网云化架构和演进策略 [J]. 邮电设计技术，2021, 000(003): 12-15.

[8] 聂衡，赵慧玲，毛聪杰 . 5G 核心网的部署问题与建议 [J]. 中兴通讯技术，2020, 26(3): 3-8.

[9] 吴成林，陶伟宜，张子扬，等 .5G 核心网规划与应用 [M]. 北京：人民邮电出版社，2020.

[10] 杨文聪，杨文强，王友祥 . 5G 云化核心网三层解耦部署研究 [J]. 邮电设计技术，2021(10): 5.

[11] 中国电信集团有限公司，中国电信 5G 定制网产品手册（2020 年）[R]. 2020.

[12] 李正茂，雷波，孙震强，等 . 云网融合：算力时代的数字信息基础设施 [M]. 北京：中信出版集团，2022.

[13] ITU-T. Y.2501 Computing Power Network - framework and architecture [S]. 2021.